U0935227

极地法律制度研究丛书

Legal Issues of the Polar Regions

极地法律问题

贾 宇 主编

社会科学文献出版社
SOCIAL SCIENCES ACADEMIC PRESS (CHINA)

南北极环境综合考察与评估专项资助

主　　编　贾　宇

撰稿人名单　密晨曦　吴　慧　李志文　郑苗壮
付　玉　张　丹　王　芳　刘　岩
李　军　郑　雷　卢芳华　王泽林
商　韬　宋云霞　张　华　李福来

编写说明

北冰洋是四大洋中最小的洋，是世界海洋的组成部分。南极大陆被冰雪覆盖，是地球上的极寒之地。南极的法律问题有以“南极条约”及其系列议定书组成的南极条约体系加以规范，而北极尚无专门适用的国际条约。

南北极的国际法问题是“南北极环境综合考察与评估专项”的子课题“极地法律体系研究”的重要组成部分。本书以论文汇编的方式，论述了南北极国际法问题，内容涉及极地法律制度的发展、北极航道、环境保护、科学考察和科学研究、海洋保护区、生物资源养护和管理，以及斯瓦尔巴群岛的法律问题等方面。

文中内容仅代表作者个人的学术观点。

除特别注明者外，本书所有图件，均为国家海洋局海洋发展战略研究所制作。

编者谨识

2013 年 12 月于北京

目　录

contents

极地法律制度

北极权益热点问题

极地生态保护

极地其他法律问题

极地事务管理

极地法律制度

南极条约体系研究

吴　慧[*]　商　韬[**]

【内容摘要】1959 年通过、1961 年生效的《南极条约》，已通过一系列的措施、决定、决议以及进一步制定国际协定的谈判得到了发展，《南极条约》和相关文件被统称为南极条约体系。南极条约体系在和平利用南极、冻结领土主权要求、协商会议制度、科学研究与合作、矿物资源开发和生态环境保护六大方面做出了规定和安排。然而，随着国际形势的发展和《联合国海洋法公约》的通过，南极条约体系面临着条约开放性问题的争议，以及《联合国海洋法公约》的适用性、环南极国家对专属经济区和大陆架的要求、国际海底区域制度在南极海域适用等难题。我国于 1983 年 6 月 8 日加入《南极条约》，1985 年 10 月 7 日成为南极条约协商国，1991 年 10 月 4 日签署了《关于环境保护的南极条约议定书》，也是《南极海洋生物资源养护公约》的缔约国。我国在实践中应分析研究南极条约体系的各项制度安排，掌握好南极条约体系赋予我国的权利和义务。

一　南极条约体系概述

（一）南极条约体系的形成

南极条约体系是指《南极条约》，南极条约协商国签订的《南极海豹保护公约》、《南极海洋生物资源养护公约》和《关于环境保护的南极条约议定书》等国际条约，以及历次协商国会议通过的各项措施和决定。该体系

---

* 吴慧，法学博士，国际关系学院副院长，教授。

** 商韬，法学硕士，中国现代国际关系研究院助理研究员。

是以《南极条约》为核心而发展起来的一个区域性国际法律制度，以人类在南极大陆及其沿海的活动为规范对象。

阿根廷、澳大利亚、比利时、智利、法国、日本、新西兰、挪威、南非、美国、英国、苏联等12国代表经过始于1958年6月的60多次会议，在1959年12月1日签署了《南极条约》[①]。此后，根据《南极条约》第9条建立的协商国会议制度于1964年签订了《保护南极动植物议定措施》[②]，1972年签订了《南极海豹保护公约》，1980年签订了《南极海洋生物资源养护公约》，1988年通过了《南极矿物资源活动管理公约》[③] 的最后文件，1991年签订了《关于环境保护的南极条约议定书》。从1961年至2013年，南极条约协商国会议共举办了36届，通过了512项措施、决定和决议[④]。

（二）南极条约体系的主要原则和内容

南极条约体系为规范人类在南极地区的活动，在以下六个方面做出了规定和安排。

1. 和平利用南极

《南极条约》在序言中指出，为了全人类的利益，南极应永远专为和平目的而使用，不应成为国际纷争的场所和对象。条约进一步指出，禁止一切具有军事性质的措施。例如，建立军事基地、建筑要塞，进行军事演习以及任何类型武器的试验，等等[⑤]；禁止在南极进行任何核爆炸和在该区域处置放射性尘埃[⑥]。

2. 冻结领土主权要求

《南极条约》规定，其任何规定不得理解为缔约任何一方放弃其领土要求，或领土要求的根据，或承认或否认领土要求或要求的根据的立场。在

---

① 《南极条约》于1961年6月23日生效，现有50个成员国，我国于1983年6月8日加入，《南极条约》是无期限的，但条约第12条规定其生效30年之后经任一缔约国的请求，可召开审查会议，对其进行审查。

② 《保护南极动植物议定措施》后被1991年《关于环境保护的南极条约议定书》取代。

③ 《南极矿物资源活动管理公约》尚未生效。

④ Antarctic Treaty database, http://www.ats.aq/devAS/info_measures_list.aspx, 2013-10-29.

⑤ 《南极条约》第1条第1款。

⑥ 《南极条约》第5条第1款。

条约有效期所发生的一切行为或活动，均不得构成主张、支持或否定对南极领土主权的要求的基础，也不得创立在南极的任何主权权利；对在南极的领土主权不得提出新的要求或扩大现有的要求①。

3. 协商会议制度

《南极条约》规定，条约协商国为了交换情报，就共同关心的事项进行协商，并制定、审议和向其政府建议旨在促进《南极条约》原则和宗旨的措施。这就是协商会议制度。在该制度下的各项措施，需要协商国各方同意后才能生效。《南极条约》同时规定了缔约国成为协商会议国的“准入”条件②。

4. 科学研究与合作

《南极条约》的形成要归功于国际合作下对南极的科学调查，该条约在序言中指出，在南极科学调查自由的基础上继续和发展国际合作，符合科学和全人类进步的利益。在一切实际可行的范围内，在南极活动的国家应互相交换和提供有关南极的科学情报，实行科研人员的互相交流；鼓励国际组织参加这方面的工作③。而《关于环境保护的南极条约议定书》则在环境原则中规定，在规划和从事活动时应优先考虑科学研究并且维护南极作为从事科学研究的一个地区的价值④。《南极海洋生物资源养护公约》规定了应鼓励并促进科学研究领域的合作⑤；《南极海豹保护公约》则鼓励缔约国之间交流科学资料和信息，推荐科学研究项目⑥。

5. 矿物资源开发

《南极矿物资源活动管理公约》第 8 条第 7 款规定“应以独立并行议定书的形式明确涉及环境责任的规定，议定书要经公约委员会成员协商一致方能生效”。从字面上理解，成员国不可能独立地依照该公约的条款在南极从事矿产资源活动，还必须同时符合环境责任议定书的要求，而环境责任

① 《南极条约》第 4 条。

② 《南极条约》第 9 条。

③ 《南极条约》第 3 条。

④ 《关于环境保护的南极条约议定书》第 3 条第 3 款。

⑤ 《南极海洋生物资源养护公约》第 15 条第 1 款。

⑥ 《南极海豹保护公约》第 5 条第 4 款。

议定书须另行草拟制定，文本要经成员国协商一致通过方能生效。《关于环境保护的南极条约议定书》第 7 条规定，除科学研究外，任何有关矿产资源的活动都应予以禁止；第 25 条第 2 款规定议定书自生效之日起有效期为 50 年。也就是说，在此期间不允许在南极从事任何与矿产资源相关的活动（科研除外）。

6. 生态环境保护

根据《关于环境保护的南极条约议定书》的规定，南极被指定为自然保护区，仅用于和平与科学活动。在南极的任何活动不得对南极的环境和生态系统造成破坏。在南极地区进行任何活动之前，都必须履行环境影响评估程序。在资源保护方面，《南极海豹保护公约》规定禁捕三类南极海豹，对其他海豹的捕获只限于科研目的，并须持有有关国家主管当局的许可证。《南极海洋生物资源养护公约》为海洋生物资源的保护确立了一项生态系统标准。该标准有三大要素，即种群最大程度的复原、维护各种生态关系、避免南极海域任何种群不可逆转的减少。另外，《关于环境保护的南极条约议定书》对保护南极动植物也做了相应的规定。

（三）南极条约体系面临的主要问题

当前，南极条约体系主要面临以下难题。

1. 条约开放性问题

自 1983 年联大开始审议南极问题以来，开放性问题成为南极条约体系面临的挑战，以马来西亚为代表的广大发展中国家一直试图将南极问题列入联大议事日程，以寻求形成在联合国体系下的南极制度。1983 年的第 12 次协商会议采取了一个重大的步骤，邀请非协商国的缔约国作为观察员参加协商会议。同时，协商会议加快了吸收其他国家为协商国的步伐：1961 年至 1981 年，吸收了两个国家，1983 年至 1988 年，吸收了 8 个国家（其中包括 4 个发展中国家）[①]。《南极条约》设置了取得协商国资格的条件，这些条件对于许多发展中国家来说是相当苛刻的，因为许多发展中国家财力物力有限，不太可能花费大量资金去南极建站或考察，这一方面限制广大发

① 邹克渊：《南极条约体系及其未来》，《中外法学》1990 年第 1 期。

展中国家的参与，另一方面有重复建设之嫌。例如，在总面积仅有1150平方公里的乔治王岛上，已有8个国家在岛上建了9个考察站[①]。同时，部分国家以科研之名以图在南极获得政治上的立足点。未来，南极条约体系有可能会进一步开放，并对《南极条约》关于取得协商国资格的科学研究标准做出较为宽松的解释，以吸引更多的国家加入，但同时也必然对协商国组织造成一定冲击。

2.《联合国海洋法公约》对南极条约体系的影响

《联合国海洋法公约》（以下简称《公约》）对南极条约体系的影响主要体现在《合约》的适用性、环南极国家对专属经济区和大陆架的要求、国际海底区域制度在南极海域适用等问题上。

《公约》是否适用南极地区的问题。《南极条约》第6条规定条约适用于南纬60°以南的地区，包括一切冰架；但条约的规定不应损害或在任何方面影响任何一个国家在该地区根据国际法所享有的对公海的权利或行使这些权利。《关于环境保护的南极条约议定书》第1条明确“南极条约地区”指《南极条约》各项规定所适用的地区。《南极海洋生物资源养护公约》第1条规定公约适用于南纬60°以南和该纬度与构成南极海洋生态系统一部分的南极辐合带[②]之间区域的南极海洋生物资源。《南极海豹保护公约》第1条规定公约适用于南纬60°以南的海域。

南极条约体系	适用范围规定
《南极条约》	南纬60°以南的地区，包括一切冰架
《关于环境保护的南极条约议定书》	南纬60°以南的地区，包括一切冰架
《南极海洋生物资源养护公约》	南纬60°以南和该纬度与构成南极海洋生态系统一部分的南极辐合带之间区域的南极海洋生物资源
《南极海豹保护公约》	南纬60°以南的海域

① Research Stations & Transportation in Antarctica, http://www.ecophotoexplorers.com/AntarcticaStations.asp#map1, 2013-10-29.

② 南极辐合带应被视为连接下列经纬线各点的一条水域带：50°S, 0°; 50°S, 30°E; 45°S, 30°E; 45°S, 80°E; 55°S, 80°E; 55°S, 150°E; 60°S, 150°E; 60°S, 50°W; 50°S, 50°W; 50°S, 0°。

可以看出，南极条约体系的适用范围包括南纬60°以南的南极大陆和海域。南极条约体系没有细分海域类型，且使用了一个特殊的概念——冰架，表面上似乎与《公约》中的领海、毗连区、专属经济区、大陆架以及国际海底区域等海域制度分割开来，形成自成一套的特殊体系。但这并不说明南极条约体系可以或能够完全排除《公约》的适用。南极是一块被海洋环绕的大陆，南极地区除南极洲本身外，还应包括其大陆架及周围海域，1982年《公约》作为调整国际海洋事务的基本法，也可对南极地区相关海域的法律问题进行调整。

一方面，《南极条约》第6条肯定了国家根据国际法所享有的公海权利，而该条款中所称“国际法”，包括了《公约》的相关规定。之所以在《南极条约》中仅使用了《公约》中“公海”概念，而对其他海域只字未提，主要是因为《南极条约》第4条“冻结领土主权条款”意味着在此前提下不会出现领陆、领海等领土主权概念，根据国际海洋法“以陆定海”的原则，既然陆地主权归属不明，也就不能明确指出领海、毗连区、专属经济区、大陆架等依附于陆地领土归属的各海域的具体位置。因此，在《南极条约》第4条的制约下，南极地区便无法直接适用《公约》中相关海域的法律制度，只是模糊地肯定公海的存在，而公海范围也是存有疑问的。尽管如此，仍须指出，约定不明不代表南极条约体系排除《公约》在南极地区的适用。另一方面，尽管第三次联合国海洋法会议有意避开南极会议问题，《公约》的文本也刻意避免使用“南极”字眼，但没有理由认为《公约》不适用于南极海域。1986年联合国秘书长报告明确指出，《公约》是适用于所有海域的全球性公约，任何海域都不例外。因此，《公约》的规定也适用于南大洋（Southern Sea）[①]。

主张南极专属经济区和大陆架的问题。澳大利亚在1990年将其在南极“领土”区域外的所谓“领海”宽度扩大至12海里，但澳大利亚宣称这一行为的效果限于对本国国民或船只的管辖权的扩展，而不扩及他国国民或船只[②]。相应的，若是环南极国家进一步就所谓“领海”主张专属经济区和

① U. N. doc. A /41/722, November 7, 1986, p. 29.

② 阮振宇：《南极条约体系与国际海洋法：冲突与协调》，《复旦学报》（社会科学版）2011年第1期。

大陆架，这一扩张的管辖权势必影响南极条约体系下的现有局面，而南极条约体系自身的发展也在一定程度上影响到国际海洋法律制度。

一方面，《公约》给了部分国家扩展权利的口实。环南极国家可依据公约赋予沿海国的权利，主张其在南极地区的专属经济区和大陆架的权利，虽然这一权利主张的具体范围暂不划定。这样一来，尽管不违反“对在南极的领土主权不得提出新的要求或扩大现有的要求”，但是试图创立在南极的主权。专属经济区和大陆架制度运用在南极必然会给《南极条约》第4条“冻结领土主权要求”造成冲击。另一方面，南极条约体系也在“蚕食”公海制度。如前所述，《南极条约》第6条肯定了国家根据国际法所享有的公海权利，然而，南极条约体系通过对生物资源开发利用的严格控制，已限制了原先所谓的公海权利，发展自己有关南极海域的规定。这在一定程度上阻止了公海制度在南极地区的适用。

国际海底区域制度在南极海域的适用问题。《公约》将国家管辖范围以外的深海海底及其底土与资源视作“人类共同继承财产”，而南极海域实质上由协商国共同管辖，这一模式是否能排除国际海底管理局代表全人类管理南极海域的海底资源值得关注。例如，在南极条约体系中，《南极矿物资源活动管理公约》尽管未生效，但由于《关于环境保护的南极条约议定书》中的很多条款直接引自该公约，因此，《南极矿物资源活动管理公约》仍被视为可引为参考的重要法律文件。《南极矿物资源活动管理公约》第5条有如下规定：（1）本公约适用于《南极条约》地区。（2）在不妨害协商国依据《南极条约》及其各项措施所承担的各项责任的情况下，凡在南极大陆和南纬60°以南的所有南极岛屿，包括所有冰架，以及在直到深海海底为止的邻接海岸近海区域的海床及底土上进行的矿物资源活动，均受公约的管理。（3）“深海海底”是指按照国际法为大陆架一词所下的定义，超过大陆架地理范围的海床及底土。（4）凡本公约其他条款涉及上述（1）（2）所指区域以外的可能影响，包括对依附于南极环境或与其相关的各生态系统的影响，本条约任何规定不得解释为限制此类条款的适用。如前所述，南极条约体系在处理与《公约》的关系上，试图发展一套独立的南极海域的规定。在《南极矿物资源活动管理公约》第5条的规定中，从用词上使用冰架、深海海底等概念，到制度安排上规定此类活动“受公约的管理”等做法可以看出，《南极矿物资源活动管理公约》的规定表明协商国要排除《公约》大陆架和国际海底区域制度的适用，以及排除国际海底管理局对南极“深海海底”的管辖权。也有学者认为，第5条的规定“代表了那些主张（南极）深海海底都归属国际海底管理局管辖的国家与那些认为南极条约构成特殊制度，应作为管理局管辖例外的国家之间的妥协”。[①]

随后，《关于环境保护的南极条约议定书》全面禁止南极地区除科学考察以外的任何与矿物资源有关的活动[②]，这一规定并不区分大陆架和深海海底。该规定在否认《南极矿物资源活动管理公约》及其设立的大陆架制度的同时，也一并排除了《公约》大陆架和国际海底区域制度的适用。自1983年以来，一些发展中国家利用联合国大会这一政治舞台，要求将《公约》所创设的国际海底开发模式类推适用于南极，使南极成为又一“人类共同继承的财产”[③]。但南极条约协商国以外的广大国家之后在主张上的转变，使《公约》第11部分规定的“人类共同继承财产”制度适用于南极地区的可能性降低。在《南极矿物资源活动管理公约》制定后，马来西亚曾在联大发表声明，表示支持澳大利亚、法国等四国不接受《南极矿物资源活动管理公约》的决定，并指出：“在南极地区禁止所有勘探和开发矿物的活动符合人类利益，我们将号召国际社会支持在南极禁止矿物资源活动的建议。”1989年，联大便通过“敦促在南极地区及其周边禁止矿物活动”的决议，得到了南极条约体系外第三国的广泛支持，其中相当一部分是《公约》的缔约方。根据国际法的“禁止反言”，这一事实可能已造成偏离“人类共同继承财产”制度的法律后果。

二　部分《南极条约》协商国的南极立法概况

除我国外，笔者统计了《南极条约》其他27个协商国对于南极的国内立法情况，在这27国中，有21个国家已有南极立法[④]。

---

① Wolfrum R. (ed.), *Antarctic Challenge II: Conflicting Interests, Cooperation, Environment Protection, Economic Development*, Berlin: Duncker & Humbolt, 1986, p. 74。转引自阮振宇《南极条约体系与国际海洋法：冲突与协调》，《复旦学报》（社会科学版）2011年第1期。

② 参见《关于环境保护的南极条约议定书》第7条。

③ 邹克渊：《两极地区的法律地位》，《海洋开发与管理》1996年第2期。

④ 尚未查询到厄瓜多尔、法国、印度、秘鲁、波兰、西班牙六国国内南极立法信息。

（一）美洲国家

1. 阿根廷

阿根廷于1961年6月23日成为《南极条约》首批缔约国，同时取得协商国地位，并于1998年1月14日加入《关于环境保护的南极条约议定书》，是《南极海豹保护公约》和《南极海洋生物资源养护公约》的缔约国。

阿根廷将南极洲部分区域视为其领土，这是由阿根廷1957年2月28日“N°2129法令”做出的规定，该法令如今是省级法律。除此之外，阿根廷也有相关的国家立法：1904年罗卡总统颁布法令建立了阿根廷在南极的气象观测站，1951年“N°7338法令”建立了阿根廷南极研究所，“2129法令”修正了阿根廷南极地区的边界，1969年“18.513法律”建立了阿根廷国家南极领导机构。[①]

2. 智利

智利于1961年6月23日成为《南极条约》首批缔约国，同时取得协商国地位，并于1998年1月14日加入《关于环境保护的南极条约议定书》，是《南极海豹保护公约》和《南极海洋生物资源养护公约》的缔约国。

2000年智利出台了外交部第429号令《关于国家南极政策的附件》，在该文件中，智利明确表达了该国南极政策在于阐明和捍卫主权权利、维护国家利益。该文件同时指出对于南极条约体系可能带来的风险，如主权方面的风险需要具有前瞻性。

3. 巴西

巴西于1975年5月16日成为《南极条约》缔约国，1983年9月27日取得协商国地位，1998年1月14日加入《关于环境保护的南极条约议定书》，是《南极海豹保护公约》和《南极海洋生物资源养护公约》的缔约国。

1994年至2012年，巴西通过和制定了多份关于南极的备忘录、决议和条例。[②]

---

① http：//www. dna. gov. ar/INGLES/DIVULGAC/ARGANT. HTM，2013 - 10 - 29.

② https：//www. mar. mil. br/secirm/i-index. html，2012 - 12 - 30.

4. 乌拉圭

乌拉圭于1980年1月11日成为《南极条约》缔约国，1985年10月7日取得协商国地位，并于1998年1月14日加入《关于环境保护的南极条约议定书》，是《南极海洋生物资源养护公约》的缔约国。

乌拉圭国内的南极立法是《乌拉圭南极研究所组织活动条例》（乌拉圭555/994号法令）。根据该条例的规定，乌拉圭南极研究所是隶属于国防部的国家机构，在现行法规规定的权限内，根据南极条约体系和行政当局发布的指示，负责策划和开展在南极进行的科学、技术和后勤保障等方面的活动，制定国家南极规划。

5. 美国

美国于1961年6月23日成为《南极条约》首批缔约国，同时取得协商国地位，并于1998年1月14日加入《关于环境保护的南极条约议定书》，是《南极海豹保护公约》和《南极海洋生物资源养护公约》的缔约国。

1978年美国颁布了《南极保护法》，国家科学基金会（NSF）是对美国南极计划（USAP）进行资助和管理的政府机构，也是该法案的执行机构。国家科学基金会的南极执行官员被赋予一定的执法权，如搜查、扣押、录取口供和逮捕的权限。

（二）澳洲国家

1. 澳大利亚

澳大利亚于1961年6月23日成为《南极条约》首批缔约国，同时取得协商国地位，并于1998年1月14日加入《关于环境保护的南极条约议定书》，是《南极海豹保护公约》和《南极海洋生物资源养护公约》的缔约国。

澳大利亚在1980年制定了《南极条约（环境保护）法》，在该法的序言中明确指出“希望制定保护澳大利亚南极领土环境的其他规定”。

2. 新西兰

新西兰于1961年6月23日成为《南极条约》首批缔约国，同时取得协商国地位，并于1998年1月14日加入《关于环境保护的南极条约议定书》，是《南极海洋生物资源养护公约》的缔约国。

新西兰在1960年颁布了《南极法》、1994年颁布了《南极（环境保护）法》、1996年颁布了《南极研究所法》。1960年《南极法》是一部授予新西兰法院处理在罗斯属地和南极其他地方发生的犯罪，以及限制其对其他国家国民在南极发生的有关作为或不作为的管辖权的法规。1994年《南极（环境保护）法》进一步规定该法适用于罗斯属地的任何人，在罗斯属地进行任何矿物资源活动属违法。这两部法最显著的特征就是通过在罗斯属地实施的类似行使“属地管辖权”的一系列管理行为，将新西兰在南极所主张对罗斯属地的主权在国内法上予以“落实”。1996年《南极研究所法》建立了管理新西兰南极活动的综合部门——新西兰南极研究所，该研究所的主要职责为开发、管理和实施新西兰在南极和南大洋，特别是在罗斯属地的各项活动；保持和加强新西兰南极科学研究的质量；与新西兰国内外和该研究所具有类似目的的其他机构和组织进行合作。

（三）欧洲国家

1. 德国

德国于1979年2月5日成为《南极条约》缔约国，1981年3月3日取得协商国地位，并于1998年1月14日加入《关于环境保护的南极条约议定书》，是《南极海豹保护公约》和《南极海洋生物资源养护公约》的缔约国。

德国根据《关于环境保护的南极条约议定书》制定了实施法案，并根据实施法案建立了国家监管机构，该机构是《南极条约》在德国实施的监察部门。德国国内组织在南极进行的旅游和科考活动，都要求申请许可[①]。

2. 挪威

挪威于1961年6月23日成为《南极条约》首批缔约国，同时取得协商国地位，并于1998年1月14日加入《关于环境保护的南极条约议定书》，是《南极海豹保护公约》和《南极海洋生物资源养护公约》的缔约国。

挪威1995年颁布了《南极环境保护法》，该法将毛德皇后地和彼得一世岛与南极其他区域做了区别对待。在毛德皇后地和彼得一世岛所发生的

① Germany's Commitment to Protecting Antarctica, http://www.germany.info/Vertretung/usa/en/__pr/GIC/2011/11/04__Antarctica__PR.html, 2012-12-30.

违法行为适用国内司法制度。不难看出，挪威对毛德皇后地和彼得一世岛是保留了主权立场的。

3. 俄罗斯

俄罗斯于1961年6月23日成为《南极条约》首批缔约国，同时取得协商国地位，并于1998年1月14日加入《关于环境保护的南极条约议定书》，是《南极海豹保护公约》和《南极海洋生物资源养护公约》的缔约国。

2012年俄罗斯颁布了《俄罗斯公民及法人在南极活动的监管条例》，该法规定俄罗斯公民及法人在南极的活动必须根据法律获得许可证，并依据许可证而行为。①

4. 芬兰

芬兰于1984年5月15日成为《南极条约》缔约国，1989年10月20日取得协商国地位，并于1998年1月14日加入《关于环境保护的南极条约议定书》，是《南极海洋生物资源养护公约》的缔约国。

根据《关于环境保护的南极条约议定书》，芬兰颁布了南极环境保护法（18.10.1996/28）以及南极环境保护的法令（13.2.1998/122）。在芬兰，环境部是负责《关于环境保护的南极条约议定书》实施的机构②。

5. 荷兰

荷兰于1967年3月30日成为《南极条约》缔约国，1990年11月19日取得协商国地位，并于1998年1月14日加入《关于环境保护的南极条约议定书》，是《南极海洋生物资源养护公约》的缔约国。

1998年1月29日，荷兰颁布《执行〈关于环境保护的南极条约议定书〉的南极环境保护规则》（修正案）。该规则在许可证制度中规定，依据荷兰《行政管理法》和《环境管理法》处理关于许可证的申请，并详细列举申请许可证的附加条件。

6. 瑞典

瑞典于1984年4月24日成为《南极条约》缔约国，1988年9月21日取得协商国地位，并于1998年1月14日加入《关于环境保护的南极条约议

---

① President of Russia, Law Regulating the Activities of Russian Citizens and Legal Entities in the Antarctic, http://eng.kremlin.ru/acts/3988, 2013-10-29.

② Finland's Antarctic Research Strategy, Reports of the Ministry of Education 2008: 4, p. 14.

定书》，是《南极海洋生物资源养护公约》的缔约国。

1994年4月1日，瑞典开始实施《南极法》。该法适用于瑞典公民和瑞典法人实体前往南极访问或在南极从事活动。长期居住在瑞典的外国公民以及参加依据该法要求需要许可证的考察或任何其他活动的外国公民，与瑞典公民同等对待。该法同时规定，不允许从事涉及矿物资源勘探、开发和加工的活动，但此规定不适用于依据该法颁发了许可证的科学研究。

7. 乌克兰

乌克兰于1992年10月28日成为《南极条约》缔约国，2004年6月4日取得协商国地位，并于2001年6月24日加入《关于环境保护的南极条约议定书》，是《南极海洋生物资源养护公约》的缔约国。

1959年至2007年，乌克兰制定了多份关于南极的行政法案①。

8. 英国

英国于1961年6月23日成为《南极条约》首批缔约国，同时取得协商国地位，并于1998年1月14日加入《关于环境保护的南极条约议定书》，是《南极海豹保护公约》和《南极海洋生物资源养护公约》的缔约国。

英国在1994年颁布了《南极法》，1995年颁布了《南极规定》。《南极法》在序言中指出南极区域是指“位于西经150°和西经90°之间的南极区域”，对此特殊指明的区域持何主张和立场并未说明。1995年《南极规定》是对1994年《南极法》部分条款的具体落实，《南极规定》详细规定了许可证制度，并设立了南极法法庭，管辖许可证制度的争端事宜。值得注意的是，1995年《南极规定》明确提出了“英属南极领地”的概念②。

9. 意大利

意大利于1981年3月18日成为《南极条约》缔约国，1987年10月5日取得协商国地位，并于1998年1月14日加入《关于环境保护的南极条约议定书》，是《南极海豹保护公约》和《南极海洋生物资源养护公约》的缔约国。

1985年6月，意大利颁布《国家南极研究计划》，规定南极科学研究项目由外交部与科学技术研究项目合作部批准，国防部从后勤方面尽可能地

---

① http://www.uac.gov.ua/en/legal__state/, 2012-12-30.

② 参见英国1995年《南极规定》第9条第5款。

提供军事人员的帮助，科学技术研究项目合作部与国防部共同管理军事人员集结的期限和形式。

10. 比利时

比利时于1961年6月23日成为《南极条约》首批缔约国，同时取得协商国地位，并于1998年1月14日加入《关于环境保护的南极条约议定书》，是《南极海豹保护公约》和《南极海洋生物资源养护公约》的缔约国。

比利时在2005年4月通过了实施《关于环境保护的南极条约议定书》的法案，该法案包括请求许可条款，关于保护南极本土动植物的规定，消除和处理废弃物的规定，保护区和防止海洋污染的规定，以及发生环境紧急状况时的一般性义务。该法案还规定比利时公民未获本国书面许可不得从事任何南极活动，除非是获得其他条约缔约国授权的科研活动。只有在活动符合《关于环境保护的南极条约议定书》的前提下，才能颁发书面许可。①

11. 保加利亚

保加利亚于1978年9月11日成为《南极条约》缔约国，1998年6月5日取得协商国地位。1998年5月21日加入《关于环境保护的南极条约议定书》，是《南极海洋生物资源养护公约》的缔约国。

保加利亚关于南极的相关规定散见在该国水域法、测绘法和海关条例等法律法规中，同时也制定了执行《关于环境保护的南极条约议定书》的单行法规。此外，保加利亚还与智利、西班牙等国签署了南极合作的双边条约。

（四）其他国家

1. 日本

日本于1961年6月23日成为《南极条约》首批缔约国，同时取得协商国地位，并于1998年1月14日加入《关于环境保护的南极条约议定书》，是《南极海豹保护公约》和《南极海洋生物资源养护公约》的缔约国。

1997年日本颁布了《关于南极环境保护的法律》，2000年颁布《日本南

① http://www.belspo.be/belspo/BePoles/doc/psf_en.pdf, pp. 6-7, 2012-12-30.

极地区环境保护的法律实施条例》和《日本南极地区环境保护的法律实施规则》。《关于南极环境保护的法律》旨在通过国际合作，建立可验证南极活动计划的系统，并采取措施限制在南极的某些行为，以保护南极的环境。

2. 韩国

韩国于1986年11月28日成为《南极条约》缔约国，1989年10月9日取得协商国地位，并于1998年1月14日加入《关于环境保护的南极条约议定书》，是《南极海洋生物资源养护公约》的缔约国。

2004年韩国颁布了《关于南极活动及环境保护的法律》，以保护南极环境、促进科学研究。该法禁止军事活动、核试验、矿产开采，以及任何破坏环境的活动。

3. 南非

南非于1961年6月23日成为《南极条约》首批缔约国，同时取得协商国地位，并于1998年1月14日加入《关于环境保护的南极条约议定书》，是《南极海豹保护公约》和《南极海洋生物资源养护公约》的缔约国。

1962年南非颁布了《南非公民在南极法案》。

三　南极条约体系赋予中国的权利和义务

（一）《南极条约》

《南极条约》现有50个成员国，包括29个协商国和21个非协商国[①]。中国于1983年6月8日正式加入《南极条约》，并于1985年10月7日取得了协商国的地位。《南极条约》赋予我国以下权利和义务。

（1）用于和平目的和非军事化的义务（第1、5、7条），但不禁止为了科学研究或任何其他和平目的而使用军事人员或军事设备。应当注意的是，在对南极科考的军事人员和军事设备进行管理时应尽量以科研部门为主导，体现科研的一面，而非军事的一面，对于准备进入南极的任何军事人员或装备应通知其他缔约各方。另外军事设备的使用应严禁核爆炸和处置放射性尘埃。

（2）国际合作义务（第2、3、8条）。国际合作既是义务，也是权利。

---

① http：//www. ats. aq/devAS/ats _parties. aspx？lang = e，2013 - 10 - 29.

南极科学规划情报、科学人员以及考察报告和成果的交换有利于互通有无，避免资源浪费和重复研究。同时，我国交换到他国南极驻地的科学人员以及任何这些人员的随从人员只受我国的管辖。

（3）冻结领土主权要求的义务（第4条）。在《南极条约》有效期内，我国不得对南极提出主权要求，我国在南极的科考活动也不构成主权要求的基础。同时，我国可利用此条款拒绝他国在南极地区提出或扩大权利要求，一旦有国家在南极地区主张大陆架，我国可考虑表明反对立场。

（4）公海权利（第6条）。在南极地区存在公海，对于《公约》规定的公海权利，只要不与南极条约体系相违背，我国都应享有。

（5）执行视察的权利（第7、8、9条）。我国有权指派本国观察员对南极的一切地区，包括他国的南极驻地进行视察，所指派的观察员只受我国管辖，观察员所做的视察报告应送交协商国会议的缔约各方的代表。同时，我国可于任何时间在南极的任何或一切地区进行空中视察。

（6）管辖权争端共同协商的义务（第8条）。部分国家已有本国的南极立法，其中大多对管辖权事项有所规定，各自不同的规定会导致管辖权冲突的发生，尤其是对南极地区保留领土主权要求的国家，对其保留主权要求的地区进行的管辖权规定会与条约赋予他国的管辖权产生冲突。我国在南极地区的活动若与他国发生管辖权的冲突，双方有共同协商的义务，以求达到相互可以接受的解决。

（7）协商会议制度中的否决权（第9条）。《南极条约》的协商一致规则，意味着我国可以使用否决权。通过否决权的行使来维护我国在南极地区的权益，并为南极条约体系的不断完善做出贡献。

（二）《关于环境保护的南极条约议定书》

《关于环境保护的南极条约议定书》1991年6月23日在马德里通过，并于当年10月4日开放签署，1998年1月14日生效。1991年10月4日，中国签署了该公约。《关于环境保护的南极条约议定书》赋予我国以下权利和义务。

（1）承诺全面保护南极环境及与其相关的生态系统的义务（第2、3条）。我国在规划和从事在《南极条约》地区的活动时，要根据环境原则，限制对南极环境及与其相关的生态系统的不利影响。

（2）合作的权利和义务（第6条）。我国在规划和从事《南极条约》地区活动时，在其他缔约国准备环境影响评价时有向其提供适当协助的义务，当然也可要求他国向我国提供适当协助；可与其他缔约国就未来的南极站或其他设施的选址进行协商；在适当的时候共同进行考察；共同使用南极站和其他设施等。

（3）禁止矿产资源活动的义务（第7条）。议定书禁止任何有关矿产资源的活动，但科研活动不在此限，如有需要，我国仍可进行南极矿物资源的科研工作。

（4）环境影响评价的义务（第8条）。在规划《南极条约》地区活动时，我国须按照附件一确定的环境评价程序就活动的环境影响做出评价。

（5）根据议定书立法的权利（第13条）。我国应在权限内采取适当的措施，包括制定法律和法规，采取适当的行政行动和执行措施，以保证遵守该议定书。也就是说，我国进行南极环境保护方面的立法，既是行使议定书赋予缔约国的权利，也是通过国内立法管理和实施相关南极活动的有效方式。

（6）视察的权利和配合视察的义务（第14条）。我国作为协商国，既有派遣观察员的权利，同时也有与观察员充分合作的义务。

（7）紧急反应行动与合作的义务（第15条）。为应对《南极条约》地区内的环境紧急事件，我国须制订应急计划，并在制订和实施此类应急计划时与其他缔约国进行合作，以及确定对于环境紧急事件进行即时通知和做出共同反应的程序。

（8）争端解决的权利和义务（第19、20条）。根据议定书的规定，我国有权在任何时间以书面声明的方式选择国际法庭或仲裁法庭对矿产资源活动、环境影响评价、紧急反应行动以及遵守议定书的情况等条款解释和适用的争端进行管辖，如果未做声明，我国有义务接受仲裁法庭的管辖。仲裁法庭在此起到“剩余备用”的作用，当争端各方的选择相同时，由共同选择的机构管辖；当争端各方的选择不同时，由仲裁法庭进行管辖。

《关于环境保护的南极条约议定书》共有六个附件，分别是附件一环境影响评价，附件二保护动植物，附件三废物处理及废物管理，附件四预防海洋污染，附件五区域保护及其管理，附件六环境突发事件的责任。需要重点提及的是附件六，该附件于2005年6月在瑞典斯德哥尔摩第28届南极条约协商会议通过，虽然到目前为止，附件六尚未生效[①]，但该附件规定了预防措施和应急计划条款，创设了国家经营人和非国家经营人应当采取反应行动却没有采取时的责任，同时还规定了赔偿责任的限额和例外条款。上述内容所构建的责任制度值得我国的持续关注和重点研究，一方面，在南极环境受到人类行为持续影响的情形下，附件六的最终生效只是时间问题，另一方面，作为参加了第28届南极条约协商会议的协商国，我国也是促成该附件责任制度的国家之一，我国在南极地区的长城站、中山站、昆仑站和泰山站的活动，以及今后可能出现的非政府性和商业行为都应当以附件六的规定为参考。

（三）《南极海洋生物资源养护公约》

《南极海洋生物资源养护公约》于1982年4月7日生效，我国于2006年10月加入《南极海洋生物资源养护公约》，自2007年10月2日起，我国成为南极海洋生物资源养护委员会的正式成员[②]。《南极海洋生物资源养护公约》赋予我国以下权利和义务。

（1）合理捕捞的权利（第2条）。公约规定，“养护”一词包括合理利用，我国在遵循保证被捕捞种群年最大净增量、维护被捕捞种群的生态关系和可持续养护南极海洋生物资源等原则的前提下，对南极辐合带以南水域南极海洋生物资源的捕捞是受公约保障的。

（2）关注沿海国管辖权（第4条）。《南极海洋生物资源养护公约》较《南极条约》冻结领土主权的规定，增加了“根据国际法行使沿海国管辖权”的要求，我国并非南极地区沿海国，未来可能需要关注在此海域的活动不损害南极沿海国的管辖权。

（3）履行委员会成员的职责（第9~12条）。作为南极海洋生物资源养

① 根据《关于环境保护的南极条约议定书》第9条第2款和《南极条约》第9条第4款的规定，附件六的生效需要参加第28届南极条约协商会议的所有28个协商国履行批准程序，而截至目前只有瑞典、秘鲁、西班牙、波兰、芬兰和意大利批准了该附件。

② 《我国正式成为南极海洋生物资源养护委员会成员》，http：//www. moc. gov. cn/06hanghairi/gongzuodt/nongyeb/200710/t20071017 _436683. htm。

护委员会的成员，我国应按公约的规定履行相应职责，包括广泛调查研究、执行观察和检查制度等。根据公约规定，委员会对实质性事项的决定应在协商一致的基础上做出，也就是说，我国对一些影响我国权益的实质性事项可行使“否决权”。

试论北极法律制度的新发展

吴　慧[*]　张　丹[**]

【内容摘要】北极地区不存在专门的、用以规范国家间在该地区一般性权利和义务的国际条约。北极地区法律制度由适用于北极地区的全球性条约、北极国家为主制定的主要适用于北极地区的区域性条约、北极国家间签订的有关双边协定以及北极国家的相关立法四个部分构成。《联合国海洋法公约》在北极地区的适用性增强，北极理事会在北极法律制度发展方面的作用日益重要，北极国家更加重视北极立法，更加注重通过谈判来解决彼此的争端。中国应积极参与北极理事会的立法工作，明确在北极有关法律问题上的立场，加强对北极国家相关立法的跟踪研究，积极参与北极法律制度的构建。

北极地区一般是指北极圈（北纬 66°33′）以北的广大区域，由北极国家的陆地领土和北冰洋组成。俄罗斯、加拿大、美国、丹麦和挪威为北冰洋的沿岸国。瑞典、芬兰、冰岛虽不是北冰洋的沿岸国，但因北极圈经过其陆地领土，因此，也是北极地区国家。加拿大、美国、俄罗斯、挪威、瑞典、芬兰、冰岛和丹麦八个国家通常被为环北极国家。

一　《联合国海洋法公约》在北极地区的适用性增强

北冰洋作为四大洋中最小的洋，是世界海洋的组成部分。环北极国家都是《联合国海洋法公约》（以下简称《公约》）的签字国。冰岛于 1995 年 7 月 28 日批准《公约》，芬兰于 1996 年 6 月 21 日批准《公约》，挪威于 1996

* 吴慧，法学博士，国际关系学院副院长，教授。

** 张丹，法学硕士，国家海洋局海洋发展战略研究所助理研究员。

年6月24日批准《公约》，瑞典于1996年6月25日批准《公约》，俄罗斯于1997年3月12日批准《公约》，加拿大于2003年11月7日批准《公约》，丹麦于2004年11月16日批准《公约》。美国是《公约》的签字国，但尚未批准公约。美国主张《公约》的大多数条款为习惯国际法，为美国所适用。《公约》缔结后不久，美国总统里根即在1983年3月10日签署了第5030号宣言，宣布美国建立200海里专属经济区制度。1988年12月27日，美国总统里根又签署了第5928号宣言，宣布美国建立12海里领海制度。

作为国际海洋宪章，《公约》建立了国际海洋的法律秩序，对和平利用海洋、保护海洋环境起着至关重要的作用。《公约》建立的国际海洋法律制度，完全适用于以北冰洋为主体的北极地区。《公约》第234条关于“冰封区域”的规定，特别适用于北极地区。该条规定，“沿海国有权制定和执行非歧视性的法律和规章，以防止、减少和控制船只在专属经济区范围内冰封区域对海洋的污染，这种区域内的特别严寒气候和一年中大部分时候冰封的情形对航行造成障碍或特别危险，而且海洋环境污染可能对生态平衡造成重大的损害或无可挽救的扰乱。这种法律和规章应适当顾及航行和以现有最可靠的科学证据为基础对海洋环境的保护和保全”。

“冰封区域”的概念包括以下几个要件：第一，特别严寒的气候和一年中大部分时候冰封的情形；第二，这种情形对航行造成障碍或特别危险；第三，海洋环境污染可能对生态平衡造成重大的损害或无可挽救的扰乱；第四，冰封区域位于沿海国的专属经济区内；第五，沿海国在冰封区域的权限包括制定和执行非歧视性的法律和规章，以防止、减少和控制船只对海洋的污染；第六，此种法律和规章的制定和执行受到三个方面的制约：非歧视性、适当顾及航行、以现有最可靠的科学证据为基础对海洋环境进行保护和保全。①

2008年，俄罗斯、加拿大、美国、丹麦、挪威五国首次就北极问题举行部长级会议，发表《伊鲁利萨特宣言》，特别强调了《公约》在北极地区的适用。宣言指出，《公约》明确了沿海国的重要权利与义务，包括200海里以外大陆架外部界限的确定、海洋环境保护、自由航行、海洋科学研究

---

① 北极问题研究编写组：《北极问题研究》，海洋出版社，2011，第332页。

和其他海洋利用，《公约》建立的法律框架为五国和其他有关国家在北极地区的活动提供了坚实的基础，没有必要制定一套新的综合性北极国际管理法律制度。

北极国家出台了一系列北极政策性文件，这些文件都特别强调了《公约》在北极地区的适用问题。2009 年美国出台的北极政策《第 66 号国家安全总统指令/第 25 号国土安全总统指令》中，强调了《公约》对北极地区的适用，认为没有必要为北极制定一部类似于《南极条约》那样的条约，并敦促美国参议院尽快批准《公约》。[①] 2010 年加拿大出台的《北极外交政策声明》中也强调，加拿大与其他北极国家一样遵守适用于北冰洋的广泛国际法律框架，特别是《公约》。[②] 在 2011 年 3 月冰岛出台的《冰岛议会关于冰岛北极政策的决议》中，冰岛强调应基于《公约》解决有关北极地区的分歧，认为《公约》为航行，渔业，大陆架上石油、天然气及其他自然资源开采，海洋划界，防治海洋污染，海洋科学研究，以及解决世界上包括北极地区在内的所有海域争端的途径等方面建立了全面的框架。[③] 2011 年 5 月瑞典出台的《北极地区战略》中特别指出，在北极地区的活动和合作项目应该符合国际法，包括《公约》以及其他国际条约。[④]

二　北极理事会在北极法律制度发展方面的作用日益重要

北极理事会是由加拿大、丹麦、芬兰、冰岛、挪威、瑞典、俄罗斯、美国八个环北极国家组成的政府间论坛，于 1996 年 9 月依据《渥太华宣言》成立。根据《渥太华宣言》的规定，北极地区的六个原住民组织在北极理事会中被赋予了永久参与方的地位，可以参与理事会的所有活动和讨论，这六个组织包括阿留申国际协会、北极阿萨巴斯坎理事会、因纽特北极圈会议、哥威迅国际理事会、俄罗斯北方原住民协会和萨米理事会。北极理事会的宗旨在于保护北极地区的环境，促进北极地区在经济、社会和福利方面的持续发展。

---

① Presidential Directive to Establish U. S. Policy in Arctic Region.

② Statement on Canada's Arctic Foreign Policy: Exercising Sovereignty and Promoting Canada's Northern Strategy Abroad.

③ A Parliamentary Resolutionon Iceland's Arctic Policy.

④ Sweden's Strategy for the Arctic Region.

北极理事会是以宣言的形式成立的国际论坛，而非以国际条约的形式成立的正式的国际组织。环北极国家虽然对于北极理事会的权限和今后的发展存在着一定的分歧，但均认可北极理事会在协调环北极八国就共同关切议题采取行动以及促进北极地区的环境保护与可持续发展方面的重要作用。丹麦发布的北极政策文件强调，应加强北极理事会的建设和扩大北极理事会影响，使之成为致力于在北极问题上取得国际共识的最重要的协商论坛。冰岛发布的相关北极政策文件表示，希望北极理事会和环北极八国在北极治理方面起主要作用，反对北冰洋沿岸五国另行建立北极治理的机制。瑞典发布的相关北极政策文件强调，要努力使北极理事会在北极相关事务中发挥多边论坛的核心作用，应加强北极理事会的功能。芬兰发布的北极相关政策文件也指出，北极理事会是处理北极事务的主要合作平台。美国在其发布的相关北极政策文件中则强调，北极理事会应继续保持高级别论坛的性质和职能，无须发展成一个正式的国际组织。在实践中，北极理事会在北极治理方面的作用愈发重要。2013 年 1 月，北极理事会常设秘书处在挪威特罗姆瑟正式宣告成立，北极理事会在组织机制建设方面取得了重要进展。常设秘书处的设立使北极理事会更多地具有国际组织的特点，将强化北极理事会在北极事务中的作用。在北极法律制度发展方面，北极理事会也发挥着越来越重要的作用，先后组织制定了两个具有法律约束力的条约，即《北极航空和海上搜寻与救援合作协定》和《北极海洋油污预防与反应合作协定》。

（一）《北极航空和海上搜寻与救援合作协定》

随着北极洋面的冰覆盖面积逐渐缩小，北极的船只航行活动正在大幅增加；随着穿越北极上空几个方向的极地新航线的开通，空中交通日益频繁；随着人类在北极的存在与活动的增加，发生事故的可能性增多。有限的搜救资源、极为困难的气候条件，再加上该地区地理上的偏远，使得在北极开展搜救行动非常困难，为此，北极国家开始着手考虑制定搜救协定。北极理事会于 2009 年在挪威特罗姆瑟召开的部长级会议上启动了这一倡议行动，建立了一个由美国和俄罗斯共同主持的工作组。随后该工作组分别在华盛顿、莫斯科、奥斯陆、赫尔辛基和雷克雅未克举行了五次会议。2011

年 5 月 12 日，北极理事会八个成员国的代表共同签署了《北极航空和海上搜寻与救援合作协定》。这是北极理事会首次签署具有拘束力的法律文书。

《北极航空和海上搜寻与救援合作协定》通过全体缔约国适当协调对遇险者的援助并在救援行动中相互合作来加强在北极地区的搜救能力。协定将北极划分为八个搜救区域，由北极八国分别承担搜救职责，各国对各自划分的搜救区域中发生的各类大小事故组织救援反应承担主要责任。协定缔约国承诺为遇险者提供搜救援助，无论其国籍或身份。协定的签署，使北极国家在面积约 1300 万平方英里的地区内协调以救生为目的的国际性航空和海上搜寻与救援反应行动。

（二）《北极海洋油污预防与反应合作协定》

北极海洋油污预防和反应合作问题一直是北极理事会关注的重点问题之一。2011 年北极理事会部长级会议决定建立一个特别工作组来制定一项关于北极海洋污染预防和应急的国际协议。2013 年 5 月，北极理事会八个成员国的代表签署了《北极海洋油污预防与反应合作协定》。该协定是北极理事会通过的第二个具有法律拘束力的条约。协定的宗旨在于加强环北极八国在北极地区油污预防和应急的合作、协调以及共同协助，以保护海洋环境免遭石油污染。协定适用于在北极海域发生的或者对北极海域产生或者可能产生威胁的油污事件。协定不适用于军舰、海军辅助船，或其他政府拥有或操作的船舶。

《北极海洋油污预防与反应合作协定》规定，各缔约国应维持一个可以迅速和有效应对油污事件的国家系统。该系统应特别考虑最可能受到石油污染的活动和场合，预测生态特别重要区域的油污风险，应该至少包括一项国家应急计划或者若干项预防和应对油污事件的计划。各国应与石油业、海运业、港口管理机构和其他相关实体合作，以建立：一个最低层面的预先设置的油污拦阻设备；一个油污反应组织和相关人员培训的演练项目；应对油污事件的通讯能力和计划；应对油污事件的机制和安排，如果可能，包括动用相关资源的能力。各国还应指定国家油污事件系统的主管当局和联络点。某一缔约国在收到油污或者可能的油污信息后，应对事件进行评估，以确定是否为油污事件；对油污事件的性质、范围和可能的后果进行评估，包括在可能得到的资源内采取适当的步骤来识别可能的后果；立即通知利益受到该油污事件影响或者可能受到影响的所有缔约国。当一方认为发生的油污事件极为严重时，应毫不迟延地通知所有其他缔约国。

三　环北极国家更加重视通过谈判来解决海洋划界争端

环北极国家在北极地区的一些海洋边界尚未划定。例如，美国和俄罗斯在白令海和楚科奇海需要划定海洋边界，加拿大和美国在波弗特海需要划定海洋边界。环北极国家纷纷强调要通过国际法来解决在北极地区的海洋划界问题。例如，美国在其北极政策文件中即强调，将致力于与邻国解决海洋划界争端。2010 年俄罗斯和挪威谈判解决了两国在巴伦支海和北冰洋的海洋划界问题，2012 年加拿大和丹麦达成了关于林肯海的划界协议。上述通过双边谈判来解决北极地区海洋边界争端的实践，对于北极地区尚未解决的海洋划界问题具有示范作用。

（一）俄罗斯和挪威巴伦支海和北冰洋海洋划界协议

巴伦支海是靠近斯堪的纳维亚半岛北部的一片北冰洋海域，总面积 140 多万平方公里，其中，挪威和俄罗斯有争议的 17.5 万平方公里海域不仅鱼类资源丰富，而且海底蕴藏着丰富的石油和天然气资源。俄罗斯和挪威两国海上划界争端始于 20 世纪 70 年代。当时，挪威政府提出按照中心线原则进行划界，但遭到苏联政府的反对，双方因此产生争议。

2010 年 9 月 15 日，俄罗斯和挪威签署了《挪威王国和俄罗斯联邦关于巴伦支海和北冰洋海洋划界与合作条约》，正式解决了两国已经谈判了近 40 年的海洋边界问题。双方同意将巴伦支海争议海域分成大致相等的两部分，西侧归挪威，东侧属俄罗斯。除了海上分界线，双方还在条约附件中就保持和加强渔业和油气资源管理方面的合作进行了规定。在油气合作领域，两国同意将采用详细规则和程序确保在油气资源跨越海上分界线时，实施有效率和负责任的油气资源的管理①。

---

① 《挪威与俄罗斯就巴伦支海划界问题达成协议》，http：//www.norway.org.cn/News_ and_ events/1/Norway-and-Russia-reached-an-agreement-on-delimitation-of-the-Barents-Sea/，2010 - 09 - 02。

（二）加拿大和丹麦林肯海划界协议

加拿大和丹麦在北极地区存在海洋划界问题。1973 年 12 月 17 日，加拿大和丹麦签订了《加拿大政府和丹麦王国政府关于划分格陵兰和加拿大之间大陆架的协定》，在格陵兰和加拿大北冰洋各岛之间的地区确定一条分界线。该分界线是一条经调整的中间线，由三部分组成：北纬 61°00′和北纬 75°00′之间的地区（戴维峡和巴芬湾）的分界线、纳勒斯海峡分界线，以及上述两条分界线的连接线。加拿大和丹麦在该协议中曾约定，如果新的勘查结果表明分界线需要进行调整，则双方应同意进行调整。

2012 年 11 月，加拿大和丹麦达成了关于林肯海划界的初步协议，新的协议更新和完善了 1973 年协定，所划定的边界是一条埃尔斯米尔岛和格陵兰北部海岸的等距离线。该边界的划定解决了加拿大和丹麦两国自 20 世纪 70 年代以来在林肯海约 65 平方海里的海域划界问题。[①]

四　环北极国家更加重视北极立法

俄罗斯在 2012 年 7 月通过了《修正俄罗斯联邦关于商船在北方航道航行规章的特定立法》（联邦法第 132 - FZ 号）。该法将目前的北方航道管理机制与俄罗斯“2020 年前海洋学说”相联系，以保护俄罗斯在北极的国家利益。该法将北方航道定性为“俄罗斯的历史性国家运输系统”。该法将建立统一的北方航道区域管理机制，并建立现代化基础设施来确保船舶航行安全，包括提供航行、水文和破冰支持。《修正俄罗斯联邦关于商船在北方航道航行规章的特定立法》对北方航道水域进行了重新定义，即俄罗斯北部海岸毗连的水域包括内水、领海、毗连区和专属经济区。该法决定，北方航道管理局应有权处理在北方航道水域内进行航行的申请。为确保航行安全和防止船舶海洋污染，北方航道管理局将批准北极航道水域航行的规则，管理相关组织的建立和运行。该法规定在北方航道水域航行船舶的船主需缴纳船舶污染损害或任何其他损害的民事责任的强制性保险，或提供

---

① Canada and Kingdom of Denmark Reach Tentative Agreement on Lincoln Sea Boundary, http://www.international.gc.ca/media/aff/news-communiques/2012/11/28a.aspx? view = d, 2012 - 12 - 26.

其有资金能力承担此类责任的证明。如果没有此类保险或资金证明，船舶不允许进入俄罗斯港口或者取得在北方航道水域航行的许可[①]。

美国国会在2008年6月通过了一项“联合决议”（Public Law 110 - 243）[②]，要求美国政府发起国际讨论和采取必要的步骤与其他国家谈判达成一项关于管理北极地区洄游和跨界鱼类种群的协议。“联合决议”规定，协议应遵循《执行1982年12月10日联合国海洋法公约有关养护和管理跨界鱼类种群和高度洄游鱼类种群的规定的协定》及其相关机制，美国政府应与北太平洋区域渔业管理委员会和阿拉斯加北极原住民组织进行协商，美国政府应支持停止在北极公海海域扩大商业性捕鱼活动的努力。2010年10月，美国通过了《海岸警卫队授权法》，其中第307部分“北极海洋航运评估实施”规定，鼓励授权美国海岸警卫队执法部门的部长通过国际海事组织开展谈判，缔结和执行协议，以促进美国与俄罗斯、加拿大、冰岛、挪威、丹麦，以及其他航海业与北极国家的协调合作，以确保在北极地区：设置和维护航标；加强海洋安全设备、拖船以及救助能力建设；加强溢油预防和应急能力；维护海事安全，包括远程船舶跟踪；开展搜救。此外，该部分还规定，美国海洋航运协调委员会应协调建立在北极地区的国内运输政策，授权美国海岸警卫队执法部门对海岸警卫队破冰船的需求进行分析。

挪威在2012年修订了2001年颁布的《斯瓦尔巴环境保护法令》。《斯瓦尔巴环境保护法令》适用于斯瓦尔巴群岛全部陆地领土以及领海，该法将斯瓦尔巴群岛的大片土地划为保护区，规定保护区包括生境和风景类型所涵盖的全部范围，保护区应有助于维护特殊和具有历史价值的区域，有助于保护陆上和海洋生态系统。许多商业活动需要经过挪威驻岛行政长官的许可。

丹麦在2009年6月通过了《格陵兰自治法》（第473号），向格陵兰自治政府移交了若干“主权”。根据《格陵兰自治法》，有关海事应急和安全无线电服务，海难救助，海上安全，船舶登记和海事事务，海图，浮标、灯塔和引航区域，以及海洋环境等领域的权利均移交给格陵兰自治政府。

---

① http：//www. arctic-info. com/News/Page/vladimir-putin-signs-law-on-the-northern-sea-route-，2012 - 12 - 24.

② “联合决议”需经美国参众两院通过，与国会通过的其他法案具有同等效力，一经总统签署，即为美国法律。

北极科学考察国际法律制度研究

李　军*

【内容摘要】从北极科学考察的主要内容和实施方式来看，其涉及的法律问题主要包括三个方面：一是科学考察的许可程序问题和行为规范问题；二是科学考察的航行权问题；三是污染防止和环境资源保护问题。在现有的国际海洋法体系中，《联合国海洋法公约》对这三个方面已经有较为系统和原则性的规定，而《斯匹次卑尔根群岛条约》是对海洋科学研究的一般性规定，并未就海洋科学研究和科学考察做出实质性的规定，对北极科学考察的进一步规范将依赖于相关国家在国际海洋法框架下的国内立法。

随着人类社会的不断发展，北极日益凸显出重要的政治、军事、经济和科学研究价值。北极事务已经成为全球海洋热点事务之一。北极也是军事利用的重点区域。北极储存了地球表面72%的淡水资源，而且还蕴藏着丰富的能源、矿产和生物资源。随着气候变暖，北极航道也将体现出巨大的经济价值。在科学上，北极是地球两极之一，是全球变化的驱动器、全球气候变化的冷源，是科学研究的汇集地。

北极重要价值为人类所利用的重要基础和途径就是北极科学考察。随着北极科学考察活动日益增多，科学考察行为的规范也显得日益重要。现有的国际法律体系并没有完全针对北极科学考察的国际公约，但是《联合国海洋法公约》（以下简称《公约》）及有关国际法对北极科学考察所可能涉及的法律问题均做出了较为系统的规定。在现有条件下，这些国际法律规定将是北极科学考察的重要法律依据。

---

* 李军，理学硕士，中国社会科学院研究生院博士研究生，国家海洋局海洋发展战略研究所副研究员。

一　北极科学考察法律问题的由来及主要内容

北极科学考察所涉及的法律问题主要来自北极科学考察过程中的行为规范。由于大部分北极科学考察国家并非北极沿岸国，因此，使用科学考察船是进行北极科学考察的主要手段之一，与之相关的法律问题成为北极科学考察法律问题的主要组成部分。

（一）北极科学考察的主要内容和实施方式

北极的大规模科学考察开始于1957～1958年的国际地球物理年。从历次的北极科学考察以及国际地圈－生物圈计划（IGBP）和世界气候研究计划（WCRP）两大全球变化研究计划来看，北极科学考察的主要内容涉及自然科学和社会科学的多数学科。考察的主要内容包括：北极气候系统对比研究计划、北极冰芯对比研究计划、全球能量和水循环实验、世界大洋环流实验、海洋－大气－冰相互作用研究计划等。就学科分类而言，目前在北极进行研究的学科有：测绘与制图学、地质学、地理学、固体地球物理学、大气物理学、冰川学、海洋学、气象学、生物学、天文学、人文科学、人体医学、后勤技术，以及近年兴起的环境科学。

由于北极所处地理环境与气候的独特性，北极科学考察与研究的手段具有独特性。目前，北极地区的主要科学考察手段包括以下四类。一是陆基考察站，即在环绕北冰洋周围的大陆及其岛屿上建立的陆基考察站，这些考察站生活设施齐全。二是北冰洋浮冰漂流站。除了环绕北冰洋建立的陆基考察站外，为长期、系统地观测北冰洋海冰、环流、气候、生物等生态环境要素的变化，还建有许多北冰洋浮冰漂流站。这是指将科学考察站建在坚实的、其面积达数十平方千米或数百平方千米的多年漂浮的海冰上，在北冰洋的环流、海冰、风力和潮汐等因素的综合作用下，考察人员随考察站及浮冰一起漂流进行数据收集。三是考察的后勤基地。后勤基地一般位于北冰洋的沿岸地带，基地上具有飞机跑道、交通工具、各种仓库、油库和住房及生活设施等。确保浮冰漂流考察站必需的后勤补给和安全急救。四是极地科学考察船。由于多数国家并不是环北极国家，必须用极地科学考察船将科研人员和有关装备运送至上述三类考察平台。因此，极地科学考察船是极地科学考察的最为基本的手段。

（二）北极科学考察与海洋科学研究的关系

科学研究，总体来讲是指利用科研手段和装备，为了认识客观事物的内在本质和运动规律而进行的调查研究、实验、试制等一系列活动。[①] 科学研究的基本任务就是探索、认识未知。科学研究的基本要素主要包括研究者、研究范围对象、研究方法、研究机构、物质辅助手段、科学研究的已有成果和社会背景七个要素。科学考察一般指研究人员就某一主题在实验室以外进行实地研究考察工作，通过收集样本、数据等为科学研究提供数据和资料基础，目的主要是观察研究对象在自然环境中的状态。从字面意思来看，科学研究偏向于室内工作，而科学考察偏向于室外工作。随着科学技术的不断发展，科学研究与科学考察联系已经非常紧密，科学研究指导科学考察，但反过来，科学研究也需要科学考察提供的各种基本研究素材和数据等资料。甚至在有的情况下，进行科学考察的同时已经在进行科学研究。顾名思义，海洋科学研究概念从属于科学研究，是科学研究在海洋的扩展。鉴于海洋与陆地完全不同的自然属性，科学考察船及相关海洋科学仪器的使用是海洋科学研究的重要手段和载体。

从北极科学考察的手段和区域特征来看，北极科学考察与海洋科学研究高度相关，有关海洋的部分甚至完全重合。首先，北极科学考察的重点主要是北极地区的海洋以及冰封区研究，包括一般意义上的海洋科学研究。其次，科考船的使用是北极科学考察和海洋科学研究的重要首选。最后，在研究的对象上，北极科学考察与海洋科学研究基本上重合。

（三）北极科学考察中涉及的法律问题

从北极科学考察的实施方式以及与海洋科学研究的关系来看，北极科学考察所涉及的法律问题主要是科学考察船的行进路径及北极科学考察的许可等问题。极地科学考察船在向目标区域行进的过程中，可能经过的海域包括

---

① http：//define. cnki. net/WebForms/WebDefines. aspx? searchword =% E7% A7% 91% E5% AD% A6% E7% A0% 94% E7% A9% B6。另参见萧浩辉主编《决策科学辞典》，人民出版社，1995，第 542 ~ 543 页。

公海海域以及沿海国的领海、毗连区、专属经济区和大陆架上覆水域等海域，因此这些区域有关海洋科学研究的法律问题均是极地科学考察所涉及的法律问题。从这个意义上来看，北极科学考察的相关法律问题主要涉及三个方面：一是科学考察船的航行权问题；二是科学考察的许可程序及行为规范问题；三是航行过程中的海洋污染防治和环境、资源的保护等问题。

二　与北极科学考察相关的国际法律及国际组织

北极海域是全球海域的一部分，因此，针对全球海域科学研究的相关规定同样适用于北极海域。目前，《公约》、《斯匹次卑尔根群岛条约》（以下简称《斯约》），以及国际北极科学委员会与《八国条约》等国际法律及国际组织分别从不同的方面对北极科学考察的相关问题进行了规定。

（一）《公约》

《公约》是全球性海洋宪章，是现代国际海洋法体系的基本架构，《公约》相关部分的规定为北极科学考察的法律制度提供了参考和依据。《公约》第十三部分“海洋科学研究”（第 238 ~ 265 条）为人类在海洋从事科学研究提供了基本法律规则，从而也为北极科学考察提供了相关参考。该部分规定了海洋科学研究的一般原则，建立了在国家管辖海域（领海、专属经济区和大陆架）以及国家管辖范围以外海域（公海和国际海底区域）进行科学研究的相关法律制度。这些制度主要包括：（1）在沿海国的领海、专属经济区、大陆架各类海域进行科学研究的权利和义务；（2）在公海和国际海底区域进行海洋科学研究的权利和义务。此外，《公约》第十二部分“海洋环境的保护与保全”（第 192 ~ 237 条）对海洋环境的保护、污染的防治以及冰封区进行了规定。

（二）《斯约》

根据《斯约》，缔约国在遵守挪威法律的前提下有平等地在《斯约》规范的地区开展科学调查活动的权利。《斯约》是挪威建立群岛配套管理制度的国际法渊源。挪威随之颁布《斯瓦尔巴法令》、《斯瓦尔巴采矿条例》、《斯瓦尔巴环境保护法》、《斯瓦尔巴旅游和旅行条例》及《挪威经济区法令》等，构成挪威管理该岛的法律基础。《斯约》规定了所有缔约国的国民，不论为何目的，都可以在《斯约》规范的地区，包括水域、海湾和海港，自由地进出和停留。《斯约》还规定，在遵守当地法律规章的条件下，可以毫无阻碍地，在完全平等的基础上从事一切海洋、工业、矿业和商业活动。上述规定应理解为包括从事海洋科学研究的活动。

（三）国际北极科学委员会与《八国条约》

国际北极科学委员会（International Arctic Science Committee，IASC）是非政府间国际组织，1990 年 8 月 28 日，经过 4 年多的艰苦谈判，在北极圈内有领土和领海的加拿大、丹麦、芬兰、冰岛、挪威、瑞典、美国和苏联八个国家的代表，在加拿大的瑞萨鲁特湾市最后签署了国际北极科学委员会章程条款（IASC），也就是《八国条约》，成立了本地区第一个统一的非政府国际科学组织。1991 年 1 月，该委员会在挪威的奥斯陆召开了第一次会议，并接纳法国、德国、日本、荷兰、波兰、英国六个国家为其正式成员国。1996 年 4 月 23 日，国际北极科学委员会通过决议，接受已在北极地区开展过实质性科学考察的中国为其第 16 个成员国。

国际北极科学委员会章程条款主要规定了缔约国在北极的科学研究行为规范和环保责任。在“和平、科学、合作”原则的基础上，国际北极科学委员会积极协调并指导各国的北极考察活动，针对一些重大科学问题组织庞大的国际合作计划，并且以“公约”“议定措施”“现行决议”等方式对北极的生物资源、矿产资源、能源及环境实施及时有效的保护。国际北极科学委员会虽然是一个非政府机构，但章程条款明确规定，只有国家级别科学机构的代表，才有资格代表其所属国家参加该委员会。这使国际北极科学委员会在实际上成为带有政府标志的非政府国际机构。显然，对于北极或者南极这样的特殊地区来说，无论是以什么名义开展的活动，包括民间团体、私人的活动等，都会被视作某种意义上的“国家行为”。

三　《公约》及相关国际法和国际组织对北极科学考察相关法律问题的规定

针对北极科学考察相关的法律问题，《公约》及相关国际法和国际组织做出了基本的规定。与北极航行权有关的海洋法制度主要建立在对不同海域的划分以及权限的界定上，《公约》对此有详细而明确的规定。对于科学考察的目的、审批程序以及沿海国可以主张的权利，在《公约》中也有比较详细的规定。北极科学考察相关的国际合作组织也有一些基本的规定和要求。与北极海洋污染防治和环境、资源的保护等有关的国际公约主要是一些普遍适用的条约，并不是特别针对北极地区。这些条约可以分为两类：一类是防治污染方面的规定，主要包括防治船源污染的公约和防治海洋倾倒的公约；另一类是保护海洋生物资源方面的规定。

（一）关于科学考察船航行的相关规定

关于科学考察船航行的一般性规定主要来自《公约》。在北极航道的航行权问题上，加拿大与俄罗斯均制定了国内的相关规则。

1.《公约》的一般性规定

从事北极考察，主要的交通手段是船舶航行。在航行制度方面主要的制度由《公约》确定。从事北极考察可能经过北极国家的内水、领海、专属经济区和作为公海的北冰洋等法律地位不同的海域。船舶在不同的海域具有不同的航行权。

（1）内水。在一国内水航行，一般须经沿海国的同意。作为例外，如果按照《公约》第七条所规定的方法确定直线基线的效果使原来并未认为是内水的区域被包围在内成为内水①，则在此种水域其他国家船舶应具有《公约》所规定的无害通过权利。

（2）领海。依据《公约》，所有国家的船舶具有无害通过领海的权利，无害通过应继续不停和迅速地进行②，不得从事与通过没有直接关系的活动。同时，沿海国可以就无害通过其领海制定法律和规章（《公约》第21条）。

（3）在专属经济区和公海，船舶享有航行自由，但须遵守《公约》和有关国际法规则。

（4）用于国际航行的海峡的过境通行权或者无害通过权。如果国际航

① 张海文等著、绘制《〈联合国海洋法公约〉图解》，法律出版社，2009，第25页。

② 张海文主编《〈联合国海洋法公约〉释义集》，海洋出版社，2006，第36页。

行海峡位于公海或专属经济区的一个部分和公海或专属经济区的另一部分之间，船舶和飞机有过境通行权，即可以在此类海峡中继续不停地迅速过境。但如果海峡是由海峡沿岸国的一个岛屿和该国大陆形成，而且该岛向海一面有在航行和水文特征方面同样方便的一条穿过公海或穿过专属经济区的航道，过境通行就不应适用。在此情况下，船舶享有无害通过权。

2. 北极航道的通过权利和争议①

目前，在北极有两大航道，一是俄罗斯西伯利亚沿岸的“北部海航道”（the Northern Sea Route），二是加拿大沿岸的“西北航道”（North West Passage）。对于这两大航道的法律地位，以美国为首的一些国家主张应当是国际海峡，并且适用《公约》中的过境通行权和无害通过权。而俄罗斯和加拿大则主张对这两大航道的管辖权，并且分别制定了国内法规则，俄罗斯于 1990 年制定了《航行北部海航道规则》，对在北部海航道航行的船舶在航行程序、航行收费以及航行所产生的责任方面做出了详细的规定。加拿大则于 1970 年制定了《北极水域污染防治法》，这部法律名义上是针对北极海域的污染防治，实际上是为了加强加拿大对西北航道的控制，根据该法，加拿大在西北航道区域内主张规制所有船舶的权力，包括将船舶从该区域全部或部分排除，以及制定和执行船舶设计、建造和排放标准的权力，而船舶排放废物的行为也被完全禁止。从目前的情况看，北部海航道和西北航道的权属问题在很长时间内无法得到有效解决，但可以明确的是，现实情况中这两大航道已经为俄罗斯和加拿大有效控制，很多国家的船舶在通过这两大航道时也注意遵守两国的相关规则。

（二）关于科学考察的许可程序及行为规范的相关规定

现有的与北极科考相关的国际法律制度主要来自《公约》对海洋科学研究的规定及国际北极科学委员会对北极科学考察的相关规定。

1.《公约》对海洋科学研究的规定

《公约》第十三部分“海洋科学研究”对海洋科学研究做出了原则性规定，并针对不同海域的科学研究做出具体规定。北极海域是全球海域的一

① 董跃、宋欣：《有关北极科学考察的国际海洋法制度研究》，《中国海洋大学学报》（社会科学版）2009 年第 4 期。

部分，因此，《公约》对科学研究的相关规定同样适用于北极海域。

《公约》第十三部分在“一般性规定”中强调各国均有进行海洋科学研究的权利，并在第 240 条限定了海洋科考的原则：海洋科学研究应专为和平目的而进行，海洋科学研究应当遵守《公约》的其他方面的规定，海洋科学研究不应妨碍依照《公约》其他部分所进行的正当活动，海洋科学研究活动不应构成对海洋环境任何部分或其资源的任何权利义务主张的法律根据。《公约》强调应当加强海洋科学研究方面的国际合作。

《公约》根据在不同海域从事科学研究的情况规定研究国和沿海国享有不同的权利和义务。

（1）领海内的海洋科学研究，应经沿海国明示同意并在遵守沿海国规定的条件下才可进行。

（2）各国均有在公海和国际海底区域从事海洋科学研究的自由。

（3）针对专属经济区内和大陆架上的海洋科学研究，《公约》对沿海国和研究国的权利和义务以及相关程序做了详尽的规定。

首先，沿海国的权利和义务。在正常情形下，沿海国应同意专为和平目的和为了增进海洋科学知识的科研计划。如存在下列情形，沿海国可以拒绝科研计划：科研计划与自然资源的勘探和开发有直接关系，涉及大陆架的钻探、炸药的使用或将有害物质引入海洋环境，涉及人工岛屿、设施的建造、操作或使用等，进行研究的国家或主管国际组织由于先前的研究对沿海国负有尚未履行的义务。沿海国有权参加有关科研项目。经沿海国要求，研究国应向其提供初步报告、最后成果和结论、可以复制的资料和可以分开而不致有损科学价值的样品，并提供相应评价和解释。如研究国未按照事先通知的条件进行研究，或在研究中未遵守《公约》规定的义务，沿海国有权要求暂停或停止在专属经济区或大陆架进行的有关科学研究活动。

其次，研究国或国际组织的权利和义务。在专属经济区和大陆架上进行海洋科学研究，应经沿海国同意。有意进行有关海洋科研的国家和国际组织，应至少提前 6 个月，通过官方渠道向沿海国提供科研计划，详细说明活动性质、目标、时间、区域、方法和工具、主持机构和主持人及沿海国可能的参与。如通报后 4 个月，沿海国未拒绝计划，也未要求补充材料，且提出计划的国家或主管国际组织未因先前的研究对沿海国负有尚未履行的义务，则有关国家或国际组织可依通报的计划开展科研活动。研究方案如有任何重大变化，研究国应立即通知沿海国。除非另有协议，研究完成后应立即拆除装备。

最后，《公约》对海洋科学研究解释或适用上的争端的解决做出了相关规定，应按照《公约》第十五部分第二节和第三节解决。

2. 国际北极科学委员会的相关规定

国际北极科学委员会的基本目标为协调各国的北极科学研究。委员会是一个非政府机构，但章程明确规定委员会成员应是能覆盖所有北极研究的国家科学组织，国家科学组织应为委员会和北极科学团体之间的接触提供方便。科学委员会更多情况只是订立一些“软法”意义上的非强制性的国际规范。这些规范的宗旨主要是推动在北极科考问题上的国际合作。

（三）关于海洋环境保护的相关规定

较为系统的、全面的与北极海洋环境保护相关的规定主要来自《公约》第十二部分。

1.《公约》对海洋环境保护的一般性规定

《公约》对海洋环境保护的一般性规定主要集中在《公约》的第十二部分，其中和海洋科学考察相关的基本义务包括：（1）通知义务，当一国获知海洋环境即将遭受污染损害的迫切危险或已遭受污染损害时，应立即通知其认为可能受这种损害影响的其他国家以及各主管国际组织。（2）环境影响评价义务，各国如有合理根据认为在其管辖或控制下的计划中的活动可能对海洋环境造成重大污染或重大和有害的变化，应在实际可行范围内就这种活动对海洋环境的可能影响做出评价。（3）责任与赔偿，各国有责任履行其关于保护海洋环境的国际义务，应按照国际法承担责任。各国对于在其管辖下的自然人或法人污染海洋环境所造成的损害应确保按照其法律制度，可以提起申诉以获得迅速和适当的补偿或其他救济。

根据《公约》第十二部分和其他部分的规定，可以将海洋污染的管辖权归纳如下：（1）来自陆地的污染应归属于该污染发生之国家管辖；（2）来自领海、大陆架及专属经济区中海底活动的污染应归属该海域所属国家管辖；(3) 来自国际海底区域中海底活动的污染则归属国际海底管理局管辖；(4) 通过大气层的污染问题，应归属污染发生之陆地所属国管辖；(5) 来自大气层的污染问题，则应归属飞机或船舶之国籍国管辖，或飞机、船舶所经过的国家管辖；(6) 来自海洋倾倒之污染及来自船舶之污染问题，应归属船旗国管辖。

针对不同来源的污染，《公约》对各国提出了有针对性的要求。与北极考察有关的是防止倾倒造成的污染和来自船只的污染。在防止倾倒造成的污染方面，《公约》要求各国应制定法律和规章，以防止、减少和控制倾倒对海洋环境的污染；这种法律、规章和措施应确保非经各国主管当局准许，不进行倾倒；非经沿海国事前明示核准，不应在领海和专属经济区内或在大陆架上进行倾倒，沿海国经与可能受倾倒影响的其他国家适当审议此事后，有权准许、规定和控制这种倾倒。在防止来自船只的污染方面，《公约》要求各国应制定法律和规章，防止、减少和控制悬挂其旗帜或在其国内登记的船只对海洋环境的污染。依据《公约》制定的法律和规章，特别是关于船只的设计、建造、装备和人员配备的规定，船旗国应确保悬挂其旗帜或在其国内登记的船只在船上持有国际规则和标准所规定并依据该规则和标准颁发的各种证书，如果船只违反有关规则和标准，船旗国应设法立即进行调查，并在适当情形下对被指控的行为提起司法程序。

2.《公约》对“冰封区域”的特别规定

《公约》专门针对北极的环境保护条款只有第十二部分第八节“冰封区域”第 234 条的规定：“沿海国有权制定和执行非歧视性的法律和规章，以防止、减少和控制船舶在专属经济区范围内冰封区域对海洋的污染，这种区域内的特别严寒气候和一年中大部分时候冰封的情形对航行造成障碍或特别危险，而且海洋环境污染可能对生态平衡造成重大的损害或无可挽救的扰乱。这种法律和规章应适当顾及航行和以现有最可靠的科学证据为基础对海洋环境的保护和保全。”该条承认了冰封区域的沿海国为保护环境有权进行国内立法。这也成为俄罗斯、加拿大制定冰封海域航行规则的法律依据。

四　初步结论

《斯约》并未就海洋科学研究和科学调查做出实质性的规定，《公约》

是目前北极科学考察的重要法律依据。虽然从内容上看，《公约》并未就两极地区的科学考察做出针对性的规定，仅仅有关“冰封区域”的环境保护制度直接针对北极地区，但是从其实质内容来看，关于北极科学考察涉及的考察船航行，科学考察的许可程序及行为规范，环境保护等方面的法律问题，《公约》均做出了较为系统而全面的规定，这些规定为考察国的船舶航行以及制定相关行为规范提供了较为明确的法律依据。在目前的情况下进行北极科学考察，《公约》将是不可或缺的法律依据。

虽然《公约》对涉及北极科学考察的相关法律问题做出了较为系统的规定，但在一些具体问题的操作上，仍然具有模糊性，需要相关国家制定国内立法进行明确，如科学考察的许可程序及行为规范并未就科学考察船在其他国家的内水、领海、专属经济区和大陆架等海域应享有的权利和遵守的义务做出系统而详细的规定，特别是涉及海洋环境污染的问题。依据《公约》，研究国均应制定相应的规则和标准以便于在考察船出现违反国际法的情况时明确船旗国应具有的法律义务。

斯瓦尔巴群岛的科考制度研究

卢芳华*

【内容摘要】 斯瓦尔巴群岛作为北极科考活动的中心在1920年《斯匹次卑尔根群岛条约》的框架下形成了一套独特的科考制度，这一法律框架由挪威的国内法和相关国际法两个层面建构而成。由于《斯匹次卑尔根群岛条约》与《联合国海洋法公约》的制度分歧，各国科考人员在岛上的科考活动都面临着诸如非《斯匹次卑尔根群岛条约》缔约国科学家是否有权进入斯瓦尔巴群岛开展科考活动，如何区分科学家、狩猎者、捕鱼者，以及蛋类和羽毛采集者等现实问题。对于我国而言，我国在北极的科考活动既有理论依据又有现实基础，涉及北极环境、气候、航道等因素变化对我国可能产生的巨大的影响，同时，也涉及国家权益问题，我国应进一步加大北极科考活动力度，参与北极科考活动法律规定的拟定，增强我国对北极事务的参与权和发言权。

斯瓦尔巴群岛（以下简称斯岛）是世界上最北的陆地，可同时用作天文台、实验室和野外作业基地，是北极科考活动的中心。随着北极的地理发现，一些国家陆续在斯岛上进行零星的海洋学、地质学、冰川学、测绘与制图学、气象学，以及生物学等领域的科研考察活动。20世纪80年代后期，随着人类科学活动进入大科学时代，斯岛的科考活动出现了真正国际化趋势，人类迈入了科考的北极时代。

* 卢芳华，法学博士，华北科技学院人文社会科学学院副教授。本文系国家海洋局极地考察办公室极地法律体系研究子课题——斯瓦尔巴地区法律制度研究（CHINARE2013－04－05－04－03）资助阶段性研究成果。

斯瓦尔巴群岛作为北极科考活动的中心，具有一套独特的法律框架，这一法律框架由挪威的国内法和相关国际法两个层面建构而成。从挪威的国内法层面看，依1920年《斯匹次卑尔根群岛条约》（以下简称《斯约》），挪威制定了《斯瓦尔巴环境保护法令》《斯匹次卑尔根群岛采矿条例》《斯瓦尔巴旅游和旅行条例》《挪威经济区法令》等一系列专门的法律法规来管理斯岛的渔业、矿产开发、旅游等相关活动。但迄今为止，挪威还未就斯岛的科考活动制定专门的法律法规，只是在适用于斯岛的相关法律法规中零星涉及科考内容。从国际法层面看，《斯约》是仅适用于这一地区的专门法；此外，《联合国海洋法公约》（以下简称《公约》）和北极条约体系也有涉及科学考察活动的相关规定。本文主要关注《斯约》对斯岛科考活动的规定及其影响。迄今为止，《斯约》已经存在近百年，这一体系现在依旧在运作，是北极法律框架的核心。

一 《斯约》对斯岛科考活动的法律规定

斯岛是北极最大的天然实验室，大量的物理和自然现象、富饶的土地和海洋动物群、植物群吸引着世界各地的地质学、气象学、冰河学等领域的科研人员。斯岛最早的科考活动可以追溯到1827年，由挪威探险者组成的科考队在岛上进行相关的科学考察活动；此后，越来越多的国家在斯岛陆续开展各种科考活动；特别是第一次国际极地年（1882~1883年）和国际地球物理年（1957~1958年）期间，各国在斯岛进行了多国合作研究和跨学科研究活动。

依《斯约》的规定，斯岛科考活动一直处于挪威的主权管理之下，挪威以“极地海洋和斯瓦尔巴研究院”[①]为核心管理各国在斯岛的科考活动，在科考实践活动中，这一管理体系与各国紧密合作，已成为北极科考不可或缺的国际惯例。1990年，一个非政府国际组织——国际北极科学委员会（IASC）在挪威的首都奥斯陆成立，这一机构的建立是斯岛科考活动制度化和国际化发展的重要里程碑。至此，斯岛成为世界范围内北极科学考察活

① 挪威极地海洋和斯瓦尔巴研究院（Institute for Investigation of Svalbard and the Polar Seas）成立于1928年，1948年更名为挪威极地科学研究所，总部设在Norsk Polarinstitutt。

动的中心地带。[①]

（一）斯瓦尔巴群岛科考活动的法律基础

斯岛的科考活动是在一个极不寻常的政治、法律、经济环境下实现的。作为斯岛科考活动的法律基石，《斯约》赋予挪威对斯岛的管辖权；在《斯约》框架下，挪威可以自主决定斯岛行政管理形式和法律制度。对于这项重要的权利，挪威在实践中谨慎地加以利用。

首先，1925 年，挪威依《斯约》颁布实施《挪威关于斯瓦尔巴群岛的法案》（以下简称《法案》）。根据《法案》第 2 条规定，挪威所有的法律法规均适用于斯瓦尔巴群岛，除非法律本身规定不适用斯岛。《法案》第 3、4 条规定，国王考虑到当地情况，对相关的规定进行修订后也将适用于斯瓦尔巴群岛。[②] 第二章“政府和司法行政”和第三章“个人法律关系”部分对斯岛的司法程序和法律主体做出特别规定。这些规定可以看作是调整斯岛科考活动的基本法律规范。

其次，依《斯约》第 5 条规定，缔约国还应缔结专门公约，规定在《斯约》第 1 条所指的地域[③]开展科学调查活动的条件。对此，挪威司法部称，早在 20 世纪 80 年代初，挪威曾就制定统一的科考条例问题展开非正式讨论，但最终并未制定专门的斯岛科考活动条例，这主要是因为从当时的情况看，斯岛的科考活动规模相对有限，制定专门的法律法规还没有提上议事日程。随着《斯约》缔约国在斯岛科考活动日益增多，制定专门的科考细则，规制缔约国科考人员或船舶进入斯岛的申请程序、建立科考站、组织极地科考活动就显得尤为必要。

---

① Machowski J.，“IASC as Legal Framework of International Scientific Cooperation in the Arctic”，*Polish Polar Research*，Vol. 14，No. 2，1993，pp. 177 – 207.

② 《挪威关于斯瓦尔巴群岛的法案》第 3 条：钱币、度量衡、邮政电信服务、劳动保护和劳动纠纷等法令都将在国王考虑到当地情况进行修订后适用于斯瓦尔巴群岛。第 4 条：国王可以颁布有关教堂，学校和济贫服务，公共秩序，驱逐，医疗健康服务，建筑和消防服务，易燃物品，航运，航空和其他交通方式，专利，采矿、狩猎、捕捞、渔业及其他产业，保护动物、植物、自然构造、土地、文物，以及有关向中央统计局进行报告的一般规定。

③ 《斯约》第 1 条规定，缔约国保证根据本条约的规定承认挪威对斯匹次卑尔根群岛和熊岛拥有充分和完全的主权。

最后，从国际法层面看，《公约》和北极科考的国际合作组织——国际北极科学委员会的相关规定，也是斯岛科考活动的重要法律依据。《公约》第十三部分对海洋科学研究基本原则的规定已经成为世界范围内科考活动的国际惯例，对于斯岛的科考活动也具有普遍约束力，《公约》对于领海、专属经济区和大陆架的科考活动规定也都适用于斯岛。另外，挪威是国际北极科学委员会的创始国，国际北极科学委员会的相关决议和计划纲要是约束斯岛科考活动的软法。

（二）斯岛科考活动范围的法律界定

依《斯约》第3条规定，缔约国国民，不论出于什么原因或目的，均应享有平等自由进出第1条所指地域的水域、峡湾和港口的权利；在遵守当地法律和规章的情况下，他们可以毫无阻碍、完全平等地在此类水域、峡湾和港口，从事一切海洋、工业、矿业和商业活动。这一区域限定于斯匹次卑尔根群岛和熊岛，即东经10°~35°和北纬74°~81°之间的所有岛屿和礁石；特别是西斯匹次卑尔根群岛、东北地岛、巴伦支岛、埃季岛、希望岛和查理王岛，以及所有附属的大小岛屿和暗礁，[1] 包括陆地及其领海，这一区域又被称为“斯瓦尔巴方框”（Svalbard box）。

但在科考区域选择上却有例外规定。依据《法案》规定，在缔约国国民已获取权利的不动产上不能从事科考活动，除非有国王许可。依据《斯约》平等原则，这一规定应平等地适用于所有缔约国。这些区域包括地产业主寓所、房屋、仓库、作坊及其他建筑物，其中，在以上区域10公里范围以内区域，地产业主在其不动产上拥有狩猎和捕捞的独家权利。但并不是所有的地产业主在其不动产上都具有这种独家权利，地产业主须拥有国王颁发的许可证，才具有在这一区域狩猎、捕鱼、采集蛋类和羽毛的唯一权利。这些不能用于科考的私人专属区域应在《挪威人报》上发布通告并以国王命令的方式在地图上标示出位置。但对于这种权利，《法案》第27条也做出例外规定，如在不给地产业主带来任何不方便的情况下，狩猎者、捕鱼者、蛋类和羽毛采集者有权建造他们临时居住和工作所需要的小屋和

---

① Pharand D.，“The Legal Regime of the Arctic: Some Outstanding Issues”，*International Journal*，Vol. XXXIX，1984，pp. 742 - 799.

其他建筑物。对此产生的争议应由总督最终裁决。这一规定为在私人业主不动产上开展科研活动提供了可能。此外，在得到国王许可的情况下，还可以强制废除私人的不动产所有权和使用权，包括私人业主不动产独家使用权和缔约国在岛上已经设立的科考基地的所有权和使用权，这种情况发生的前提有二：一是国家或私人希望建设港口、码头、船坞、道路、交通设施、输水管道、电线，以及电报和电话设施；二是国家在其他方面需要这块土地用于公共用途或科学用途。但国王在做出这种批准前，应给予业主及其他权利拥有者陈述的机会。①

（三）《斯约》基本原则对科考活动的影响

虽然从目前的法律框架看，斯瓦尔巴群岛的科考活动还缺少一个独立和统一的法律体系，但这并不意味着斯岛的科考活动面临司法真空，《斯约》三项基本原则：挪威主权原则（第 2 条）、平等原则（第 2、3、4、7 和 8 条）、非军事化原则（第 9 条）都对斯岛的科考活动有重要的影响。

1. 平等原则

在条约的十个条款中，有五条明确规定了缔约国国民的平等待遇，② 主要内容包括：平等自由进出群岛水域、峡湾和港口的权利；平等地在群岛及其领水内捕鱼和狩猎的权利；完全平等地在群岛陆地、水域、峡湾和港口从事一切海洋、工业、矿业和商业活动的权利；在完全平等的基础上使用群岛区域公共无线电报台的权利；平等的财产所有权，以及获得、享有和行使矿产权的平等权利；在采矿方面，不得给予包括挪威在内的任何缔约国或其国民特权、垄断或优惠。

对于条约的平等原则，需要注意以下两点。第一，平等待遇并非适用于所有活动。例如，条约未明确规定缔约国在群岛陆地进行科学研究活动的平等权利，而是规定应缔结关于在条约地区开展科学调查条件的公约。③第二，条约中的平等原则不仅是形式权利，而且建立了最低程度的实质权

---

① 参见《法案》第 26 ~ 28 条，《斯约》第 6 条。

② 《斯约》第 2 条第 1 款，第 3 条第 1 款、第 2 款，第 4 条，第 7 条，第 8 条第 1 款。

③ 《斯约》第 5 条第 2 款。

利，更接近广义的平等。例如，条约禁止对进入群岛地区的非法限制，禁止对海洋、工业、矿业和商业活动的非法限制。①

2. 挪威主权原则

挪威对群岛的主权高度受限、非常独特。② 挪威主权受到其他缔约国在群岛地区权利的限制③。此外，挪威对群岛主权的独特性还表现在，对于条约缔约方而言，挪威的主权来自条约规定④，因此，挪威无权单方面将主权让渡给另一国家或国际组织，也不能单方面退出条约而放弃主权。与基于一般国际法的主权相比，挪威有义务行使主权，挪威有权制定适用于斯岛的专门的法律规章，包括科考制度安排。

关于将群岛主权赋予挪威的原因，斯匹次卑尔根委员会声明，主要是基于挪威在群岛的重大利益、地理邻近性和寻求最终解决方案的需要。从条约谈判的背景看，作为战败国，德国未能出席巴黎和会，而当时的俄罗斯仍未被国际社会所承认。美国、法国等支持将群岛主权赋予一个地理邻近的中立小国，主要是出于制约德国的安全考虑。⑤

3. 非军事化原则

条约的宗旨是保证对群岛地区的开发与和平利用。为此，《斯约》第 10 条规定，在不损害挪威加入国际联盟所产生的权利和义务的情况下，挪威保证在条约地域不建立也不允许建立任何海军基地，并保证不在该地域建立任何防御工事；该地域决不能用于战争目的。不建立海军基地和防御工事的义务是有条件的，即不得损害挪威在国际联盟的权利与义务。这意味着挪威为了履行在国际联盟（和联合国）的义务，可以建立海军基地和防御工事，可以允许其他国家或国际组织建立海军基地。同时，不得将群岛地区用于战争目的，并不排除非战争的军事行动。因此，有学者指出，条

① Geir Ulfstein, *The Svalbard Treaty: from Terra Nullius to Norwegian Sovereignty*, Scandinavian University Press, 1995, p. 473.

② Willy Østreng, *Politics in High Latitudes: The Svalbard Archipelago*, Montreal: McGill-Queen's University Press, 1978, p. 26.

③ 《斯约》第 1 条。

④ 有学者认为，对于非条约缔约方而言，挪威的主权是基于一般国际法上的占领。

⑤ Geir Ulfstein, *The Svalbard Treaty: from Terra Nullius to Norwegian Sovereignty*, Scandinavian University Press, 1995, p. 47.

约使得群岛地区中立化，但并未使之彻底非军事化[①]。

一些北极国家，特别是俄罗斯和美国成立了专门的极地研究所和实验室，为了军事目的调查这一地区。为了支持在北极地区的军事行动，这些研究机构还开展了专门研究项目以满足在陆地、海洋、冰、空气空间、外层空间发动不同规模和强度战争的需要。此外，挪威加入北约也进一步改变斯岛非军事化的法律地位。1950 年 12 月，挪威违反斯岛中立传统政策，将扬马延和斯岛划为欧洲盟军司令部的防务范围，[②] 使斯岛的战略形势发生了根本变化，挪威这一行为遭到了苏联强烈的外交抗议，苏联发表外交照会（12. X. 1951）指出挪威的行为直接违背了斯岛非军事化约定，对此，挪威政府做出答复（30. X. 1951）指出，挪威政府不会允许任何国家在斯岛建立军事要塞或军事基地。显然这一保证没有满足苏联的要求，1958 年，由于担心美国的军事渗透，苏联抗议在斯岛建设全年使用的飞机场，这一工事 1975 年秋在新奥尔松（Ny-Alesund）建成。

北极科学研究军事化有正面和负面的影响。一方面，北极研究的军事化使得大量的资金、人员、技术投入极地科考活动；另一方面，军事研究的保密性导致大量的研究区域封闭起来，不与外界交流，大大限制了斯岛科考活动的自由交流，此外，科学研究军事化要求长时间保守军事秘密，由此也阻碍了北极科研的进展。

二　斯岛科考人员的基本权利和义务

20 世纪 30 年代以前，只有俄罗斯和挪威的科研人员在岛上从事科考活动，其他国家只是偶尔派人员访问斯岛，参与一些科研项目。随着斯岛科考活动的增多，越来越多国家的科学研究人员在岛上从事科考工作。挪威对岛上科考人员的地位、权利、义务参照《斯约》和挪威国内法的相关规定加以管理；此外，挪威政府明确指出，只有挪威有权制定斯岛科考活动

---

① Geir Ulfstein, *The Svalbard Treaty: from Terra Nullius to Norwegian Sovereignty*, Scandinavian University Press, 1995, p. 478.

② 欧洲盟军司令部是北约最主要的军事指挥机构，1950 年 9 月成立，总部设在比利时的蒙期附近。防务范围从土耳其东部的阿纳多卢到大西洋，从意大利南端到挪威北部，东部边界在铁幕沿线。司令部负责除英国、法国、葡萄牙以外的北约欧洲成员国的防务以及英国的防空。总司令手下有副总司令和参谋长以及分管作战、计划、后勤等问题的副参谋长。

的相关规定,[①] 各缔约国也同意将这一权利赋予挪威，唯一的要求是这些规定须公平地、不偏不倚地适用于所有参与科考活动的缔约国。

（一）斯岛科考人员的基本权利

1. 科学考察权

依《斯约》第 5 条规定，在一定条件下，缔约国享有在斯岛及其领海从事科学考察活动的权利。具体说来，缔约国有权通过科考测量船或飞行器上的各种仪器对斯岛及其领海的海道情况、海水流量、海洋水质、海域气候特征、海洋生物和海底矿产资源等开展探测和数据搜集活动，内容涉及海洋学、海洋地质学、物理学、化学、生物学以及声学等领域；探测设备包括音响测深仪、扫描声呐、海底抓斗、水流仪和靠模工具机等。在实践中，不论这些数据用于何种用途，包括军事用途，获取这些数据的活动实质上仍然属于《斯约》规定的“科学考察”范畴。

2. 自由通行权

允许缔约国科考人员在斯岛自由进入、停留是各国科考人员开展北极科考活动的前提和基础。《斯约》第 3 条赋予缔约国国民不论出于什么原因或目的平等自由进出第 1 条所指地域的水域、峡湾和港口的权利。这里的“缔约国国民”可以理解为拥有缔约国国籍的所有国民，应包括海外属地的居民；其中，“不论出于什么原因或目的”主要涉及海洋、工业、矿业和商业交往等目的，军事目的除外，显然科考属于允许自由进入的范畴。此外，这一权利对于缔约国来说是绝对的权利，无须附带任何限制性条件即可享有。同时，这一权利在缔约国之间是平等、非歧视性享有的权利。

3. 使用无线电通信设备的权利

通信是科考人员在岛上从事科考活动遇到的诸多难题之一。挪威政府宣称对所有缔约国的科学考察站无线电通信实施行政控制,[②] 这也是缔约国对挪威和《斯约》的尊重。《斯约》第 4 条规定，在第 1 条所指的地域内由挪威政府建立或将要建立或得到其允许建立的一切公共无线电报台，应根

① White Paper No. 39（1974 - 1975）relating to Svalbard, p. 8.

② Willy Østreng, *Politics in High Latitudes: The Svalbard Archipelago*, Montreal: McGill-Queen's University Press, 1978, p. 75.

据1906年7月5日《国际无线电报公约》或此后为替代该公约而可能缔结的国际公约的规定（1973年《国际电信公约》），永远在完全平等的基础上对悬挂各国国旗的船舶和各缔约国国民的通信开放使用。在不违背战争状态所产生的国际义务的情况下，地产所有者应永远享有为私人目的设立和使用无线电设备的权利，此类设备以及固定或流动无线台，包括船舶和飞机上的无线台，应自由地就私人事务进行联系。但实际上《斯约》中并没有明确规定挪威政府对科考队或探险队的无线电报台有专属管理权。20世纪60年代末，挪威政府发现苏联科学考察站不当使用无线电发射机后，提出通过外交途径解决这一争端，但苏联政府无论如何不愿意接受挪威的管理，两国之间的问题一直没有解决。同一时间，挪威政府宣称对除苏联外其他缔约国科学考察站无线电通信实施行政控制。[①]

4. 运输权

缔约国来往斯岛地区的船舶有在挪威各港内停泊的权利，这主要是为了方便前往斯岛的旅客或货物上下、装载。但交通和补给问题仍是目前各国北极科考面临的主要障碍之一，这主要是因为，与南极科考不同，北极科考活动的后勤保障工作是很不充分的碎片化服务，有时候需要科考研究人员自己来安排。1934年以前，运煤船是唯一的将斯岛和挪威内陆连接起来的工具，随后的客轮Lyngen号开始了有规律的夏季游客运输服务，实现每年夏季5~8个航次的客运，但冬季则切断所有的外界联系，1949年，斯岛有了航空邮件，1959年才有挪威至斯岛的全年邮件、货运和客运服务。斯岛的铁路是为当地居民生活铺设的，也有小型蒸汽船、轻型飞机往来于斯岛和挪威内陆。冬季，滑雪板车是最普遍的交通工具。[②] 一直以来，俄罗斯有自己的船舶和飞机在斯岛和俄罗斯陆地之间从事相关的运输和通信活动，其他国家也有其自己的运输途径。

5. 资源权

根据《斯约》规定，缔约国的船舶和国民对于斯岛及其领水内的生物

---

① Willy Østreng, *Politics in High Latitudes: The Svalbard Archipelago*, Montreal: McGill-Queen's University Press, 1978, p. 75.

② Report No. 40: to the Norwegian Storting (1985 - 1986) concerning Svalbard, recommended by the Ministry of Justice on 18. IV. 1986, approved in the Council of State on thesame date, Appendix 2, item 6. 2., pp. 35 - 37.

资源和非生物资源具有占有、使用、收益、处分的资源权,[①] 土地私人占有者的土地除外。《斯约》同时规定:虽然缔约国国民有权在平等的条件下在陆上和领水内开展和从事一切海洋、工业、矿业或商业活动,但不得以任何理由或出于任何计划而建立垄断(第3条)。

(二)斯岛科考人员的基本义务

1. 科考活动的批准和登记

目前,挪威还未依据《斯约》第5条制定专门的科考条例。实践中,各缔约国一般通过外交途径将发生的科考活动告知挪威政府相关部门。但从目前的条约体系看,并没有明确规定缔约国有将开展的科考活动告知挪威政府的义务,俄罗斯就一直没有将其开展的科考活动向挪威相关部门登记备案,但如不在挪威当局登记,就意味着一旦发生事故,俄罗斯的科考人员应由俄罗斯自己组织援救,挪威的救援人员不负有援救俄罗斯遇难科考人员的义务,挪威政府仅对登记在案的遇难科考人员负有救援义务。俄罗斯这样做的一个重要原因是,展示和强调俄罗斯在这一地区独立活动的权利和能力,在国际社会形成挪威在这一地区"难以实行有效管理"的国际形象。而其他成员国从活动便利和自身的利益考虑,愿意接受挪威的管理。[②]

2. 保护斯岛生态环境

《斯约》第2条规定,挪威应采取适当措施,以确保并于必要时重新恢复该地域及其领水内的动植物。并应明确此种措施应平等地适用于各缔约国的国民,不应直接或间接地使任何一国的国民享有任何豁免、特权和优惠。当地的土地所有者也要遵守这些规定。这一条款为缔约国在斯岛的科考活动规定了保护斯岛生态环境的基本义务。

依这一规定,挪威政府于1978年颁布《挪威皇家法令》,规定斯岛的科考活动必须保证不影响斯岛和扬马延岛生存的野生动植物的生活环境。挪威政府指出,日益增多的科考活动对岛上的生态系统造成一定的压力,

---

① 参见《斯约》第2、3、8条。

② Mathisen, Trygve, *Svalbard in the Changing Arctic*, Oslo: Gyldendal Norsk frolag, 1954, pp. 66 - 67.

特别是夏天，新生的动植物最为脆弱，挪威政府对此深表不安。[①] 为此，挪威环保部又制定了《斯匹次卑尔根群岛环境保护法案》（1984 年生效），该法案包含自然保护和预防环境退化的规定，这些规定直接对缔约国的科考自由造成一定的限制，如限制缔约国科考人员进入新成立的国家公园、自然保护区和鸟类保护区，[②] 除此之外，新的法规还制定了严格的交通和防止污染规定，规定缔约国有义务确保各自的科考活动包括交通运输活动不污染斯岛的动植物资源，限制可能损害岛上生态环境的各种科考活动。[③]

3. 确保斯岛的历史环境及文物不受破坏

缔约国在斯岛科考活动还要确保斯岛的历史环境、文物和古迹不受破坏。保护斯岛文化遗产、建筑和遗址的历史可追溯到 1926 年，现在专门的保护文物的法案是挪威环保部 1974 年《有关斯匹次卑尔根群岛和扬马延岛文物保护的法案》（21. V. 1974）。此外，1983 年，挪威环保部向议会提交了有关北极环保调查报告（Report No. 26 1982 - 1983）。该报告第四章指出，由特罗姆斯博物馆为斯岛地方政府提供文物保护专家技术支持。该报告还强调需要延长挪威政府和在斯岛从事考古工作的专家的合作时间。

此外，《斯约》明确规定缔约国在斯岛的活动包括科考活动必须遵守挪威国内法。这些法律法规和措施均应平等地适用于各缔约国的国民、企业和船只，不应直接或间接地使任何一国的国民享有任何豁免、特权和优惠（《斯约》第 2 条），这也与条约目的相一致。为了限制缔约国依《斯约》享有的包括科考权在内的各项权利，挪威政府制定了《斯瓦尔巴环境保护法令》《斯匹次卑尔根群岛采矿条例》《斯瓦尔巴旅游和旅行条例》《挪威经济区法令》等法律法规限制缔约国在斯岛的科考活动。这些规定在一定程度上缩小了斯岛的科考活动范围，限制了科考活动的内容。对此，挪威指出，《斯约》赋予缔约国平等科考权，挪威颁布的法令和规定均平等适用于各缔约国，并不违反《斯约》。

---

① Report No. 40 (note 8) Chapter 8, pp. 48 - 54 and note 10.

② 从 1973 年至今斯岛一半以上的区域被列为保护区，包括 3 个国家公园保护区，3 个自然保护区，15 个鸟类保护区，3 个植物保护区。

③ Report No. 26 (1982 - 1983) to the Storting on Environmental Protection, Surveying and Research in Arctic Areas, p. 18.

三 斯岛科考活动面临的主要争议问题

（一）非《斯约》缔约国科学家是否有进入斯岛开展科考活动的权利

《斯约》第3条规定缔约国国民和船舶有自由进入斯岛及其领海进行捕鱼、狩猎、矿产开发、科考等相关活动的权利；这里的“缔约国国民”可以理解为拥有缔约国国籍的所有国民，包括海外属地的人。北极科考耗资巨大，以俄罗斯为例，俄罗斯北极科考活动资金投入已经是个天文数字，仅2007年历时90天的探险活动就耗资约1亿卢布（约合400万美元）[①]。北极科考专用设备——破冰船更是价格不菲，2015年俄计划投资170亿卢布建成一艘第三代核动力破冰船。[②] 为解决科考资源的巨大浪费问题，各缔约国在一定范围展开科考国际合作，仅以1957~1958年的国际地球物理年为例，当时有来自12个国家的10000多名科学家在北极和南极进行了大规模、多学科的考察与研究，在北冰洋沿岸建成了54个陆基综合考察站，这其中不乏非《斯约》缔约国的科考人员；依《斯约》规定，非《斯约》缔约国国民无权进入斯岛及其领海进行科考活动，但实践中，挪威政府并未完全限制非《斯约》缔约国科考人员的科考活动，挪威政府正在研究是否赋予非《斯约》缔约国科学家进入斯岛开展相关科考活动的权利。[③]

（二）如何区分和定义科学家、狩猎者、捕鱼者，以及蛋类和羽毛采集者

在一定情况下，科考和狩猎、矿产开发、采集羽毛等活动存在相似之处，依据挪威国内法和斯岛相关法律规定，科考人员、矿产开发人员、狩猎者在岛上的权利和义务范围有所不同，如何精确区分不同主体，确定其

① 《俄北极科考耗资约400万美元》，新华网，http://news.xinhuanet.com/video/2007-08/06/content_6482047.htm。

② 王伟力：《俄罗斯抓紧北极不放松》，《环球军事》2009年第6期。

③ Report No. 40 to the Norwegian Storting (1985 - 1986) concerning Svalbard, recommended by the Ministry of Justice on 18. IV. 1986, approved in the Council of State on the same date, Appendix 2, items 9. 2. 1., p. 55 and 9. 2. 7., p. 61.

权利义务范围是挪威政府遇到的现实问题。

以采矿活动为例，科考活动特别是地质学和地球物理学的科考活动与矿产开发活动有相似之处，实践中，如何区分一个活动是资源开发活动还是科考活动，标准十分模糊。但依据挪威国内法和斯岛相关法律规定，科考人员和矿产开发人员在岛上的权利和义务范围有所不同，如《斯瓦尔巴群岛采矿法典》第 7 条第 5 款规定，除非得到业主、工厂和楼房住户的同意，不得在距离正在施工或经营的任何工厂、工业设施、交通线、码头或房屋 500 米以内的范围内探矿，此规定不包括为狩猎、捕鱼或鲸鱼考察而临时搭建使用的小屋，也不得在距离任何公共设施、科学研究设施、教堂或墓地 500 米以内的地方探矿，但在这一区域的科考活动受到法律保护。在斯岛，大约 300 个有登记注册的房屋或是废旧的船舱用于科学调查和探险。对于挪威政府来说，如何区分科学家、采矿者、狩猎者、捕鱼者，以及蛋类和羽毛采集者，是确定不同主体权利和义务范围的先决条件。

（三）斯岛专属经济区及大陆架地位未定

在斯岛的科考活动，无论是海洋学、湖沼学、冰川学，还是地质学和气象学，都是在海洋环境中进行的。但是，由于《公约》和《斯约》的矛盾分歧，斯岛专属经济区和大陆架的法律地位还没有明确。

《斯约》规定挪威对斯岛具有排他性的“完全和绝对的”主权，缔约国仅对斯岛及其领海具有科考权。但随着《公约》的生效，海洋被划分成领海、毗连区、专属经济区、大陆架、公海、国际海底区域等具有不同法律地位的区域，每个国家有权确定其领海、专属经济区和大陆架的外部界限。因此，作为《公约》的缔约国，挪威以《斯约》赋予其在斯岛的主权为基础，主张拥有 200 海里的专属经济区。为了避免在斯岛海域直接宣布建立专属经济区与其他缔约国产生直接的利益冲突，挪威政府于 1976 年 12 月颁布《挪威经济区法令》（*Act Relating to the Economic Zone of Norway*），根据该法令挪威政府有权建立 200 海里的专属经济区，其中也包括斯岛海域。1977 年挪威在群岛水域又建立了 200 海里的渔业保护区，行使专门的渔业管辖权。

对于大陆架，一直以来，挪威称斯岛及其大陆架是挪威大陆架的自然延伸，挪威大陆架由挪威陆地北部延伸到群岛及其以外的区域，所以斯岛位于挪威大陆架上，[①] 群岛水域的大陆架也是挪威大陆架的一部分，斯岛没有独立的大陆架。[②] 近年来，挪威逐渐放弃了这一观点，转而主张按《公约》规定，每个国家有权确定其大陆架，斯岛有自己独立的大陆架，有相应的主权权利，《斯约》规定的缔约国权利止于领海基线12海里处，国际海洋法所规定的至200海里处的专属经济区海域及大陆架不适用该条款。

对于挪威的主张，缔约国提出了不同观点。美国主张《斯约》赋予其在该群岛大陆架的非歧视性经济权利；西班牙和冰岛保留在斯岛大陆架开发权，并声称要诉诸国际法院；[③] 英国政府2006年向挪威政府递交了一封外交信件，强调它将捍卫其在斯岛的权益；俄罗斯作为老牌的北极国家，不断抗议挪威政府对斯岛大陆架和专属经济区的独占主张，其理由是挪威对斯岛的主权并不符合现代国际法规定的任何一种主权的取得方式，[④] 挪威对于斯岛的主权是由条约赋予的，这种赋权的同时也伴随着其他缔约国领土主张的撤回，从而在群岛建立起"主权确定，共同利用"的法律原则，以维持群岛基于"无主地"而具有的自由特征。[⑤] 从这点看，挪威在该地区拥有的主权似乎是一个具有争议性的问题。[⑥] 挪威对群岛的主权从一开始就是有限制的，因此，挪威对群岛专属经济区和大陆架的主权也不是专属性的。显然缔约国希望与挪威同样享有在斯岛专属经济区和大陆架上的渔业、

---

① Svalbard and the Surrounding Maritime Areas, http://www.regjeringen.no/en/dep/ud/selected-topics/civil-rights/spesiell-folk-erett/folkerettslige-sporsmal-i-tilknytning-ti.html? id = 537481, 2009-08-15.

② 挪威首相2006年6月在朗伊尔城举行的新闻会上说："挪威的看法是，挪威的大陆架向北延伸，斯瓦尔巴群岛是大陆架的一部分。"

③ Note Verbal to the Secretary-General of the United Nations, http://www.unorl/Depts/los/clcs_new/submissions_ files/nm06/esp_ 0700348.pdf, 2013-08-13.

④ 传统国际法上国家领土取得方式有五种：先占，即国家对无主地的发现并实行有效统治而取得领土主权。时效，是一国对别国领土长期平稳行使管辖权而取得该领土主权。添附，是由于自然或人为的原因使国家领土有了新增加。割让，是国家通过条约将部分领土转移给别国，从而使受转国取得领土主权。征服，是以武力对别国领土的兼并。

⑤ Ida Caracciolo, "Unresolved Controversy: the Legal Situation of the Svalbard Islands Maritime Areas; An Interpretation of the Paris Treaty in light of UNCLOS 1982", paper presented to the Conference on International Boundaries Research Unit Conference 2009, Durham University, 1-3 April 2009.

⑥ D. H. Andersona, "The Status Under International Law of the Maritime Areas Around Svalbard", *Ocean Development & International Law*, Volume 40, Issue 4, 2009, pp. 373-384.

科研、勘探、开采、石油钻井等专属管辖权。

四 斯岛科考活动的现状及中国的北极科考

近年来，斯岛的科考活动无论在次数还是科学家数量和参与国数量上都大大增加，随着北极科考活动的发展，斯岛已经成为北极一个突出的、普遍的科学、研究和教育中心，成为世界各地观测北极的窗口。

新奥尔松是斯岛上一个由峡湾、冰川、冰碛岩、冰川河流构成的典型的苔原生态系统，其地形地貌、地层系统、生态环境的复杂和多样性为海洋、大气、冰川与海冰、生物生态、地质、大地测量等学科的研究提供了天然的场所。自 1962 年以来，挪威、俄罗斯、波兰、法国、德国、英国、意大利、日本、韩国等国家都在这里建立了自己的野外观测和考察站，多达 140 名科学家长期或短期在岛上进行大规模气象学、地质学、海洋学、冰河学等领域的科研活动，此外，一个由挪威、瑞典、芬兰、英国、德国、法国共同参与的重要的国际科研合作项目——欧洲非相干散射雷达（EISCAT，European Incoherent Scatter）也设在这里，这一项目用来观测北极极光现象，同时搜集、研究并提供太阳能在北极活动的数据，挪威也将自己的极地研究所设在这里。

近几年，斯岛的政府所在地朗伊尔城也日益成为最北端的大学教育中心。1993 年，四家挪威大学及私人基金会协作组建斯瓦尔巴大学中心（University Centre in Svalbard，UNIS），有 23 名学生在这里开展北极地质和地球物理学研究和学习活动。1994 年，斯瓦尔巴大学中心建立北极生物学研究班，专门讲授地球物理学、北极生物学、地质学、北极科技等课程，为 300 名学生提供学士、硕士、博士等学位教育。此外，这里每年还经常性地召开一些国际科学会议、研讨会、座谈会等极地研究活动。不可否认的是，这些活动将给仅有 1000 人的朗伊尔城带来新的挑战。①

诚然，与南极相比，北极的科考活动长期以来受到多边区域国际科学合作体系支配，缺乏细化规定，这种状况对于北极国际合作研究是十分不利的。建立一个或大或小的国际组织协调北极科考活动对于北极来说越来

① Morten Ruud and Ivan Grótli, ed., *Svalbard and Jan Mayan*, The Northern and Western Extremes of Norway, The Norwegian Atlantic Committee, Security Policy Library No. 10/1994.

越重要。最近，已经建立了几个协调研究活动的组织，如国际北极科学联合会（ASSA）、国际北极海洋科学委员会（IASC）。八个环北极国家还共同启动了一个北极环境合作计划即罗瓦涅米（Rovaniemi）计划；在这一体系内，芬兰决定建立一个北极的环境监测系统，鼓励该地区的土著广泛参与。在这些国家和组织的共同努力下，斯岛已经成为北极科考中心。

北极丰富的科考资源是人类共有的财富。作为北极科考活动的重要参与者，中国于 1996 年加入了国际北极科学委员会；2004 年，中国在斯岛新奥尔松建立了自己的首个北极科考站——黄河站；2013 年 5 月 15 日，在北极理事会第八次部长级会议上，中国又被批准为北极理事会正式观察员国，在北极事务中取得更多的发言权和参与权。对于中国而言，目前北极活动的主要目的是科考和投资，通过科考活动密切关注北极环境、气候、航道等因素变化对我国可能产生的巨大影响，同样也涉及国家权益问题。因此，更多地参与北极科考，关注北极气候变化，不仅是为人类加深对全球气候变化，特别是北极地区的科学认知与了解做贡献，而且也关乎中国的经济社会发展。

首先，目前我国还应该加大北极科考法律制度研究力度。我国的北极人文社科问题研究已经有很多成果，但相关研究还存在重政治而轻法律的缺陷，忽视了法律规则在解决北极科考问题中的重要作用，重视北极科考的法律研究既是界定权益、定分止争的理论基础，也是政治事务的客观需要。

其次，我们还应调整法律问题的研究方向，以保障科考工作的顺利开展为目的，提供所需的法律支持，同时关注在北极国际事务领域如何利用现有国际法规则加大参与力度等现实问题的研究，增加对具体规则尤其是我国相关国内法设计研究，这些研究在理论上也将进一步完善我国北极考察管理条例草案，丰富我国的国际法尤其是相关的国际海洋法和国际环境法的研究体系。

再次，还应进一步深化对《斯约》及挪威在斯岛的法律法规的研究，关注挪威制定斯岛科考条例的进程。在国际法层面，北极尚没有统一的具有全球性的专门国际条约加以规制，《斯约》是目前非北极国家开展科考活动的唯一的法律依据。我国是《斯约》缔约国，这一条约是我国与北极的重要法律连接点，是我国行使包括科考权在内的一系列北极权利的重要法律依据，对《斯约》的深入研究可以为我们在北极地区从事相关活动提供有力的国际法保障，为维护我国在北极地区的权益发挥积极作用。除此之外，对于挪威制定的适用于斯岛的专门法律法规，如《挪威经济区法令》《斯瓦尔巴环境保护法令》[①]《斯瓦尔巴旅游和旅行条例》[②]《斯匹次卑尔根群岛采矿条例》[③]《关于拒绝及驱逐特定人员的规定》《斯瓦尔巴群岛运载旅客的船舶规定》[④]《斯瓦尔巴群岛石油勘探和钻探规定》[⑤]《斯瓦尔巴群岛儿童福利法案》[⑥] 也要进行深入的研究，对这些挪威国内法的深入研究可以为我国科考队员在岛上的活动提供现实的法律支持和指导。同时也可为我们其他权利的行使做好先期的法律预案。

北极是“全球公共品”，不是某一个国家可以主导的，北极的科考活动既符合我国海洋研究与利用的长远战略，也是中国科考人员对人类探索极地科学奥秘、保护地球生态环境应做的努力和贡献。

---

① Act Relating to the Protection of the Environment in Svalbard, http://www.ub.uio.no/ujur/ulov/english.html, 2013-08-12.

② Regulations Relating to Tourism and Other Travel in Svalbard 18.10.1991 No. 671.

③ The Mining Code (the Mining Regulations) for Spitsbergen (Svalbard) 7.8.1925 No. 3767. With amendments last of 11th June 1975.

④ Regulations Concerning the Control of Ships Carrying Passengers in Waters Near Svalbard 29.6.1984 No. 1319.

⑤ Regulations Relating to Safe Practice in Exploration and Exploration Drilling for Petroleum Deposits on Svalbard 25.3.1988 No. 250.

⑥ Regulations Concerning the Application of the Act Relating to Child Welfare Services in Svalbard 1.9.1995 No. 772.

北极权益热点问题

新形势下“北方海航道”相关法律问题分析

李志文[*]　密晨曦[**]

【内容摘要】北极海冰的快速融化为北极航道商业通行提供了自然条件。北极航道的航运价值日益显现，俄罗斯对北方海航道的主张和立场受到国际社会的广泛关注。除了美国主张北方海航道上的海峡属于用于国际航行的海峡外，丹麦、挪威、冰岛以及欧盟等也纷纷表明立场，主张包括北方海航道在内的北极航道的利用应在《联合国海洋法公约》的法律框架下进行。本文从《联合国海洋法公约》的视角，结合北极政治和规制现状，就“北方海航道”相关法律制度和问题进行探讨。

东北航道通常是指绕过斯堪的纳维亚半岛北端，穿越巴伦支海、喀拉海、拉普捷夫海、东西伯利亚海和楚科奇海，直到白令海峡的航路。它是连接大西洋和太平洋的海上捷径，也是联系欧亚两地的海上最短航线。东北航道的大部分航段位于俄罗斯北部沿海的北冰洋离岸海域，即俄罗斯立法中所称的“北方海航道”。2013 年 1 月 17 日俄罗斯交通部批准了《北方海航道水域航行规则》（以下简称“2013 年《规则》”），同年 1 月 28 日，《关于北方海航道水域商业航运政府规章的俄罗斯联邦特别法》（修正案）生效，对北方海航道的法律地位和利用做了进一步的更新、补充和规范。俄罗斯和美国关于该航道的法律地位问题的意见相持不下。丹麦等国家也纷纷表示立场，北方海航道究竟应适用何种法律制度和管理举措受到国际社会的关注。

---

* 李志文：大连海事大学法学院副院长，教授。

** 密晨曦：大连海事大学法学院博士研究生，国家海洋局海洋发展战略研究所副研究员。

一 俄罗斯对“北方海航道”的权利主张

“东北航道”是对穿越俄罗斯北部连接北大西洋和北太平洋的航线的一个历史的、抽象的称谓，没有确切的范围和终点。“东北航道”这一称谓在欧洲已有数百年的历史，一直以来是欧洲人眼中的缩短欧洲和东亚海运的冒险捷径。① 苏联称其北部的海上航道为“北方海航道”（Northern Sea Route），将其定义为西起新地岛海峡的西部入口、东到白令海峡的航线，长约2551海里。② 东北航道中的水域及海峡法律地位的争议主要集中在“北方海航道”的航段。俄罗斯主张北方海航道的部分海域是俄的内水。其权利主张的法理基础主要是“历史性权利”和“直线基线”。

（一）历史性权利

1998年《俄罗斯联邦内水、领海和毗连区法》将北方海航道定义为俄罗斯在北极的历史性国家运输通道。通过北方海航道，包括维利基茨基海峡、绍卡利斯基海峡、拉普捷夫海峡，以及桑尼科夫海峡，应该遵守俄罗斯的上述联邦法律和其他法律法规，及相关国际协定和穿越北方海的各种航海规则。③ 该法强调了北方海航道的历史性存在。在2013年1月28日生效的《关于北方海航道水域商业航运政府规章的俄罗斯联邦特别法》（修正案）中，第2条重申了北方海航道是历史上形成的俄罗斯国家运输航线。④

俄罗斯对“北方海航道”法律地位的主张主要脉络可归纳如下：1926年4月15日，苏联中心执行委员会（Central Executive Committee）通过法

---

① Claes Lykke Ragner, Northern Sea Route Cargo Flows and Infrastructure - Present State and Future Potential, FNI Report 13/2000, p. 2.

② 夏立平：《北极环境变化对全球安全和中国国家安全的影响》，《世界政治》2011年第1期。又见苏联1990年批准的《北方海航道航行规则》（*Regulations for Navigation on the Seaways of the Northern Sea Route*）第1条第2款。

③ 《俄罗斯联邦内水、领海和毗连区法》（*Internal Sea Waters, Territorial Sea and Adjacent Zone of the Russian Federation*），1998年7月31日，No. 155 - F3。

④ 《关于北方海航道水域商业航运政府规章的俄罗斯联邦特别法》（修正案）第2条规定：“1998年7月31日《俄罗斯联邦内水、领海和毗连区法》第14条制定如下：第14条 北方海航道水域的航行 北方海航道是历史上形成的俄罗斯国家运输航线，在北方海航道水域的航行应该遵守：一般接受的国际法原则和规范、俄罗斯参加的国际协定、本联邦法律，以及颁布的与上述有关的其他联邦法律和法规文件。”

令，主张北冰洋北部的扇形区域内一切陆地和岛屿，包括已发现的或将来可能发现的，均属苏联的领土，该法令公布时苏联政府已承认的他国领土除外。[①] 从该法令的用语看，仅是提及了陆地和岛屿，未提及相关海域的法律地位。1960 年苏联《国家边界法》第 4 条规定：“苏联的内海水域包括：……（c）历史上属于苏联的海湾、水湾、峡谷、河口、海和海峡的水域。”但未明确提及这些海峡的名称或坐标。1964 年 7 月 21 日苏联向美国提交备忘录，宣称根据历史性权利，拉普捷夫海峡和桑尼科夫海峡是苏联内水，禁止无害通过；北方海航道毗邻苏联北极洋沿岸，长期由苏联和苏联租赁的船只使用，是一条重要的苏联国内交通运输通道。[②] 1965 年《水手通告》要求穿行维利基茨基海峡和绍卡利斯基海峡的船舶接受强制引水。1972 年穿行于拉普捷夫海峡和桑尼科夫海峡的船舶也被要求接受强制引水。1986 年《水手通告》附件设了“苏联国家机关在航行问题上的法律和规则”一章，该章包含了上述 1926 年法令。有学者认为，此种规定是为了保护苏联在北极的岛屿的领海利益。[③] 苏联于 1990 年批准《北方海航道航行规则》，规定了北方海航道的范围。[④]

从历史脉络看，苏联的主张在早期比较模糊，随着气候变暖，东北航道通航成为可能，“北方海航道”这一概念和具体范围才纳入苏联/俄罗斯的国内立法。

（二）直线基线问题

俄罗斯主张北方海航道的部分海域是内水的另一个法理基础是直线基线。1984 年 2 月，苏联部长会议颁布的第 4604 号法令宣布在太平洋、日本

① Leonid Timtchenko, the Russian Arctic Sectoral Concept: Past and Present, *Arctic*, Vol. 50, No. 1 (March 1997), p. 30.

② 管清蕾、郭培清：《北方海航道上的冲突事件》（上），《海洋世界》2010 年第 2 期。

③ Leonid Timtchenko, the Russian Arctic Sectoral Concept: Past and Present, *Arctic*, Vol. 50, No. 1 (March 1997), pp. 30 – 33.

④ 参见《北方海航道航行规则》（*Regulations for Navigation on the Seaways of the Northern Sea Route*）第 1 条第 2 款。规则规定：“北方海航道是位于苏联内水、领海（领水）或毗连苏联北方沿海的专属经济区的国内运输航线，包括适合船只引航的冰区航道。其最西边的点为新地岛海峡（Novaya Zemlya straits）的西部入口，与梅斯热拉尼亚海角（Mys Zhelaniya）的北部经线相交，其东边的点则位于白令海峡，与北纬 66°线齐平，与西经 168°58′37″线相交。”

海、鄂霍次克海及白令海实施直线基线。1985 年 1 月，苏联部长会议批准了确定北冰洋地区领海基线的坐标点，在北冰洋海岸确定了 391 个坐标点。在北冰洋大部分海岸使用的是直线基线。此外，还专门确定了科尔古耶夫岛、法兰士约瑟夫地群岛、霍尔岛、新西伯利亚岛和弗兰格尔岛的基线。[①] 苏联第 4450 号法令宣布了在北冰洋、波罗的海以及黑海实施直线基线。

俄罗斯公布的领海基线，将大片的北冰洋海域纳入该国内水。俄罗斯的直线基线包括了新地岛、北地群岛和新西伯利亚群岛，这三组岛间的众多海峡是东北航道的必由之路。在新地岛的直线基线封闭的诸多海峡中，最大的是喀拉门海峡。在 1964 年苏联和美国的换文中，苏联曾主张喀拉门海峡是领海。北地群岛和新西伯利亚群岛的直线基线也封闭了一些海峡。总体上讲，俄罗斯大部分海岸的领海基线是符合一般国际法和《联合国海洋法公约》（以下简称《公约》）的标准的，但在北冰洋的基线亦存在一些问题，例如，部分基点的选择、直线基线在相对平滑海岸的适用等。[②] 经初步统计，在位于海湾、干礁上的基点所封闭的诸多水曲中，只有 5 个符合《公约》规定的湾口不超过 24 海里的封闭标准。[③] 但就俄罗斯北冰洋直线基线而言，除美国外，鲜有国家明确地提出抗议。

二 《公约》下的航行制度

1982 年《公约》对领海、专属经济区、大陆架和公海等不同法律地位的海域适用相应的船舶航行制度。俄罗斯、加拿大、美国、丹麦、挪威、瑞典、芬兰和冰岛八个环北极国家，除了美国外，均是《公约》的缔约国。美国早在 2009 年制定的北极政策中，即已敦促参议院完成美国加入《公约》的批准程序。《公约》作为调整海上秩序的重要海洋法律制度，适用范围自然也包括北极。北极周边国家陆续向《公约》三大机构之一的大陆架界限

① Brubaker R. D. , the Legal Status of the Russian Baselines in the Arctic, *Ocean Development and International Law*, July 1999, Vol. 30 – 3, pp. 191 – 233.

② 《公约》第 7 条第 1 款：在海岸线极为曲折的地方，或者如果紧接海岸有一系列岛屿，测算领海宽度的基线的划定可采用连接各适当点的直线基线法。

③ 《公约》第 10 条第 4 款：如果海湾天然入口两端的低潮标之间的距离不超过 24 海里，则可在这两个低潮标之间划出一条封口线，该线所包围的水域应视为内水。第 10 条第 5 款：如果海湾天然入口两端的低潮标之间的距离超过 24 海里，24 海里的直线基线应划在海湾内，以划入该长度的线所可能划入的最大水域。

委员会提交了200海里外大陆架划界案，也反映了《公约》在北极地区已得到广泛的承认。

（一）领海的无害通过

《公约》规定领海的最宽宽度为12海里，沿海国对领海享有主权。但此“主权”与沿海国在内水中的“主权”相比是有差别的。此差别即外国船舶在沿海国领海享有无害通过权。

无害通过权作为外国船舶在沿海国领海航行通过的权利，具体指外国船舶在不损害沿海国的安宁、和平及正常秩序的条件下，可以在不事先通知或征得沿海国同意的情况下，连续不间断地通过其领海的航行权利。“通过”是指为了穿过领海但不进入内水或停靠内水以外的泊船处或港口设施，或驶往或驶出内水或停靠这种泊船处或港口设施的目的，继续不停和迅速进行地通过领海的航行。上述“通过”只要不损害沿海国的和平、良好秩序或安全，即符合无害通过的要求。[①]

沿海国也可制定关于无害通过领海的法律和规章，这些法律和规章涉及：航行安全及海上交通管理；保护助航以及其他设备和设施；保护电缆和管道；养护海洋生物资源；防止违反沿海国的渔业法律和规章；保全沿海国的环境；海洋科学研究和水文测量；防止违反沿海国的海关、财政、移民或卫生的法律和规章。但《公约》第21条第2款亦明确规定，沿海国制定的法律和规章不应适用于外国船舶的设计、构造、人员配备或装备。沿海国为维护必要的航行安全，可要求无害通过其领海的外国船舶使用为管制船舶通过而指定或规定的海道和分道通航制。但沿海国应考虑以下四个因素：（1）主管国际组织的建议；（2）习惯上用于国际航行的水道；（3）特定船舶和水道的特殊性质；（4）船舶来往的频繁程度。[②]《公约》对商船或用于商业目的的政府船舶，和对军舰或其他用于非商业目的的政府船舶适用的规则有所不同，明确规定了军舰和其他用于非商业目的的政府船舶的豁免权。

---

① 《公约》第19条第2款规定了12种损害沿海国的和平、良好秩序或安全的情况，如果外国船舶在领海内进行其中的任何一种活动，即应被视为非“无害”。

② 《公约》第22条第3款。

（二）专属经济区的“航行自由”

航行自由是公海自由中最主要、最基本的一项自由。按照《公约》，每个国家，不论是沿海国还是内陆国，也不论其有无海岸，其船舶（包括商船和军舰）都有权悬挂旗帜在公海上自由航行。对于公海上航行的船舶的管辖权一般属于船旗国，其他国家通常不得对其行使刑事或民事管辖权，不得检查或登临，不得有任何妨碍。[①] 任何船舶在公海航行应遵守国际法和一般接受的国际航行规则、避碰规则等。

公海的航行自由也适用于专属经济区[②]。任何国家都有权在专属经济区内无阻碍地行驶，不受专属经济区所属国家的支配和管辖。但是，鉴于专属经济区系沿海国的管辖海域这一属性，他国船舶在专属经济区的航行自由不是绝对的，《公约》规定，他国船舶在行使航行权的同时，“应适当顾及沿海国的权利和义务”，这包括沿海国在专属经济区和大陆架的主权权利和管辖权，比如沿海国对资源的开发管理、科学研究和环境保护等权利；“并应遵守沿海国按照本公约的规定和其他国际法规则所制定的与本部分不相抵触的法律和规章”。[③]

俄罗斯关于“北方海航道”的相关规定未对位于专属经济区的航段做出有区别的规定，诸如强制通知和许可、检查制度，以及对船只和船长的要求、责任等诸多规定同样适用于专属经济区。且 1998 年俄罗斯《专属经济区法》第 4 条列出的“有害物质”名单，范围超出了国际上通用名单，其“污染物”也不是按照“一般接受的国际规则和标准”制定，而是由其自行确认，这与《公约》第 211 条“来自船只的污染”等相关条款存在不一致之处。

（三）用于国际航行的海峡

海峡的法律地位和通行制度是在 20 世纪逐步发展和建立起来的。传统的国际法中并没有一项独立的、统一的关于海峡的法律制度。[④]《公约》未

---

① 张海文主编《〈联合国海洋法公约〉释义集》，海洋出版社，2006，第 154 页。

② 《公约》第 58 条第 1 款规定，在专属经济区内，航行自由也同样适用。

③ 《公约》第 58 条第 3 款。

④ 张海文主编《〈联合国海洋法公约〉释义集》，海洋出版社，2006，第 50 页。

对如何界定“用于国际航行的海峡”做出具定的规定。

《公约》为“用于国际航行的海峡”规定了两种海峡通行制度，分别是“过境通行”和“无害通过”。过境通行是指按照《公约》第三部分的规定，专为在公海或专属经济区的一个部分和公海或专属经济区的另一部分间的海峡继续不停和迅速过境的目的而享有航行和飞越自由。过境通行制是《公约》创设的一种关于海峡航行的新制度，适用于在公海或专属经济区的一个部分和公海或专属经济区的另一部分之间的用于国际航行的海峡。从《公约》规定的地理条件看，北方海航道上有海峡符合“用于国际航行的海峡”的地理标准。对于过境通行，海峡沿岸国负有“不应妨碍”、“不应予以停止”以及“应将其所知的海峡内或海峡上空对航行或飞越有危险的任何情况妥为公布”的义务。对以下两类海峡，《公约》则规定适用无害通过制度：一类是海峡由海峡沿岸国的一个岛屿和该国大陆形成，且该岛在向海一面还有在航行和水文特征方面同样方便的一条穿过公海或穿过专属经济区的航道；另一类是公海或专属经济区的一个部分和外国领海间的海峡。

海峡沿岸国的主权或管辖权的行使受《公约》关于“用于国际航行的海峡”和其他国际法规则的限制。过境通行制有别于领海的“无害通过”。无害通过原本是《公约》赋予船舶在符合规定的前提下在沿海国领海航行权的制度。过境通行制是一种对现存的无害通过权有所附加的制度，是对海峡沿岸国在领海内权利的一种限制。① 对实行过境通行制的海峡，此种通行不应在其他方面影响构成这种海峡的水域的法律地位，如海峡在本质上属于海峡沿岸国的领海，则沿岸国对海峡的水域、海床和底土，以及水域上空，仍享有领海主权和相应的权利。

根据《公约》的相关规定，如果将东北航道的海峡定义为“用于国际航行的海峡”，外国船舶在这些海峡航行时将适用上述航行制度。这将比俄罗斯国内法的相关规定宽松很多。然而对“用于国际航行的海峡”的判断标准，尚无统一的、公认的规定或准则。1949 年“科孚海峡案”中，就英国和阿尔巴尼亚间关于科孚海峡是不是“用于国际航行的海峡”的争议，国

① 〔英〕詹宁斯·瓦茨修订《奥本海国际法》（第一卷第二分册），王铁崖译，中国大百科全书出版社，1998，第 45 页。

际法院在判决书中对国际性海峡（international strait）的定义给出了双重标准，即海峡所属的地理环境和海峡的功能或用途。[①] 国际法院是《公约》规定的有权解决有关《公约》的解释或适用的争端的司法机构之一。虽然国际法院判决仅对个案具有法律约束力，但之前法院判决的内容往往在之后法院判例中得以援引，所以“科孚海峡案”对“用于国际航行的海峡”的判断标准的影响也不可忽视。按照功能标准，国际法院在科孚海峡案中指出，在海峡被判定属国际海峡之前，必须有证据表明它有被用于国际海上交通的历史，具体包括通行国家数量、通行量等因素。但“量”需达到怎样的程度也无具体的标准，有待在实践中进一步予以明确。

三 俄罗斯国内立法和措施

与《公约》的有关条款对照，俄罗斯的国内立法对通行北方海航道的船舶规定了申请、强制破冰引航等制度，采取较为严格的管理措施。俄罗斯未就北方海航道涉及内水、领海和专属经济区等部分的航行制度做区别对待，而是笼统地适用关于“北方海航道”的相关规定。

（一）未对不同法律地位海域适用的航行制度做区分

根据俄罗斯的国内法，北方海航道不仅覆盖俄罗斯的内水，还覆盖领海和专属经济区。1996 年，俄罗斯政府先后出台了《北方海航道航行指南》,《关于北方海航道破冰和领航指南规则》以及《北方海航道航行船舶设计、装备和保障方面的要求》。2013 年 1 月 28 日生效的《关于北方海航道水域商业航运政府规章的俄罗斯联邦特别法》（修正案），将北方海航道水域定义为：“毗连俄罗斯北方海岸的水域，包括内海水、领海、毗连区和专属经济区，东起俄罗斯与美国的海上边界和杰日尼奥夫角到白令海峡中的纬线，西至新地岛海峡的西部入口，以及新地岛东部的海岸线和马托奇金海峡、喀拉海峡与尤戈尔海峡的西部边界。”纵观俄罗斯的国内立法，均笼统地对船舶在北方海的航行做出规定，而未对他国船舶在内水、领海和

---

① ICJ Reports, Corfu Channel (United Kingdom of Great Britain and Northern Ireland v. Albania), 1949, *I. C. J.*。又见周洪钧、钱月娇《俄罗斯对“东北航道”水域和海峡的权利主张及争议》,《国际展望》2002 年第 1 期。

专属经济区航行适用的法律制度做出专门区分。2013 年 1 月 17 日俄罗斯交通部批准的《北方海航道水域航行规则》，对北方海航道的通行和利用做了进一步的详细规范。

（二）设立了专门的管理机构

1999 年《俄罗斯联邦商业航运法》设立了联邦机构北方海航道管理局，负责北方海航道水域的航行安排。2013 年 1 月 28 日生效的修正案还列举了该管理局的其他职责，包括评估申请书和颁发航行许可证、批准船舶的导航设备安装和水道测量作业的区域，授权并给负责冰区引航的人员颁发证书等。

（三）规定了申请程序和相关措施

一是通过国内立法明确规定航行许可程序。2013 年《规则》规定了在北方海航道水域航行安排的程序、破冰船援助、引航和导航、水文和水文气象援助、航行期间无线电通信、有关航行安全和海洋环境保护防止船舶污染的规则，和其他有关航行安排的规则。2013 年《规则》具体规定了北方海航道的航行许可程序。第 3 条规定，在北方海航道航行的船舶，需由船舶所有人、船舶所有人的代表或者船长提交申请书，北方海航道管理局基于申请书决定是否准许提出申请的船舶通行并颁发许可证。申请书须包含船舶所有人保证船舶在进入北方海航道之前遵守 2013 年《规则》的说明。

二是破冰船援助和冰区引航带有垄断性。在北方海航道水域的破冰船援助和冰区引航所需的费用总额依据《俄罗斯联邦自然垄断法》通盘考虑船舶吨位、船舶冰级、引航距离和通航期之后确定。2013 年《规则》第 19 条规定，破冰船援助业务由悬挂俄罗斯国旗并经授权在该水域航行的破冰船执行。第 35 条还规定，冰区引航员必须是俄罗斯公民，并且是在北方海航道水域提供冰区引航服务组织的雇员，必须拥有北方海航道管理局颁发的冰区引航证书。

三是提交符合俄罗斯国内法的保险或经济担保文件。《修正案》第 3 条新增规定，船舶不仅要遵守与北方海航道水域相关的航行安全、保护海洋环境防止船舶污染的标准，遵守相关国际协定和俄罗斯的航行规则，还要提交俄罗斯参加的国际协定和俄罗斯法律要求的相关文件，或者提交因为船舶污染造成的损害或造成的其他损害而承担民事责任的经济担保文件。

（四）规定了详细的报告制度

2013 年《规则》还规定了较为严格的报告制度。如第 15 条规定，船舶驶向北方海航道水域的航程中，在抵达东经 33°（“西部边界”）之前 72 个小时；或者向西航行，在抵达北纬 66°和（或）西经 169°（“东部边界”）之前 72 个小时；或者从海港刚刚离开之时（若离开海港到“西部边界”或“东部边界”的时间不超过 72 小时），船长应向北方海航道管理局报告船舶预期抵达“西部边界”或“东部边界”的时间，并提供关于船舶的相关信息。第 47 条规定，船舶在进入“西部边界”和“东部边界”之后直至离开北方海航道水域之前的航程中，每天莫斯科时间 12 点，船长须向北方海航道管理局提供船舶名称和国际海事组织编号、地理坐标以及离开北方海航道或抵达其中一个海港的预估时间等 17 项信息。

（五）未对政府或从事公务的船舶和商船做明确的区分

1990 年《北方海航道航行规则》中关于船舶仅使用了“ Vessel”一词，定义为任何国籍的任何船只或其他艇筏。此后，俄罗斯关于北方海航道的立法和规定似乎也未对在北方海航道航行的政府或从事公务的船舶和商船做出区分，未规定对从事公务的船舶的豁免权问题。

四　法律地位争议及相关国家立场

北方海航道的法律地位仍处于争议和不确定状态。一方面，随着气候变化和技术水平的提高，通行于“北方海航道”的船只日渐增多，不排除北方海航道的争议海峡成为“用于国际航行的海峡”的可能性。另一方面，桑尼科夫海峡、拉普捷夫海峡、绍卡利斯基海峡以及维利基茨基海峡是东北航道上主要的、通航条件较好的海峡，目前通行于此的相当多数外国船只在事实上遵守了俄罗斯国内法的规定，包括接受引航和缴纳费用等，这是否在一定程度上构成了对俄罗斯关于北方海航道“管辖”的默认？事实上，北方海航道法律地位的最终确定不仅取决于法律因素，还受到相关利益国间的政治角力、破冰技术发展、航道实际通航情况和北极气候环境变化等诸因素的影响。

（一）美俄不同主张

“北方海航道”法律地位争议的焦点问题之一是海峡的法律地位。俄罗斯主张东北航道通过的相关水域为俄罗斯内水，要求通过桑尼科夫海峡、拉普捷夫海峡、绍卡利斯基海峡以及维利基茨基海峡的船只必须接受领航和破冰服务。美国则主张东北航道上的海峡是“用于国际航行的海峡”，船只享有过境通行权。美国国务院曾多次发表声明，称相关海峡的地位应由国际法，而非由沿岸国的国内法决定。①

（二）其他国家和组织立场

除了美国和俄罗斯，丹麦、挪威、冰岛、欧盟也纷纷对包括北方海航道在内的北极航道应适用的法律制度表达了关切。综合分析丹麦等国家和组织的立场，它们具有一个共同的特点，即相关活动应在《公约》的法律框架下进行。

这意味着，一方面，《公约》中的航行制度应该得到遵守，包括在沿岸国 12 海里领海的无害通过权、在专属经济区内的顾及沿海国利益的航行自由，以及用于国际航行的海峡的“过境通行”或“无害通过”等权利应得到尊重。2012 年 6 月，欧盟委员会和欧盟外交与安全政策高级代表向欧洲议会和欧盟理事会提交了一份联合报告，强调“遵守国际法和《公约》规定的原则，包括航行自由原则和无害通过的权利”。② 至于何种海峡是“用于国际航行的海峡”，目前的国际公约和司法实践尚未形成明确的标准。冰岛外交部网站 2007 年 11 月 9 日公布的《北冰洋的法律地位》一文，指出：

---

① 如 1992 年和 1994 年，美国均曾发表此类声明。2009 年 1 月 9 日，美国颁布《国家安全总统指令与国土安全总统指令》，重申了北方海航道上的海峡的法律地位。

② Joint Communication to the European Parliament and the Council, *Developing a European Union Policy towards the Arctic Region*: *Progress Since* 2008 *and Next Steps*, p. 17, http: //ec. europa. eu/maritimeaffairs/policy/sea _basins/arctic _ocean/documents/join _2012 _19 _en. pdf.

“《公约》也规定了用于国际航行的海峡过境通行权，位于俄罗斯与阿拉斯加之间的白令海峡就是其中的一个海峡。相关沿岸国需要制定一致的规则防止海洋污染，特别是在冰封区域。但至关重要的是确保《公约》的相关规定受到尊重和不对航行设置不必要的障碍。”①

另一方面，应确保北极特殊的生态环境不因航行等人类活动而遭到破坏。《公约》第234条“冰封区域”是为保护冰封区域特殊的生态环境而制定的，旨在防止、减少和控制船只在专属经济区内冰封区域对海洋的污染，赋予沿海国制定和执行非歧视性的法律和规章的权利。该条还规定，“这种法律和规章应适当顾及航行和以现有最可靠的科学证据为基础对海洋环境的保护和保全”。换言之，此类法律和规章的制定应适当顾及航行，应有科学依据，实现航行和海洋环境保护间的平衡。

笔者认为，《公约》关于冰封区域生态环境保护的特殊规定，并不意味着赋予沿海国可制定超出一般接受的国际规则和标准。在环境保护和航行权利间寻求平衡更符合国际社会的整体利益。这要求在维护北极生态环境的同时，还应遵守《公约》法律框架下的航行制度，以及包括国际海事组织等制定的国际规则和标准。根据《公约》第211条，“各国应通过主管国际组织或一般外交会议采取行动，制订国际规则和标准，以防止、减少和控制船只对海洋环境的污染，并于适当情形下以同样方式促进对划定制度的适用……这种规则和标准应根据需要随时以同样方式重新审查”。欧盟等在提到《公约》的同时，也提到其他相关的国际文件。如欧盟理事会在2009年12月8日通过《理事会关于北极问题的决定》，明确提出欧盟的北极政策应建立在《公约》和相关法律文件的基础上②，强调船旗国、港口国和沿岸国应推进和监督完全执行并进一步促进来自可在北极适用的国际公约的现有航行规则、海事安全规则、船舶路线体系和环境标准，特别是在

① Iceland Ministry for Foreign Affairs, *Legal Status of the Arctic Ocean*, Opening Address at the Symposium of the Law of the Sea Institute of Iceland on the Legal Status of the Arctic Ocean, the Culture House, Reykjavík, 9 November 2007, Para 18, http://www.mfa.is/news-and-publications/nr/3983.

② Council of European Union, *Council Conclusions on Arctic Issues*, 2985th Foreign Affairs Council meeting Brussels, 8 December 2009, p.1, http://ec.europa.eu/maritimeaffairs/policy/sea_basins/arctic_ocean/documents/arctic_council_conclusions_09_en.pdf.

国际海事组织的框架之内。[①]

中国是北半球国家，又是航运大国，东北航道通航对中国的货贸运输和经济发展有着重要的意义。俄罗斯和美国等在北方海航道的法律地位问题上长期以来存在争议，在短期内难有定论。从《公约》的角度分析，俄罗斯对“北方海航道”的相关规定和管理措施确与《公约》存在不协调之处，有些要求和管理措施远远超出国际标准。中国是《公约》的缔约国，也是国际海事组织的成员国，且于2013年成为北极理事会的正式观察员国。如何在促进东北航道和平、合理利用的过程中发挥积极的作用，是中国当前面临的重要课题。在新形势下，中国需积极探索促进有关海峡和平利用的有效途径，适时参与相关国际制度、规则和标准的制定，使未来的机制安排在切实保护极地海洋环境的同时，尽可能地体现国家全球利益。

① Council of European Union, *Council Conclusions on Arctic Issues*, 2985th Foreign Affairs Council meeting Brussels, 8 December 2009, p. 4, http://ec.europa.eu/maritimeaffairs/policy/sea_basins/arctic_ocean/documents/arctic_council_conclusions_09_en.pdf.

加拿大西北通道水域与“历史性水域”关系研究

王泽林*

【内容摘要】加拿大主张西北通道水域是其历史性内水。虽然“历史性水域”（包括历史性内水）在国际成文法中并没有一个明确的定义，但依据各国国内判例，国际裁决，各国的主张和他国的反对声明，以及联合国秘书处《关于历史性水域（包括历史性海湾）的法律制度》所列的三个基本构成要件，西北通道的水域难以构成历史性水域。

一　加拿大“主张”的效力问题

一国主张历史性水域时，必须由政府机构做出形式上正式、明确、公开的，并且内容上始终如一的主张。加拿大对西北通道历史性水域的主张是否符合这一标准呢？

豪森认为，加拿大政府主张“历史性水域”是一场政治与学术结合的“婚姻”。1963 年，加拿大外交部的一名工作人员伊凡·黑德（Ivan Head）发表了他的硕士论文——《加拿大在北极地区的领土主权主张》，① 在这篇文章中，伊凡·黑德提出加拿大要对北极不属于任何人的土地主张主权，包括北极航道和海峡的冰区。六年后，伊凡·黑德成为加拿大总理皮埃尔·特鲁多

---

* 王泽林，上海交通大学凯原法学院博士后，西北政法大学国际法学院副教授。本文系国家海洋局海洋发展战略研究所“极地科学考察法律制度研究”，中国博士后科学基金第 52 批面上资助项目“西北通道研究对维护我国海洋权益的意义”（2012M520877），西北政法大学青年学术创新团队“国际法前沿理论研究”等项目资助的阶段性研究成果。

① Head, Canadian Claims to Territorial Sovereignty in the Arctic Regions, *McGill Law Journal*, 1963. 9（3）：200－226.

（Pierre Trudeau）的特别顾问，皮埃尔·特鲁多在1969年10月向加拿大众议院演讲时，关于西北通道的部分完全采用了伊凡·黑德的建议，即加拿大对西北通道拥有“历史性权利”，[①] 这次演讲的相关内容如下：

> 加拿大在大陆北端的活动虽然非常遥远，但经过多年的活动已经宣告拒绝了其他国家政府在这片地区的活动。加拿大皇家骑警在这片地区的陆地、冰上、空中和水中巡逻和执行法律，加拿大的邮政部门、卫生部门和交通网络都跨越这些领土，为居住和工作在这里的人提供服务。因纽特人在冰上寻找食物，进行活动，而不注意这些冰是陆上之冰还是水上之冰。所有的这些活动，以及其他活动，从勘查到家庭津贴支票的分配，表明了北美的北极已经逐渐成为加拿大的北极。

分析这个演讲内容，可以看出其中所隐含的历史性权利主张内容，即很早以前生活在这里的因纽特人就在陆地、冰和水上活动、寻找食物，特别要注意，演讲内容提到因纽特人在冰上活动的时候并不区分这些冰是陆地上的冰还是海水上的冰，这意味着加拿大将这些冰区，不分陆地还是水上之冰区，都视为其领土，暗示着西北通道是其领土，因为西北通道因气候原因而常年结冰。

另外，加拿大总理圣劳伦特（St. Laurent）于1953年在众议院讲道：“我们毫不怀疑，在这片土地直到北极点，我们积极地占领和行使我们的主权。”[②]

1970年4月16日，加拿大向美国提交的一份照会表明：“关于北极群岛内的水域，加拿大政府一贯的立场是：这些水域是属于加拿大的。同时加拿大也非常高兴与其他国家讨论适用于北极水域之保护环境与航行安全的国际标准。加拿大政府不接受任何将该水域国际化的建议。”[③]

---

① Howson, Nicholas C., Breaking the Ice: The Canadian-American Dispute over the Arctic's Northwest Passage, *Columbia Journal of International Law*, 1988, 26: 363.

② Head, Canadian Claims to Territorial sovereignty in the Arctic Regions, *McGill Law Journal*, 1963. 9 (3): 209.

③ Joseph W. Dellapenna, Canadian Claims in Arctic Waters, *Land and Water Law Review*, 1972. 7 (2): 404.

严格来讲，上述加拿大关于北极水域的表述并不符合历史性水域第一项构成要件，即主张国对历史性水域必须要公开、正式、明确地主张。从加拿大政府 1970 年之前相关的主张可以看出，加拿大仅是笼统地对北极水域主张主权，从来没有明确地提出历史性权利这个概念，也没有明确地提出历史性水域或历史性内水的主张。虽然皮埃尔·特鲁多在 1969 的演讲内容暗含着历史性权利的内容，讲到因纽特人很早就在这片土地和水域的冰面进行活动，但是这种远古的权利并非是主权的构成要件，因而，针对历史性水域的构成要件而言，这种主张是不明确的。

尽管可以将加拿大主张北极水域历史性权利追溯至 1953 年，但是实际上加拿大正式对北极水域（包括西北通道）提出“内水”的主张始于 1973 年。

1973 年加拿大的法律事务局针对历史性水域和海湾的问题，提交了一份报告，这被视为加拿大第一次正式提出历史性内水的渊源，该报告声称：“尽管加拿大并没有在任何条约或立法中宣告，但是基于历史，加拿大主张加拿大北极群岛内的水域是加拿大的内水。”①

1975 年 5 月加拿大外交秘书艾伦·麦凯琴在外交事务与国家防御常务委员会声称：“加拿大的西北通道不适用于国际航行，加拿大认为北极水域是内水，过境通行制度不适用于北极。”②

加拿大在北极群岛设立直线基线，彻底明确了对北极水域的法律制度。1985 年 9 月 10 日加拿大外长克拉克在国会发表关于北极主权的声明，特别强调：“这些基线确定了加拿大历史性内水的外部界限，加拿大的领水从基线向外延伸 12 海里。”③

综上所述，加拿大直到 1985 年 9 月 10 日才第一次正式主张对北极水域享有历史性权利，明确主张北极水域是加拿大的“历史性内水”。之前，虽然加拿大在几个场合都发表了对北极水域享有主权，行使主权的声明，但

---

① Pharand, Donat. The Arctic Waters and the Northwest Passage: A Final Revisit, *Ocean Development & International Law*, 2007. 38 (3): 11.

② Pharand, Donat. The Arctic Waters and the Northwest Passage: A Final Revisit, *Ocean Development & International Law*, 2007. 38 (3): 11.

③ Statement in the House of Commons by Secretary of State for External Affairs, Joe Clark, Canada, House of Commons, Debates, 6462 – 6464, 10 Sept. 1985, reproduced in Dep't of External Affairs, Statement Series 85/49 and in 24 *Canadian Yearbook of International Law* 416 – 420 (1986).

是内容却含糊不清，并且没有明确提到历史性权利这一观点，更没有提到“历史性水域”或“历史性内水”这一概念。

“历史性水域”的法律地位可能是内水，也可能是领水，也可能是群岛水域等。加拿大 1985 年的声明可以看出，加拿大主张北极水域，包括西北通道是其“历史性内水”，这就明确表明了加拿大关于北极水域的立场，即北极水域是加拿大的内水，这种立场意味着加拿大对其享有完全的主权。

加拿大通过立法确定直线基线，再由外长克拉克正式声明，这符合权利主张由政府机构做出的要件，主张方式充分公开，主张地理范围明确，即通过直线基线的方法，确定基线之内的水域是加拿大的历史性内水。

但是，有两个问题直接影响到加拿大“历史性内水”的主张效力。

第一，主张的时间因素与持续性。这要求主张国的历史性权利主张已经存在相当长的时间，从明确主张的时间点来看，加拿大的正式主张从 1985 年 9 月 10 日起算，这个时间是相当短的。

虽然加拿大政府以及学者经常提及因纽特人在该地区长期生活的历史性因素，但需要明确的是，这种权利是一种远古的权利，不是构成“历史性水域”的决定性条件，只能作为长期使用因素加以考虑。也就是讲，通过对该水域长期使用而享有历史性权利，并不意味着该水域必然构成“历史性水域”，而且这种长期使用或时间性因素并没有一个确定的标准。

第二，主张的内容要始终如一。如果主张内容前后不一，则会使历史性权利主张落空。加拿大所主张的“历史性内水”前后是否如一呢？这是一个非常关键的问题，常年困扰着加拿大的学者。

1956 年，加拿大刚成立的北方事务部部长让·勒萨热（Jean Lesage）声称，“我们从来就没有同意将扇形理论运用到冰区，我们把主权行使在所有北极岛屿之上，已经很满意了。我们对于海洋的想法是，不管它处于结冰或者流动的状态，它们就是海洋。我们的主权行使于岛屿和我们的领水”。①

随后在 1958 年，加拿大总理迪芬贝克（Diefenbaker）在众议院也做出类似的发言，他讲到所有的事情已经做了，“去确保我们在北极点已经声称的主权，加拿大一直在不断地主张”。

---

① Pharand, A. Donat, Innocent Passage in the Arctic, *The Canadian Yearbook of International Law*, 1968. 6: 55.

1966年，加拿大外交部的法律顾问对北极群岛及水域，特别是关于北极领水与国际水域划界的问题表明了自己的立场："国际社会还没有提出这个问题，但是我们的政府已经研究了多年。依据现有的国际法，关于常年被冰所覆盖的海域是否为陆地的一种延伸方式是无规定的。"① 依据这份声明，无法确定北极水域的法律地位，但是如果作者是想表明北极海域是陆地延伸之部分，则他想表达的立场是北极水域是加拿大的领水或者内水。

从这三份声明中可以看出来，早期加拿大所表明的关于北极水域（包括西北通道）的立场从来没有明确提出过北极水域是加拿大的"历史性水域"，更没提及"历史性内水"。

再参看上文所提到的其他声明，可以看出，直到1970年加拿大向美国提交的一份照会表明"关于北极群岛内的水域，加拿大政府一贯的立场是：这些水域是属于加拿大的"，才明确提出加拿大认为北极水域是加拿大的内水，之前从来没有明确提到过北极水域是加拿大的内水。虽然提到加拿大的主权及于北极岛屿以及北极的领水（参看上述1956年加拿大北方事务部部长的声明），但是领水的概念是与内水的概念不一样的。

这表明，加拿大历史上对于北极水域的主张前后是不一致的，前期没有提及内水的主张，直到1970年才突然提出内水的主张。另外，1957年加拿大总理圣劳伦特多次提及加拿大政府认为争议中的水域是加拿大的领水。

面对这一问题，加拿大学者法兰德解释道："从上下文看，'领水'这个词语是与我们现在称的'内水'是同义词。"②

这一解释是没有说服力的，"领水"包括"领海"和"内水"两部分，而"内水"一词早在英挪渔业案中就出现在国际法院的裁决中。另外，1958年《领海与毗连区公约》已经确立领海以及内水的定义。面对如此清晰的定义以及国家实践，再解释加拿大当时所主张的"领水"就是现在讲的"内水"不符合常理。这只能说明，加拿大在当时的主张并没有清楚地认识到北极水域是加拿大的内水，特别是历史性内水，而是在后期的实践

---

① Pharand, A. Donat, Innocent Passage in the Arctic, *The Canadian Yearbook of International Law*, 1968. 6: 56.

② 法兰德表述如下：It would seen from the context that the term "territorial waters" was synonymous with what are now called "internal water"。Donat Pharand, The Arctic Waters and the Northwest Passage: A Final Revisit, *Ocean Development & International Law*, 2007. 38 (3): 9。

中才提出历史性内水这个主张。

从这个角度分析，显然加拿大的“历史性内水”主张并不符合历史性水域的第一个构成要件之“主张的内容要始终如一”。

加拿大主张的内容前后不一致不仅表现为上述内容，还体现在：1970 年 4 月 17 日，加拿大准备通过法案将领水的宽度从 3 海里扩张到 12 海里，在该法案二读之时，加拿大外交秘书解释“该法案在西北通道方面的影响是：该法明确规定，巴罗海峡以及威尔士王子海峡将完全处于加拿大的主权之下”。①

通过上述内容可以看出，加拿大希望扩大领海的宽度，因为巴罗海峡西部存在五个小岛，这样就使得该海峡的西部出现领海重叠之现象，同理，威尔士王子海峡因为中间有长公主列岛也会出现这种现象。

几天后，加拿大外交部的法律顾问讲道：“对巴罗海峡来说，因为这里有 12 海里的领海，就能使得加拿大将主权从一个海岸延伸到另一海岸。简单地讲，法律规定，我们将对西北通道的‘关口’进行无争议的控制。”② 显然，此时加拿大的意图非常明显，通过扩大领海宽度，将原来的公海区域变成领海，从而加强对外国船舶航行的控制。这里所讲的“关口”就只能是领海，而不可能是内水。

通过分析上述内容，可以发现，加拿大当时应该并没有将西北通道视为内水，而是试图通过扩大领海的宽度去让领海在海峡之中产生重叠，将海峡变为加拿大的领海海峡。反过来讲，如果西北通道已经被其主张为内水，何来扩大海峡之中领海这一行动呢？

三年后，1973 年加拿大法律事务局第一次正式主张加拿大北极群岛内的水域是加拿大的内水，③ 这显然与 1970 年加拿大扩大领海之意图是矛盾的。

综上所述，加拿大政府在 1973 年之前的主张存在前后矛盾、冲突。从时间的持续来考察，加拿大从 1973 年才第一次正式提出“内水”的主张，1985 年才正式提出“历史性内水”这一主张，1986 年直线基线生效后，才

---

① Canada, House of Commons, Debates, 17 April 1970, 6015.

② Standing Committee on External Affairs and National Defence, Minutes of Proceedings and Evidence, 28th Parl, 2nd sess, No. 25, 29 April 1970, 18, emphasis added.

③ Pharand, Donat. The Arctic Waters and the Northwest Passage: A Final Revisit, *Ocean Development & International Law*, 2007. 38 (3): 11.

第一次从地理范围角度准确地确定所谓“历史性内水”的外部界限，而不是以前笼统讲的“北极水域”。

结合“历史性水域”的第一个构成要件看，加拿大的主张时间明显过短，主张的内容明显前后不一，这会严重影响加拿大“历史性水域”主张的效力。

二 加拿大有效行使管辖权的问题

“主张国的意图不能仅靠宣告来表达，还要通过实际行动加以表达。”这要求主张国在其主张的历史性水域中利用每一次机会去行使相关的管辖权，对于历史性内水而言，主张国禁止外国船舶航行和禁止外国人捕鱼是最常见和最重要的行使管辖权的方法。

加拿大早在 1906 年 7 月 13 日通过《渔业法修正案》主张哈得孙湾是其历史性海湾，同年遭到美国的抗议。

1906 年，加拿大通过立法，要求捕鲸船必须获得许可证，才能在哈得孙湾北纬 50°以北的加拿大领水捕鲸，这部法律的效力一直持续到北极水域禁止捕鲸为止，大约在 1915 年。但实际上，捕鲸许可证的发放范围已经超过了加拿大的领水范围。另外，1906 年的这个立法也有存疑之处，即在哈得孙湾之外北纬 55°以北的水域捕鲸，是否强制性要求捕鲸船购买许可证？许可证的用词仅限于加拿大的领水，而当时加拿大的领海宽度是 3 海里。①

因此，虽然加拿大对捕鲸有立法管理，但是从许可证的内容看，也只是限于加拿大的领水之内，而领水之外的北极水域并没有涉及，所以不能认为加拿大对北极水域通过捕鲸立法的活动进行了充分的管理。

（一）加拿大的巡逻活动

1922 年，加拿大成立“北极东部巡逻队”，直到 1958 年，该巡逻队每年都要巡逻一次。“北极东部巡逻队”的目的是通过巡逻北极岛屿来维护加拿大的主权。北极水域西部的不定期巡逻，则由加拿大皇家骑警（R. C. M. P.）来执行。1926 年，《北极岛屿保护法》通过，其目的是保护

① Pharand, Donat, The Legal Regime of the Arctic: Some Outstanding Issues, *International Journal*, 1984, 39: 764 - 766.

本地居民与野生生物。第二次世界大战后，加拿大成立海岸警卫队，其在北极的主要任务是提供破冰服务和北极交通的再补给。[1]

（二）加拿大的北极立法及行使管辖权活动

加拿大通过《北极水域污染防治法》之后，又通过一系列法规加强对北极水域的管控。

《北极水域污染防治法》表明加拿大通过立法对北极水域行使管辖权，但仅有立法还达不到有效行使管辖权的条件，还需要考虑加拿大是否有效地执行了《北极水域污染防治法》的内容。这里涉及一个问题，即该法作为一部国内法，将调整的范围扩展到公海之上，是否具有国际效力，即外国船舶是否需要遵守该法律。

美国除了提出抗议之外，还进一步采取行动来反对加拿大的主张。在《北极水域污染防治法》通过之后，1985 年美国派出“极地海”号破冰船通过西北通道，美国提前告知加拿大政府这次通行计划，但是拒绝向加拿大申请通行许可，这是与《北极水域污染防治法》的规定相抵触的。实践表明，美国不承认该法对美国的船舶具有效力。这次实践对加拿大主张历史性内水的管辖权是一次严重的打击，尽管可能有其他外国船舶遵守了该法，但是美国的这次例外航行破坏了加拿大有效地行使管辖权，显然对于加拿大的主张产生消极的影响。

1977 年加拿大建立“北加拿大交通规章系统”，规定所有的船舶进入加拿大北极水域前要向加拿大海岸警卫队报告，但是否报告由船舶自愿决定。显然加拿大不满足这一现状，于 2010 年 7 月 1 日生效的《北加拿大船舶航行服务区规章》（NORDREG）建立了一种强制性报告制度。

综上所述，由于海洋法的发展，专属经济区制度的出现，加拿大对北极水域的渔业控制已无争议的空间。加拿大对北极水域、西北通道主要管辖权集中在航行方面，从制定《北极水域污染防治法》到近期 NORDREG 建立的强制报告制度，均旨在加强对西北通道的实际控制，从这个角度讲，这种控制对于其主张历史性内水是非常有利的，这也正是历史性水域的第二个构成

---

① Pharand, Donat, *Canada's Arctic Waters in International Law*, New York: Cambridge University Press, 1988, p. 122.

要件所要求的内容，主张国不仅要做出主张声明，而且要行使相关的管辖权。

加拿大通过不断地立法与执法，对西北通道的航行竭力进行有效的控制，从效果而言，加拿大学者统计的数据表明，大部分外国船舶遵守了加拿大所制定的规章制度，但是美国1985年“极地海”号破冰船的“违规航行”显然对这种有效的管辖造成不利的影响，至于不利的影响效力如何，能否彻底否定加拿大的有效管辖，还是因为时间的流逝其效力日益减小，目前还不明朗。

三 其他国家默认与否

狭义的“历史性水域”（特别指具有内水性质的历史性水域）之成立还需要得到其他国家的认可，这与“历史性权利”是不一样的，“历史性权利”作为主张国本身固有的一种权利，以历史事实存在为依据，不受其他国家之影响。

加拿大的“历史性内水”主张是清楚的，因为西北通道的价值与影响，相关国家也一直紧盯着加拿大的政策变化，虽然加拿大并未将该“历史性内水”主张提交联合国或者直接照会其他国家，但是加拿大的法律与政策一直是透明的，所以不影响相关国家及时获得加拿大的主张内容，不影响其他国家的知情权。

因为对西北通道的法律地位认识不一，以美国为首的其他国家一直反对加拿大的主张，美国不仅反对加拿大主张的“历史性内水”声明，而且反对加拿大制定的相关法律。

1985年9月10日，加拿大外长克拉克发表关于北极主权的声明：“这些基线确定了加拿大历史性内水的外部界限，加拿大的领水从基线向外延伸12海里。”

加拿大的这份声明遭到两份抗议。

第一份来自美国，加拿大学者法兰德认为，虽然美国抗议的具体内容无从得知，但是1986年2月26日詹姆斯·W. 戴尔（James W. Dyer）在给参议员查尔斯·马赛厄斯（Charles Mathias）的一封信中写道：“在1985年9月10日，加拿大政府主张位于北极岛屿之内的所有水域为其内水，并且在北极岛屿外缘划定直线基线来支持这个主张。美国的立场是，国际法上没有依据来支持加拿大的主张。"[1] 虽然从这封信中无法得知美国反对的是加拿大主张的"历史性内水"还是"直线基线"，但是美国认为没有国际法依据来支持加拿大的主张。

第二份抗议来自欧洲共同体成员国，这份抗议通过英国高级专员公署提出："成员国承认除了纯粹地理性因素之外的其他因素可能在特定情况下与划定基线的目的是有关的，但它们并不符合现行基线的一般确定原则。此外，成员国也不承认将历史性权利作为其划定基线根据的有效性。"[2] 欧洲共同体成员国对加拿大的历史性权利与直线基线均提出抗议，并"依据国际法保留在相关水域行使它们的权利"。[3]

这些抗议并不能阻止加拿大对历史性水域的主张，1987 年 5 月 21 日，一名外交部法律事务局的代表声称："加拿大决定在北极群岛内的历史性内水行使完整的主权，如果有必要，加拿大将在国际法院维护本国的立场。因为 1986 年 1 月 1 日直线基线生效后，这些加拿大的内水已经被确定了界限。"通过这个声明可以看出，加拿大认为直线基线的唯一目的是确定其内水的外部界限，而不能将其作为支持历史性内水的法律基础。[4]

值得注意的是，加拿大在这里对直线基线的作用之认定意义。前面曾经提到，1970 年 4 月 16 日，加拿大外交部部长在回答关于直线基线问题的时候，讲道："显然，我们主张这些水域是加拿大的内水，我们将不划直线基线。"[5] 可以看出，加拿大在确定直线基线的问题上也是前后不一、摇摆不定，因为曾经认为历史性内水之确定并不需要划定直线基线，而划定直线基线反而可能会削弱主张的效力，而且直线基线之划定还涉及无害通过权的问题。

美国、欧洲共同体成员国对加拿大的抗议是否达到排除其他国家默认这个构成要件之效力？目前明确的是，没有国家表示明确支持加拿大的主

---

① United States Responses to Excessive National Maritime Claims, *Limits in The Sea* No. 112, March 9, 1992, p. 29.

② United States Responses to Excessive National Maritime Claims, *Limits in The Sea* No. 112, March 9, 1992, pp. 29 – 30.

③ Pharand, Donat, The Arctic Waters and the Northwest Passage: A Final Revisit, *Ocean Development & International Law*, 2007. 38 (3): 12.

④ Pharand, Donat, The Arctic Waters and the Northwest Passage: A Final Revisit, *Ocean Development & International Law*, 2007. 38 (3): 12.

⑤ Canada, House of Commons, Debates, 16 April 1970, 5953.

张，而抗议的国家除加拿大的邻国美国外，还有欧洲共同体成员国（当时其成员国有 12 个）[①]，这些国家也代表了世界上的海洋强国或者利用海洋较多的国家。所以，无论从抗议的国家数量，还是从利益最相关的邻国，以及抗议国家在海洋利用中的地位，抗议的结果显然使得其他国家默认这个构成要件无法成立。

另外，从其他学者的态度也可一见端倪。豪森认为阻碍加拿大主张历史性内水的主要障碍是："过去 20 年发生的一系列事件，如 1970 年美国外交照会反对加拿大通过《北极水域污染防治法》，1985 年的'极地海'号通行事件，加拿大无力监控通过西北通道的美国或俄罗斯潜艇，对于加拿大主张北极水域的'历史性权利'而言，都是对其严重的（如果说是非致命的）打击。"[②]

加拿大学者法兰德对该问题的态度也可以说明一些问题，他在 1988 年写道："……基于上面的所有原因，结论是：加拿大确立北极群岛水域为历史性内水的主张将不会成功。"[③] 2007 年法兰德在另一篇文章中总结道："作为一个最终评价，主张历史性水域是加拿大将在国际裁决中面对的艰难任务。回顾一下 1985 年缅因湾案是非常重要的，当时国际法院拒绝详细考察美国和加拿大所提出的历史性权利因素。特别强调的是，援引相关的历史性权利也只是涉及分界线的一段，而援引的历史性权利因素并非这一段分界线的决定性依据，而仅仅是一项支持理由。"[④] 法兰德早期对历史性水域的主张不抱任何希望，并断言这个主张不会成功，到了近 20 年后再面临这个问题时，虽然不再明确断言，但是文章之中还是透露出消极乃至否定之想法。

综合上述所有分析，加拿大的"历史性内水"主张总体上无法符合历史性水域构成的三个要件，因而不能将北极水域包括西北通道视为加拿大的"历史性内水"。

---

① 这 12 个国家分别是：法国、联邦德国、意大利、荷兰、比利时、卢森堡、英国、丹麦、爱尔兰、希腊、西班牙和葡萄牙。

② Howson, Nicholas C., Breaking the Ice: The Canadian-American Dispute over the Arctic's Northwest Passage, *Columbia Journal of International Law*, 1988, 26: 365.

③ Pharand, Donat, *Canada's Arctic Waters in International Law*, New York: Cambridge University Press, 1988, p. 125.

④ Pharand, Donat. The Arctic Waters and the Northwest Passage: A Final Revisit, *Ocean Development & International Law*, 2007. 38 (3): 13.

论斯瓦尔巴群岛的法律地位

卢芳华*

【内容摘要】 斯瓦尔巴群岛是北极地区的重要岛屿，1920年签订的《斯匹次卑尔根群岛条约》将该岛主权赋予挪威，在群岛上确立了"主权确定，共同开发"的原则；但挪威对斯瓦尔巴群岛享有的"完全和绝对的"主权与传统国际法意义上主权的概念不尽相同，这一主权是在《斯匹次卑尔根群岛条约》规定限制下的有限主权。挪威以这种"有限"主权依据《联合国海洋法公约》规定而享有专属经济区和大陆架是有争议的。如何在挪威绝对、完全的主权同缔约国赞成的条款之间保持一种平衡，是目前《斯匹次卑尔根群岛条约》缔约国面临的重要课题。

斯瓦尔巴群岛（以下简称斯岛）处于北极圈内，是北极地区的重要岛屿，1925年生效的《斯匹次卑尔根群岛条约》（以下简称《斯约》）在该岛建立起一种独特的法律制度，即在使挪威对斯岛拥有主权的同时，又明确缔约国国民有自由进入该岛领土和领海，并有在这一区域平等从事海洋、工业、矿业和商业活动的权利。1958年以来，《大陆架公约》、《联合国海洋法公约》（以下简称《公约》）等国际公约相继签署生效，这些条约提出了一系列与海洋权益相关的新制度，如毗连区、专属经济区、大陆架等。由此，引发了一个重要的北极地区法律问题即斯岛的法律地位问题，也就是《公约》所建立的法律制度是否适用于斯岛及其上述区域的问题，这是挪威

---

* 卢芳华，法学博士，华北科技学院人文社会科学学院副教授。本文系国家海洋局极地考察办公室极地法律体系研究子课题——斯瓦尔巴地区法律制度研究（CHINARE2013－04－05－04－03）资助阶段性研究成果。

与其他缔约国就《斯约》争论焦点问题之一。[①] 我国是《斯约》和《公约》的缔约国，有必要对斯岛的法律地位问题展开深入研究。

一 《斯匹次卑尔根群岛条约》概述

从目前的地理格局看，北极陆地部分被加拿大、丹麦、芬兰、冰岛、挪威、瑞典、美国和俄罗斯八国领有，因此，北极地区在现行国际法上可以划分为上述八国的陆地领土、领海、专属经济区和大陆架以及未被上述区域所包括的公海，唯一的例外是挪威所属的斯瓦尔巴群岛，作为北极地区唯一具有国际色彩的政府间条约，《斯约》对斯岛的权属做了史无前例的安排。

（一）《斯匹次卑尔根群岛条约》的签署

斯匹次卑尔根群岛（Spitsbergen）位于巴伦支海和格陵兰海之间，长约450公里，宽40～225公里，由九个主岛和众多小岛组成，面积约6.3万平方公里，60%被冰川覆盖，首府朗伊尔城在该岛的西岸，现有常住居民约3000人，其中俄罗斯人和乌克兰人占62%，挪威人只占38%。

1596年，荷兰航海家巴伦支在他最后一次航行中发现了该岛，将其命名为“斯瓦尔巴”，意即“冰原上的尖峰”。17世纪以来，大量欧洲人陆续登陆该岛，进行捕鲸、科研、采矿等活动。19世纪末，各国采矿活动日益频繁，美国、英国、挪威、瑞典、荷兰及俄国的公司与个人纷纷开始勘测矿产藏量并要求取得矿产所有权，经多轮谈判，1920年2月9日，英国、美国、丹麦、挪威、瑞典、法国、意大利、荷兰及日本等18个国家在巴黎签订了《斯匹次卑尔根群岛条约》，1925年《斯约》正式生效，2012年9月，韩国加入，使其缔约国达到43个。[②]

---

① Torbjørn Pedersen, “International Law and Politics in U. S. Policymaking: The United States and the Svalbard Dispute”, *Ocean Development & International Law*, Vol. 42, No. 1 - 2, 2011, pp. 120 - 135.

② http: //www. minbuza. nl/en/key-topics/treaties/search-the-treaty-database/1920/2/004293. html, 2012 - 10 - 24.

（二）《斯匹次卑尔根群岛条约》的适用范围和主要内容

《斯约》分为序言、正文和附件三部分，共十条，制定的主要目的是“通过承认挪威对斯瓦尔巴群岛，包括熊岛的主权，使这些领土在公平的制度下，能够发展和得到和平的利用”。为此，《斯约》第 1 条首先明确规定了《斯约》的适用范围，即斯匹次卑尔根群岛和熊岛，东经 10°～35°和北纬 74°～81°之间的所有岛屿和礁石，特别是西斯匹次卑尔根群岛、东北地岛、巴伦支岛、埃季岛、希望岛和查理王岛，以及所有附属的大小岛屿和暗礁。这一范围包括条约第 1 条所确定的陆地范围及其领海，又被称为“斯瓦尔巴方框”（Svalbard box）[①]。缔约国承认挪威在这一区域享有充分而完全的主权，但同时使挪威受制于条约规定的目的，也就是在遵守“条约规定的条件下”才享有“充分和完全”的主权。

《斯约》第 2 条至第 9 条详细规定了缔约国在这一区域享有的权利和承担的义务，条约一方面规定缔约国承认挪威对斯岛享有充分而完全的主权，另一方面又明确缔约国国民在斯岛享有一系列权利。这些权利包括：缔约各国的船舶和国民有在此地区及其领水内捕鱼和打猎的权利（第 2 条）；缔约国一切国民有平等的自由进入、停留的权利，在遵守当地法律规章的条件下，在完全平等的基础上缔约国有从事一切海洋、工业、矿业和商业活动的权利（第 3 条）；在一定条件下开展科学考察的权利（第 5 条）；采矿的权利（第 8 条）。同时规定缔约国在这一区域平等无歧视地享有这些权利（第 2 条），并承担相应义务，其中第 9 条规定缔约国应承担的主要义务即在第 1 条所指的地域内不应建立任何海军基地，并保证不在该地域建立任何防御工事，这一条款体现了条约和平开发和利用斯岛的基本原则。

（三）《斯匹次卑尔根群岛条约》的主要原则

斯岛独特的法律地位有赖于《斯约》的基本原则，《斯约》核心原则有三：[②] 平等利用原则、挪威主权原则、非军事化原则。

---

① Ole Kristian Fauchald, *Bard Sverre Tuseth Global and European Treaties*, Oslo: Department of Public and International Law, 2007.

② Treaty concerning the Archipelago Spitsbergen, http://www.austlii.edu.au/au/other/dfat/treaties/1925/10.html, 2013-08-12.

1. 平等利用原则

在《斯约》的十个条款中，有五条明确规定了缔约国国民有平等利用斯岛的权利,[①] 主要内容包括：平等自由进出群岛水域、峡湾和港口的权利；平等地在群岛及其领水内捕鱼和狩猎的权利；完全平等地在群岛陆地、水域、峡湾和港口从事一切海洋、工业、矿业和商业活动的权利；在完全平等的基础上使用群岛区域内建立的公共无线电报台的权利；平等的财产所有权，以及获得、享有和行使矿产权的平等权利；在采矿方面，不得给予包括挪威在内的任何缔约国或其国民特权、垄断或优惠。

《斯约》的平等利用原则是《斯约》缔约国欲保留各国先前在群岛无主地状态下享有权利的必然要求。[②] 条约这一目的除了体现在条约的谈判背景和制定过程中，还体现在约文中的具体规定中。比如，条约宗旨包括“在承认挪威主权的同时，建立一种公平制度”。再如，条约规定，挪威对采矿活动所征赋税应只用于群岛地区，不得超过该目的所需数额。[③] 这一规定是为了防止挪威通过对其他缔约国的经济活动征税而获利，从而保证各缔约国保留其先前在群岛无主地状态下享有的权利。此外，为了实现平等原则，《斯约》对所有的国家开放，所有国家均可加入条约，从而获得在群岛活动的平等权利。《斯约》不但为平等原则设定了形式权利，还建立了最低程度的实质权利，例如，《斯约》禁止非法限制进入群岛地区，禁止非法限制海洋、工业、矿业和商业活动。[④] 这些基于平等原则制定的条款充分反映了群岛的无主地特征。

但应注意的是，《斯约》的平等原则并非适用于缔约国在斯岛所有活动。如《斯约》未明确规定缔约国享有在斯岛陆地进行科学研究活动的平等权利，而是规定挪威有权制定专门科考规定管理斯岛的科考活动。[⑤]

---

① 《斯匹次卑尔根群岛条约》第 2 条第 1 款，第 3 条第 1 款、第 2 款，第 4 条，第 7 条，第 8 条第 1 款。

② Geir Ulfstein, *The Svalbard Treaty: from Terra Nullius to Norwegian Sovereignty*, Oslo, Copenhagen, Stockholm, Boston: Scandinavian University Press, 1995, p. 472.

③ 《斯匹次卑尔根群岛条约》第 8 条第 2 款。

④ Geir Ulfstein, *The Svalbard Treaty: from Terra Nullius to Norwegian Sovereignty*, Oslo, Copenhagen, Stockholm, Boston: Scandinavian University Press, 1995, p. 473.

⑤ 《斯匹次卑尔根群岛条约》第 5 条第 2 款。根据目前掌握的资料，尚未缔结关于在条约地区进行科学调查的公约。

2. 挪威主权原则

《斯约》第 1 条就将斯岛的主权赋予挪威，但与传统国际法意义的国家主权相比，挪威对斯岛的主权是一种高度受限、非常独特的主权。[①] 挪威主权受到《斯约》其他缔约国在斯岛权利的限制。此外，挪威对群岛主权的独特性还表现在，对于条约缔约方而言，挪威的主权来自条约规定，因此，挪威无权单方面将主权让渡给另一国家或国际组织，也不能单方面退出条约而放弃主权。与一般国际法意义的主权相比，斯岛的主权行使是挪威的权利更是挪威的义务。

《斯约》缔约国将斯岛的主权赋予挪威是基于挪威在群岛的重大利益、地理邻近性和寻求最终解决方案等多方考虑而做出的妥协。从条约谈判的背景看，作为战败国，德国未能出席巴黎和会，而当时的苏联仍未被国际社会所承认。美国、法国等国出于制约德国的考虑，支持将群岛主权赋予一个地理邻近的中立小国。[②] 英国由于其外交政策需要，而非经济利益的考量，做出支持挪威在群岛享有主权的决定。丹麦因此前挪威不再就格陵兰岛的问题与丹麦发生纠纷，作为回报，支持挪威在群岛拥有主权。但缔约国的意见也不乏反对声，如瑞典和荷兰就表示不同意将斯岛主权赋予挪威，它们提出斯岛应由国际联盟建立托管制度、由挪威负责托管的建议。经过激烈的讨论，《斯约》起草委员会同意将群岛的主权授予挪威，同时保留其他国家继续在岛上从事经济活动如捕鱼、狩猎和采矿的权利，将活动范围扩展到斯岛及其 4 海里领海。[③]

3. 非军事化原则

《斯约》的宗旨是保证对群岛地区和平开发与利用。为此，《斯约》第 10 条规定，在不损害挪威加入国际联盟所产生的权利和义务的情况下，挪威保证在条约地域不建立也不允许建立任何海军基地，并保证不在该地域建立任何防御工事；该地域绝不能用于战争目的。不建立海军基地和防御

① Willy Østreng, *Politics in High Latitudes: the Svalbard Archipelago*, London: C. Hurst and Company, 1977, p. 134.

② Geir Ulfstein, *The Svalbard Treaty: from Terra Nullius to Norwegian Sovereignty*, Oslo, Copenhagen, Stockholm, Boston: Scandinavian University Press, 1995, p. 47.

③ Geir Ulfstein, *The Svalbard Treaty: from Terra Nullius to Norwegian Sovereignty*, Oslo, Copenhagen, Stockholm, Boston: Scandinavian University Press, 1995, p. 42.

工事的义务是有条件的，即不得损害挪威在国际联盟应尽的义务。这意味着挪威为了履行在国际联盟的义务，可以建立海军基地和防御工事，可以允许其他国家或国际组织建立海军基地。同时，不得将斯岛地区用于战争目的，但并不排除非战争的军事行动。因此，有学者指出，条约使得群岛地区中立化，但并未使之彻底非军事化①。

1950 年 12 月，挪威加入北约，将扬马延和斯岛划为北约欧洲盟军司令部②的防务范围，违反斯岛中立的传统政策，使斯岛的战略形势发生了根本变化。苏联对挪威这一行为表示了强烈的外交抗议，苏联发表外交照会（12. X. 1951）指出挪威的行为直接违背了斯岛非军事化约定，对此，挪威政府做出答复（30. X. 1951）指出，挪威政府不会允许任何国家在斯岛建立军事要塞或军事基地。显然这一保证没有满足苏联的要求，1958 年，由于担心美国的军事渗透，苏联抗议在斯岛建设全年使用的飞机场，但这一机场还是于 1975 年秋在新奥尔松（NyAlesund）建成。

从《斯约》三原则看，《斯约》更像是一个精心构造的外交公式，构成了“一揽子交易”。③ 这一平衡各方利益的妥协方案赋予斯岛独特的法律地位，一方面《斯约》承认挪威对该地区充分和完全的主权，以解决基于群岛无主地地位而产生的管辖权冲突；另一方面明确了各缔约国国民自由进入、平等经营的权利，以保留各国在群岛无主地状态下取得的权利，这一矛盾的规定在实践中较好地保证了斯岛地区的和平与稳定。但随着国际海洋法的不断发展，斯岛的法律地位问题必将面临新的挑战。

二　斯瓦尔巴群岛的法律地位

《斯约》签订前，斯匹次卑尔根群岛是无主地（terra nullius），各利益相关国基本上没有足够的依据声称对该区域拥有排他性主权；1920 年签订的《斯约》将斯岛的主权赋予挪威，改变了斯岛无主地的法律地位。随后，各缔约国援引《斯约》和随后的《公约》提出对斯岛及其相关地区的权利

---

① Geir Ulfstein, *The Svalbard Treaty: from Terra Nullius to Norwegian Sovereignty*, Oslo, Copenhagen, Stockholm, Boston: Scandinavian University Press, 1995, p. 478.

② 欧洲盟军司令部是北约最主要的军事指挥机构。

③ A. N. Vylegjanin, *Future Problems of International Law in the High North: Review of Russian Legal Literature*, http://www.dnva.no/c26889/artikkel/vis.html? tid=27090, 2012-07-25.

要求。

（一）《斯约》签订前斯匹次卑尔根群岛的法律地位

1920年以前，斯匹次卑尔根群岛是尚未被任何国家占领的无主地。[①] 根据国际法的规定，无主地的主权通常是通过对这块土地的和平占领和管理来实现的，这种和平占领或管理应当具备两个基本条件，即“首先发现”与“有效的行政管辖”。事实上，20世纪初期，没有任何一个国家有能力宣称首先发现该岛或是其对该岛行使了有效的控制权，但从人口数量及实际行政管辖的角度来看，在当时的开发活动中挪威和俄国所占的分量似乎更重一些。1871到1872年，俄国、瑞典以及挪威作为斯岛上最大的三支势力对斯匹次卑尔根群岛的争夺开始明朗化，三国都把斯匹次卑尔根群岛作为法律上的无主地来看待，要求对该群岛行使主权。1907年，根据挪威的建议，挪威、瑞典和俄国开始协商斯岛的治理方式，虽然取得了一定进展，但因第一次世界大战爆发无果而终。1909年，独立后的挪威表示，希望能够召开一次多方会议，欧洲对斯岛主权问题感兴趣的国家均能参与。俄国则在瑞典的支持下，坚持在多方会议之前，先进行由挪威、俄国、瑞典三个对斯岛有主权要求的国家参加的预备会议。[②] 在俄国的建议下，1910年到1914年三国举行了多次会谈，但均未取得实质性的成果。究其原因，除了三国为本国利益寸土必争针锋相对外，欧洲各国也起到一定的阻碍作用。当时的欧洲大国为了阻止俄国势力向欧洲北部扩张，积极地与挪威政府接触，并且帮助它与俄国周旋。由此，斯岛的主权问题未能得到根本解决，一直是无主地。

（二）《斯约》框架下斯岛的法律地位

1919年6月的巴黎和会上，斯岛主权归属问题被写入大会议程。1925年《斯约》生效。该条约第1条就规定：“各缔约国承认挪威对斯岛拥有完

---

① Geir Ulfstein, *The Svalbard Treaty: from Terra Nullius to Norwegian Sovereignty*, Oslo, Copenhagen, Stockholm, Boston: Scandinavian University Press, 1995, p. 472.

② Oran Young, *Gail Osherenko Creating International Environmental Regimes*, New York: Cornell University Press, 1993.

全和绝对的主权……”这一条款结束了斯岛无主地的法律地位，赋予挪威对斯岛“完全”和“绝对”的主权，这里的主权是一种特殊的管理体制，主要包括经济制度和行政制度，这些制度与挪威其他地区的制度有所不同，其主要的目的在于确保和平、公平地利用和开发斯岛。[①]

这里的“完全和绝对的主权”（pleine et entiere）表明挪威在斯瓦尔巴群岛所享有和行使的主权与其在本土的主权完全一致，即国际法上所公认的主权，各缔约国必须一致承认挪威对斯瓦尔巴群岛的主权，应该肯定的是这种主权不是在国际联盟的框架下给予挪威对该群岛的委任统治权，而是将斯瓦尔巴群岛“国家化”（nationalization）。[②]

具体来说，斯瓦尔巴群岛主权归属挪威表明挪威政府有权制定法律法规，并开展相应的执法活动，对此挪威政府没有向其他国家咨询的义务，就像其他国家管理其自有领土一样。如对于矿产品的出口，挪威政府应有权征收出口税（第 8 条）；挪威有权制定有关该岛的外交政策，处理相关外交事务，缔结有关该群岛事务的协议并负责其防务；挪威政府所签署的国际条约、协议都将在斯瓦尔巴群岛适用，除非此条约或协议中明确将其排除，或者挪威对此做出特别的声明和保留。

（三）1982 年《公约》框架下斯岛的法律地位

1982 年通过的《公约》把海洋划分成领海、毗连区、专属经济区、大陆架、公海、国际海底区域等具有不同法律地位的区域，建立了全新的海洋法律制度，《公约》中有关专属经济区和大陆架制度的规定，体现了海洋法的重要发展。而《斯约》的缔约国和谈判国不可能预见到国际法的发展会产生专属经济区和大陆架、渔业管辖权这些制度，因此，对于斯瓦尔巴地区不同海域的法律地位产生了不同观点，《公约》的条款是否可以应用到斯瓦尔巴群岛扩展的领海、大陆架、渔业保护区是缔约国争论的焦点问题。

---

① Torbjørn Pedersen, Henriksen Tore, “Svalbard's Maritime Zones: The End of Legal Uncertainty?” *The International Journal of Marine and Coastal Law*, Vol. 24, No. 1, pp. 141 - 161.

② Geir Ulfstein, *The Svalbard Treaty: from Terra Nullius to Norwegian Sovereignty*, Oslo, Copenhagen, Stockholm, Boston: Scandinavian University Press, 1995, p. 472.

根据《公约》规定，专属经济区是沿海国领海以外的一个海洋区域，它的宽度从测算领海宽度的基线量起不超过200海里。沿海国在专属经济区享有一定的主权和管辖权，主要包括：勘探、开发、养护和管理海床、底土及其上覆水域的自然资源的主权；沿海国对专属经济区内的人工岛屿、设施和结构的建造、使用，以及进行海洋科学研究、海洋环境保护等活动享有管辖权；沿海国在专属经济区内还享有对渔业的专属管辖权，它可以规定其专属经济区内生物资源的可捕量，以及其他管理和养护措施。挪威依《斯约》拥有对斯瓦尔巴群岛的主权后，为了避免在斯岛海域直接宣布建立专属经济区会与其他缔约国产生直接的利益冲突，[①] 于1976年12月颁布《挪威经济区法令》(*Act Relating to the Economic Zone of Norway*)，设立了三个专属经济区：围绕挪威内陆建立的200海里专属经济区、斯瓦尔巴群岛周围200海里的渔业保护区、扬马延周围的渔业区。[②] 在斯岛渔业保护区内，挪威当局可设定捕捞限额[③]、禁捕区域、最小网孔及最小捕鱼尺寸，所有国家的渔船均应报告渔获并保留记录，对于在这一区域没有捕鱼的历史而进入这一水域的外国船只发出警告，逮捕和起诉在这一区域内不遵守保护措施和不听从警告的外国船只。[④] 法令非歧视地适用于挪威国民和其他国家国民。[⑤] 这一规定的目的是无歧视地采取有效措施保护斯瓦尔巴地区的渔业资源。

从20世纪70年代开始，关于挪威主张斯岛渔业保护区问题的争议就一直存在。[⑥] 西班牙、冰岛质疑挪威在该海域的管辖权；[⑦] 俄罗斯认为，挪无权在

---

① 西班牙、冰岛就曾质疑挪威是否有权在群岛周边水域行使管辖权，并声称要诉诸国际法院。

② UK and Germany against Iceland, [1974] *I. C. J. Reports* 3, at para. 52.

③ 挪威在200海里的专属经济区内给予法罗群岛、格陵兰岛和冰岛一定的捕鱼配额，同时还规定在经济区的行为受到1983年挪威海水渔业法案的约束。

④ J. L. Meseguer, "Regimen Juridico de los Espacios Maritimos de Spitzberg (Svalbard), Posici? on de Noruega, Espaˇna y otros Estados", *Revista Espaˇnola de Derecho Internacional*, LIX -2, 2007, pp. 631 -663.

⑤ T. Pedersen, "The Constrained Politics of the Svalbard Offshore Area", *Marine Policy*, Vol. 32, 2008, pp. 913 -919.

⑥ T. Pedersen, "The Dynamics of Svalbard Diplomacy", *Diplomacy and Statecraft*, Vol. 19, No. 2, 2008, pp. 236 -262.

⑦ D. H. Anderson, *Iceland-Norway (Jan Mayen) International Maritime Boundaries*, Dordrecht: Martinus Nijhoff, 1996, pp. 1756 -1760.

斯瓦尔巴群岛附近建立独享的海事区域并实施管辖权；欧盟认为挪威主张斯岛渔业保护区是对《斯约》赋予主权的扩大使用。[①] 加拿大、芬兰表示支持挪威的主张；[②] 英国、荷兰、丹麦认为挪威虽然可以划定200海里的渔业保护区，但认为在该区域的捕鱼权应当适用《斯约》的规定，挪威没有独占性的管辖权。[③]

根据《公约》规定，沿海国的大陆架包括其陆地领土的自然延伸，其范围扩展到大陆边外缘的海底区域，如果从测算领海宽度的基线量起到大陆边的外缘的距离不到200海里，则扩展到200海里，如果超过200海里，则最多不应超过350海里或2500米等深线以外100海里。沿海国为勘探大陆架和开发自然资源的目的，享有对大陆架行使专属性的主权，沿海国还有授权和管理他国在大陆架上进行钻探的专属权利。从地理学角度看，斯岛坐落在大陆架上，挪威据此称斯岛及其大陆架是挪威大陆架的自然延伸，斯岛没有独立的大陆架。[④] 但这一说法本身就存在问题，按照《公约》规定："岛屿可以拥有专属经济区和大陆架，不能维持人类居住或其本身的经济生活的岩礁，不应有专属经济区和大陆架。"按照此标准，斯岛并不会被排斥在外，它应该有自己的大陆架和专属经济区。因为从17世纪初开始，人类就在岛屿周围的海域捕鲸；从19世纪初开始，人们就驻守岛屿从事生产经营活动；而且斯岛不是小小的岩礁，岛屿的面积达到6.3万平方公里，比一些独立国家的领土面积还要大。此外，2006年2月，挪威与丹麦在斯瓦尔巴群岛与格陵兰岛之间，在"等距离线"的基础上划分了大陆架和渔业区边界。这次划界本身就代表着承认斯瓦尔巴群岛拥有自己的大陆架和专属经济区。近年来，挪威逐渐放弃了上述观点，转而主张斯岛有单独的

---

① Answer given by Ms Damanaki on behalf of the European Parliament, 7 June 2011, http://www.europarl.europa.eu/sides/getAllAnswers.do? reference = E - 2011 - 002979&language = EN, 2012 - 10 - 24.

② Geir Hønneland, "Compliance in the Fishery Protection Zone Around Svalbard", *Ocean Development & International Law*, Vol. 29, No. 4, 1998, pp. 339 - 360.

③ Torbjørn Pedersena, "Denmark's Policies Toward the Svalbard Area", *Ocean Development & International Law*, Vol. 40, No. 4, 2009, pp. 319 - 332.

④ Svalbard and the Surrounding Maritime Areas, http://www.regjeringen.no/en/dep/ud/selected-topics/civil-rights/spesiell-folk-erett/folkerettslige-sporsmal-i-tilknytning-ti.html? id = 537481/2009 - 8 - 15, 2012 - 10 - 24.

大陆架,[1] 2006 年，挪威向大陆架界限委员会提交了 200 海里外大陆架申请的材料，其中包括斯匹次卑尔根群岛北部大陆架的外部界限。挪威这一主张从某种形式上是以斯匹次卑尔根群岛独特的地缘优势为基础，拓展其在北极地区的管辖范围。对此其他缔约国有不同的理解，美国保留依《斯约》进一步主张群岛大陆架的非歧视性经济权利；西班牙保留在斯岛大陆架开发权;[2] 英国政府则直接于 2006 年向挪威政府递交了一封外交信件，强调它将捍卫其在斯瓦尔巴群岛的权益；作为老牌的北极国家，俄罗斯则不断抗议挪威政府对斯岛大陆架的独占主张。

三　斯岛法律地位问题存在的法律争端

随着海洋法的发展，《斯约》缔约国开始以《公约》为视角重新审视《斯约》的适用范围，对于这一问题争论的焦点之一就是斯岛的法律地位问题。

根据国际法的规定，无主地的主权通常是通过对这块土地的和平占领和管理来实现的。挪威获得斯岛的主权却是通过不同方式获得的。实际上挪威获得斯岛的主权是一些国家集体决定的产物，这一决定体现在《斯约》第 1 条："各缔约国承认，挪威对斯匹次卑尔根群岛拥有完全和绝对的主权……"这一条款的措辞读起来像是一个精心构造的外交公式，构成了"一揽子交易",[3] 一方面缔约方放弃自己潜在主权，承认挪威的主权，这意味着它们放弃了该领土是无主地的地位，放弃了该群岛水域是公海可以自由利用的权利。作为交换，挪威也做出了一些让步，即给予其他缔约国在这一区域一些只有沿海国享有的权利，即缔约国国民，不论出于什么原因或目的，均应享有平等自由进出第 1 条所指地域的水域、峡湾和港口，并在斯岛及其领海从事渔业、采矿、科研等相关活动的权利，实际上这些权利是当时沿海国享有的大部分权利，由此在群岛建立起主权确定、共同利用的法律原

---

① 挪威首相延斯・斯托尔滕贝格 2006 年 6 月在朗伊尔城举行的新闻会上说："挪威的看法是，大陆架从挪威向北延伸，斯瓦尔巴是大陆架的一部分。"

② Note Verbale to the Secretary-General of the United Nations, http://www.unorl/Depts/los/clcs_new/submissions_files/nm06/esp_0700348.pdf, 2012-10-24.

③ D. H. Andersona, "The Status Under International Law of the Maritime Areas Around Svalbard", *Ocean Development & International Law*, Vol. 29, No. 4, 1998, pp. 373-384.

则，以维持群岛基于“无主地”而具有的自由特征。[①] 从这点看，依条约形式赋予挪威主权，是缔约国在群岛的重大利益、地理邻近性和寻求最终解决方案的需要。挪威无权单方面将主权让渡给另一国家或国际组织，也不能单方面退出条约而放弃主权。与基于一般国际法的主权相比，挪威有义务行使主权。挪威对群岛的主权是高度受限的主权。[②] 以这样的条约限制下的主权主张专属经济区和大陆架是有争议的。

由于斯岛地区潜在的资源价值，上述争议直接关系缔约国经济权益。2006 年挪威向大陆架界限委员会提出划界案，西班牙明确指出，1920 年《斯约》规定的自由进入和平等原则应适用于斯瓦尔巴的海域，包括大陆架；西班牙保留在斯瓦尔巴大陆架开发资源的权利。2011 年 10 月，欧洲议会对挪威“渔业保护区”捕捞配额安排发表内部研究报告，指出这一安排是对《斯约》规定的“平等利用斯岛资源”这一根本原则的违背。[③] 2012 年 9 月，美国国务卿希拉里在访挪时提出美国对《斯约》适用范围是否包括大陆架这一问题持保留态度。[④]

挪威用非固定的方法对主权加以解释，其主权不仅涉及领土和领海，还涉及专属经济区、大陆架、渔业保护区，同时对缔约国在斯岛区域内权利的解释加以限制，将缔约国在这一区域的权利仅限于《斯约》规定的领海和领土，这是显失公平的做法，将很难在《斯约》缔约国之间形成共识。如何在挪威绝对、完全的主权和缔约国赞成的条款之间寻找一种平衡合理的制度将是很长时间内《斯约》缔约国共同面临的重要课题和任务。

---

① Ida Caracciolo, “Unresolved Controversy: the Legal Situation of the Svalbard Islands Maritime Areas; An Interpretation of the Paris Treaty in light of UNCLOS 1982”, International Boundaries Research Unit conference 2009, 2. April track 2, session 5.

② Willy Østreng, *Politics in High latitudes: the Svalbard Archipelago*, London: C. Hurst and Company, 1977, p. 134.

③ 《斯瓦尔巴岛周边海域经济资源开发争议初析》, http://finance.ifeng.com/roll/20120418/5962655.shtml。

④ Remarks by Clinton, Norwegian Foreign Minister Stoere in Oslo, http://translations.state.gov/st/english/texttrans/2012/06/201206016654.html#ixzz2JNbQ5k5F, 2012 - 06 - 20.

极地生态保护

南极海洋保护区设立现状及趋势研究

付　玉[*]

【内容摘要】 在美国、新西兰、澳大利亚和法国等国以及欧盟的大力推动下，南极海洋保护区建立问题迅速进入实质性讨论阶段，发展势头强劲。推动南极海洋保护区建立的活动呈现出参与国家和组织增多、规划和研究范围扩大、保护层次加深，以及设立方法系统化和规范化等特点。南极海洋保护区强劲的发展势头和关键规则的缺位，将对未来我国远洋渔业的发展、南极科考以及国家南极战略带来不可预测的影响，应引起我国的重视和警惕。

随着美国、新西兰、意大利、澳大利亚在2011年海洋保护区研讨会上分别在罗斯海区域和东南极海域提出了各自的海洋保护区提议草案，海洋保护区建立问题迅速进入实质性讨论阶段，发展势头迅猛。南极海洋保护区发展呈现出参与国家和组织增多、规划和研究范围扩大、保护层次加深和设立方法系统化和规范化等特点①。南极海洋保护区对我国在南极地区的科考、渔业和战略利益具有长期的潜在重大影响，需要我国妥善应对。

一　南极海洋保护区设立概况

21世纪以来，沿海国借助海洋保护区拓展自身管辖权，圈占海洋利益

---

* 付玉，英国曼彻斯特大学公共管理硕士，上海海洋大学博士研究生，国家海洋局海洋发展战略研究所副研究员。感谢国家海洋局极地考察办公室国际处为本研究提供资料。

① 国家海洋局极地考察办公室国际处：《南极海洋生物资源养护委员会海洋保护区研讨会会议报告》（内部资料），2011年9月17日。

的现象日益突出。借助建立海洋保护区养护和利用国家管辖范围外海域生物问题成为国际社会关注的一个热点领域，正在酝酿产生新的规则或海洋事务管理机制，也是我国应积极参与、施加影响的领域。

根据保护自然国际联盟的定义，“保护区”是一个明确界定的地理空间，通过法律或其他有效手段予以认可、维护和管理，以达到长期维护自然界生态服务功能及其文化价值的目的[①]。《保护东北大西洋海洋环境公约》根据此定义对海洋保护区（A Marine Protected Area，MPA）进行了全面的界定：海洋保护区是为着保护和养护海洋生物物种、栖息地、生态系统或者生态过程，采取符合国际法的保护、养护、恢复或者预防性措施的海洋区域[②]。

公海保护区是为保护和有效管理海洋环境、生物多样性或历史遗迹等而在国家管辖范围以外海域（主要包括公海、国际海底区域和南极地区）设立的海洋保护区。建立公海保护区的倡议始于20世纪80年代[③]。1999年，法国、意大利和摩纳哥共同建立了世界首个严格意义的公海保护区，即地中海派拉格斯海洋保护区（Pelagos Sanctuary）。2002年世界可持续发展峰会通过决议，确立了在2012年之前建成具有代表性的海洋保护区体系的目标。决议通过后，联合国海洋事务非正式磋商进程、《生物多样性公约》缔约方大会等政府间国际会议，以及世界自然保护大会等非政府间国际会议多次把公海保护区建设作为重点议题。2008年，《生物多样性公约》缔约方大会还通过了一系列关于建立公海保护区的科学准则和指南。2010年，由六块保护区组成的世界首个公海保护区网络在东北大西洋正式建立。

（一）《南极海洋生物资源养护公约》区域内海洋保护区设立的情况

除了南极条约协商会议通过的南极特别保护区和南极特别管理区所含的受到保护的部分海域外，目前根据《南极海洋生物资源养护公约》（以下简称CAMLR），由南极海洋生物资源养护委员会（以下简称CCAMLR）设

① Dudley, N. (Editor) (2008), *Guidelines for Applying Protected Area Management Categories*, Gland, Switzerland: IUCN, p. 6.

② OSPAR 2003 Annex 9 A - 4. 44a.

③ 丘君、陈利顶：《新海洋圈地运动的思考及其应对策略》，第七届中国生态健康论坛论文，海口，2011。

立的海洋保护区仅有南奥克尼群岛海洋保护区[①]。考虑到于2012年底建立海洋保护区网络的计划进展较慢，CCAMLR在美国和澳大利亚等国家的推动下，自2005年起明显加快了建立海洋保护区网络的步伐。美国、新西兰、意大利、澳大利亚在2011年关于海洋保护区的研讨会上分别在罗斯海区域和东南极区域提出了各自的海洋保护区提议草案。

（二）南极海洋保护区议题的发展历程[②]

CCAMLR对海洋保护区的讨论，始于2002年世界可持续发展峰会，会上提出了于2012年之前在世界范围内的大洋上建立海洋保护区体系的愿景。在美、英、法、澳、新等国家和欧盟的推动下，南极海洋保护区议题在CCAMLR框架下进展迅速，备受关注。2004年前后，CCAMLR在保护自然国际联盟（IUCN）的影响下，开始开展南极海洋保护区工作；2005年，CCAMLR在美国召开了第一次南极海洋保护区研讨会；2007年，CCAMLR通过第一张南大洋生物地理分区地图，中国第一次以成员国身份参加CCAMLR会议；2008年，CCAMLR提出建立海洋保护区的11个优先规划区域；2009年，CCAMLR通过英国关于建立南奥克尼群岛海洋保护区的建议，建立第一个试点性海洋保护区，并明确提出将在2012年底前建成环南极的海洋保护区体系的目标。

在2010年CCAMLR年会上，澳大利亚向CCAMLR科学委员会和CCAMLR大会各提交了一份提案（SC-CAMLR-XXIX/11与CCAMLR-XXIX/38 Rev. 1），为在南极海域建立海洋保护区代表性体系提供一个框架。在2011年的第30届CCAMLR年会上，罗斯海提案、东南极提案、冰架提案提交CCAMLR科学委员会讨论。2012年，上述提案直接提交第31届CCAMLR年会讨论。

2011年，第二次南极海洋保护区研讨会召开，将原来的11个优先规划区域扩展合并，将整个南大洋划分成九个区域（见图1），作为全面、系统开展环南极保护的基础，罗斯海提案（8号区域）、东南极提案（7号区

---

① 国家海洋局极地考察办公室国际处：《南极海洋生物资源养护委员会海洋保护区研讨会会议报告》（内部资料），2011年9月17日。

② 本部分内容参考国家海洋局极地考察办公室提供的工作报告，在此表示衷心感谢。

域）、南极半岛冰架提案提交科委会讨论，并讨论通过了建立南极海洋保护区的框架性养护措施 91 - 04。2012 年，别林斯高晋海和斯科舍海海域（1 号区）、南乔治亚岛和南桑威奇岛海域（2 号区）、法国 Kerguelen 和 Crozet 群岛海域（5 号区）相关工作继续进行；同时，阿蒙森海海域（9 号区）、威德尔海海域（3 号区）分别提上了规划研究日程。（见表 1）按照目前南极海洋保护区的强劲推动态势，如果没有强有力的应对措施，未来 3 至 5 年内，整个南大洋范围内的海洋保护区提案将陆续出现；根据目前态势分析，提议的保护面积很可能超过整个南大洋区域面积的 50%。

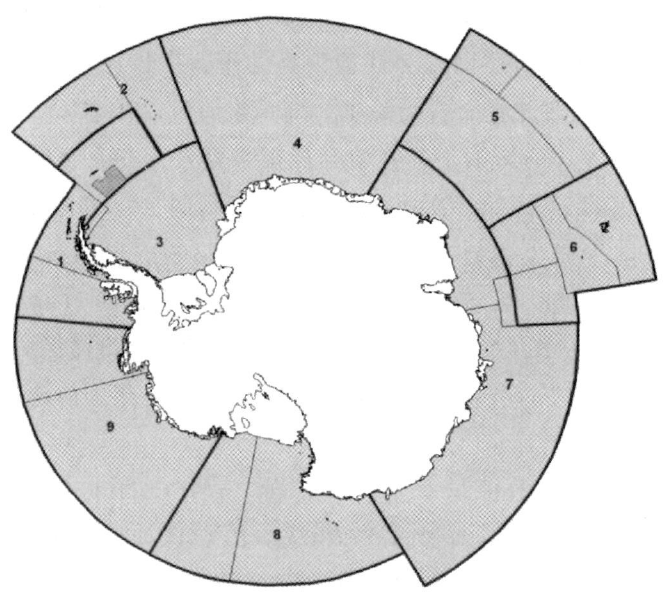

图 1　2011 年划分的作为未来规划海洋保护区基础的九个区域

表 1　南极海洋保护区区域规划现状

区块	地理位置描述	保护区研究规划情况
1 号区域	别林斯高晋海、德雷克海峡、斯科舍海、南奥克兰群岛海域	智利、阿根廷、英国、美国 2012 年 6 月召开研讨会，初步结果在第 31 届科委会讨论
2 号区域	南乔治亚岛和南桑威奇群岛海域	据悉，英国已经在此区域开展海洋保护区的相关研究（英国和阿根廷有领土争议）
3 号区域	威德尔海海域	德国 2013 年通知 CCAMLR，准备开展研究规划，相关进程可能视情况稍做推迟

续表

区块	地理位置描述	保护区研究规划情况
4 号区域	毛德皇后地海域	(挪威领土主张区域)
5 号区域	法国 Crozet 群岛、Kerguelen 群岛海域，南非 Princess Edward 群岛海域	法国、南非、澳大利亚等国 2012 年召开研讨会，初步结果在第 31 届科委会讨论 (法国、南非主张的 EEZ 在此)
6 号区域	澳大利亚 McDonald 群岛和 Heard 岛海域	(澳已在主张的 EEZ 内建立海洋保护区)
7 号区域	东南极海域	澳大利亚、法国、欧盟已有提案
8 号区域	罗斯海海域	美国、新西兰已有提案
9 号区域	阿蒙森海海域	美国、韩国等国 2013 年通报 CCAMLR，准备开展研究规划

资料来源：国家海洋局极地考察办公室工作报告（内部资料）。

（三）南极海洋保护区议题的最新进展[①]

2012 年 10 月 22 日至 11 月 1 日，在澳大利亚霍巴特召开的第 31 届 CCAMLR 年会上，南极海洋保护区议题成为会议的焦点。美国、澳大利亚、法国、英国、欧盟、新西兰等海洋强国和地区，以及对南极有领土主张的国家，极力推动海洋保护区的设立；俄罗斯、乌克兰、日本、挪威和中国等在南极有渔业利益的国家主张依据 CAMLR 规定，合理利用南极海洋生物资源，反对激进的海洋保护区措施；智利、阿根廷、韩国既在会议上对提案国提出的海洋保护区提案提出质疑，又着手在相应区域开展保护区规划研究。

在第 31 届 CCAMLR 年会上，美国和新西兰向 CCAMLR 提交了罗斯海提案，澳大利亚、法国和欧盟提交了东南极海洋保护区系统提案，欧盟提交了南极半岛冰架提案。最后形成的美新罗斯海联合提案，保护区域占据了罗斯海全部岸线，覆盖的面积超过规划海域 50%；东南极提案保护区域占据了超过 50% 的岸线和规划区域约 40% 的面积，我国传统科考作业区普里

① 本部分内容参考国家海洋局极地考察办公室国际处提供的工作报告，在此表示衷心感谢。

兹湾被完全涵盖在内。提案区域所占比例大大高于联合国倡议的全球海洋保护区占海洋总面积10%的最低比例。

会议围绕设立南极海洋保护区的程序、区域范围、风险分析、替代措施、有效性评估、设立时限和研究管理等基本问题，以及上述具体提案展开了激烈讨论。由于各方分歧较大，委员会未能就设立海洋保护区的提案达成一致，以上提案未能通过。最终决定在2013年7月召开特别会议，专门讨论南极海洋保护区的基本问题和罗斯海保护区与东南极海洋保护区系统两个提案。

2013年7月，在专门讨论南极保护区设立提案的特别会议上，因俄罗斯的坚决反对，保护区提案未获通过。俄罗斯代表团在一份立场文件中质疑CCAMLR究竟是否有权确立保护区，俄罗斯认为“建立保护区的草案将包含哪些内容显然还不明确”，缺乏明确定义和法律基础。2013年10月，CCAMLR在澳大利亚霍巴特召开会议，继续讨论南极保护区提议。美国和新西兰调整了其保护区提案，将160万平方公里保护区面积缩减至125万平方公里，但仍未获得通过。保护区提案受挫遏制了南极海洋保护区快速推进的势头①。南极海洋保护区提案此后在CCAMLR 2013年和2014年年度会议上因俄罗斯等国的反对而连续受挫。提案国和国际环保团体表示将继续在CCAMLR框架下推动设立海洋保护区。

二　南极海洋保护区提案介绍

在2012年第31届CCAMLR年会上提交的三个提案中，欧盟提交的南极半岛冰架提案受挫，继续进行讨论的是美国和新西兰提交的罗斯海联合提案，以及澳大利亚、法国和欧盟提交的东南极海洋保护区系统提案。以下就这两个提案的主要法律依据、指定保护区面积的方法、提案主要内容和存在的问题进行分析。

（一）建立保护区的主要法律依据

现有南极海洋保护区提案的主要法律依据包括：（1）CCAMLR科学委

① 《南极保护区因俄反对搁浅》，《参考消息》2013年7月18日。

员会关于建立南极具有代表性的海洋保护区体系的工作计划；（2）2002 年世界可持续发展峰会关于在 2012 年之前建成具有代表性的海洋保护区体系决议；（3）2012 年联合国可持续发展大会的相关决议；（4）CCAMLR 关于在 2012 年前在公约区域内推动建立具有代表性的海洋保护区体系的协定；（5）CAMLR 有关条款；（6）CCAMLR 于 2011 年通过的 CM91 - 04 号养护措施（Conservation Measure 91 - 04）中关于建立 CCAMLR 海洋保护区的一般框架。

（二）罗斯海提案

罗斯海提案最初由美国和新西兰分别提出。美国和新西兰分别提出的罗斯海提案基本上基于相同的科学数据和科学方法，但是因为美国和新西兰在渔业政策上的分歧，两国在进行合作研究规划保护区期间，一直无法达成共识，无法在最初即提出联合提案。因罗斯海地区科学数据相对充分，2011 年，经过科委会讨论，两国分别提出的罗斯海提案的科学基础得到科委会的认可。根据科委会的反馈意见，两国对提案做了部分修改，并提交 2012 年 CCAMLR 年会讨论。在 2012 年的会议上，鉴于 CCAMLR 协商一致规则和其他成员国的压力，美国和新西兰经过与其他成员国数轮非正式协商会议后，将两个提案合并成一个联合提案。（见图 2）提议的罗斯海保护区在一年的大部分时间处于冰封状态，阿德利企鹅、帝企鹅、小须鲸和食蟹海豹在该区域的栖息地将受到保护。该区域还是美露鳕的产卵场和索饵场，自 1996 年以来，这种鱼就遭到商业捕鱼船的大肆捕捞[①]。罗斯海保护区的一些区域将作为“研究区”，用于科学研究和跟踪海水变暖对海洋栖息地的影响，区内允许有限的捕捞活动。因在程序、保护区期限、保护比例、探捕限额等问题上存在争议，美新联合提案目前未获通过。

（三）澳大利亚、法国、欧盟提出的东南极海洋保护区体系提案

澳大利亚自 2005 年 CCAMLR 第一次海洋保护区研讨会时就积极参与其中，将其国内建设海洋保护区体系的经验引入南极海洋保护区规划，并按

---

① 《南极洲拟建世界最大海洋保护区》，《参考消息》2013 年 7 月 17 日。

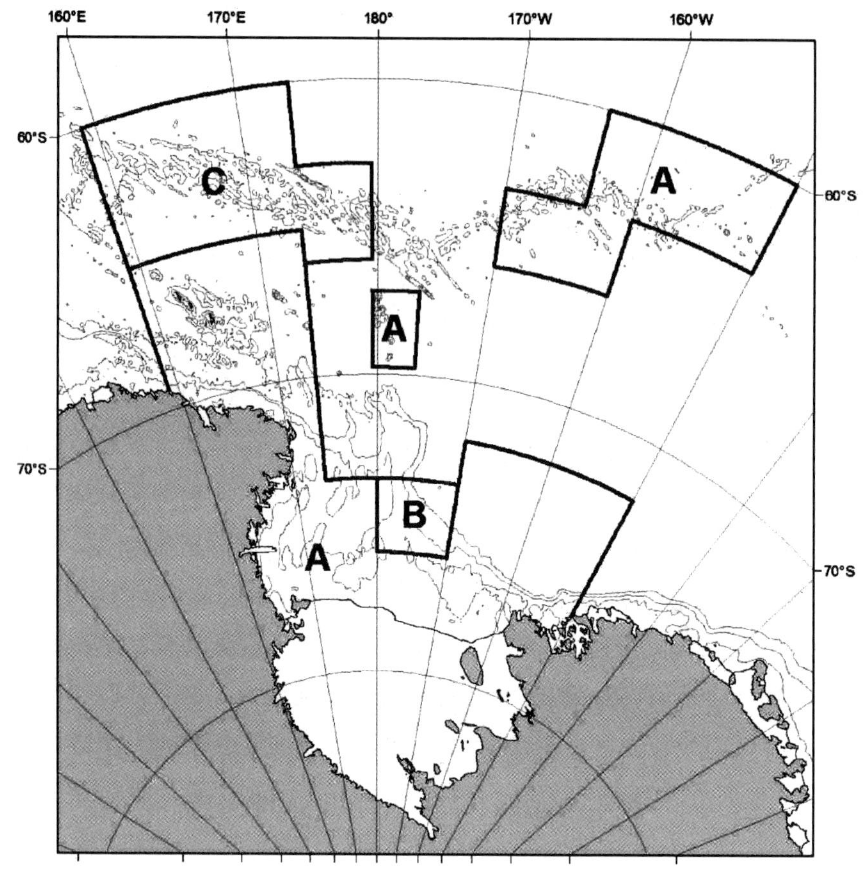

图 2　美国和新西兰罗斯海保护区联合提案①

照其国内模式与法国和欧盟共同提出了东南极海洋保护区体系提案。2011年的科委会仅仅确认澳方提案建立在“现有可得的最佳科学数据”之上，但在数据的充足性方面保留了中俄等国提出的异议，且没有明确建议建立该保护区。

在 2012 年的会议上，东南极提案因为同时提出七块较大区域组建海洋保护区系统、缺乏必要的风险分析、缺乏管理计划和科研监测计划、数据不完全等问题，受到中国、俄罗斯、乌克兰等国的质疑。（东南极海洋保护区提案区域分布见图 3）在修改过程中，澳方对保护区整体的坚持和对普利

① A 区：一般保护区；B 区：特别研究区；C 区：产卵保护区。

兹湾的重视，需要引起注意。①

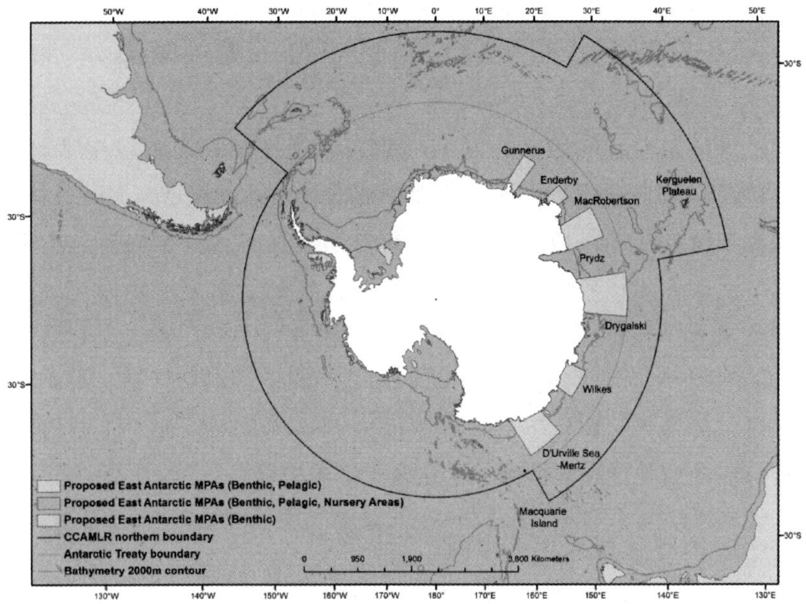

图 3　东南极海洋保护区提案区域分布

资料来源：Australian Antarctic Division, A proposal for a representative system of Marine Protected Areas in the East Antarctic planning domain, http: //www. antarctica. gov. au/law - and - treaty/ccamlr/marine - protected - areas, 2014 - 11 - 05。

东南极海洋保护区提案的总体思路是，东南极地区数据相对较少，要实现保护目的，需先在较大范围内实现保护；待数据进一步充实之后，再实施更为精确的保护。保护区选区的原则包括两个大原则和三个小原则，战略层面的大原则包括：可得的最佳科学证据（Best Scientific Evidences Available）和预防性原则（Precautionary）。在执行层面的三个小原则包括：对大区域各生态系统具有广泛代表性（Comprehensiveness）、足够大的面积（Adequacy），以及能够代表和反映每一个独特的生态系统（Representativeness）。CAMLR 规定，CCAMLR 的目标是“养护”南极海洋生物资源，“养护”一词包含“合理使用”之意。东南极提案顾及对提案覆盖区域生物资

① 该保护区系统由七块较大的海洋保护区组成，其中的三块覆盖了整个普利兹湾湾口及附近海域。会上，澳方对 McRobertson 等区域的边界有所调整，但普利兹湾地区由只保护底栖生物，变更为同时保护犬牙鱼和大磷虾等游泳生物。

源的合理使用，包括普利兹湾口北部磷虾富集区依旧开放，超过50%的地区依旧可以捕捞犬牙鱼，海洋保护区内外捕捞的数据相似。

三　保护区对科学考察活动的影响分析

南极海洋保护区的建立将深刻影响在南极海域开展的科学考察活动。通过分析CCAMLR体系内对于海洋保护区的有关管理规定，尤其是结合澳、法、欧盟东南极海洋保护区以及美、新罗斯海保护区提案内容，本文认为科学考察活动，尤其是生物资源科考活动将被置于南极海洋保护区的养护目标管理之下。根据现有的规定和提案，保护区一旦建立，无论是根据“研究和监测计划”开展的科考活动，还是生物资源科考活动，都必须符合保护区设定的目标，均处于保护区制度的严格规范和限制之下。提案对于常规科考活动的处理非常模糊，存在较大不确定性。

（一）保护区提案对各类船只的限制

罗斯海保护区提案对渔船和常规科考船的限制较多，对政府公务船没有明确的限制。

1. 罗斯海提案

提案明确提出，养护措施91－04适用于罗斯海海洋保护区提案，意味着提案中有关船只的管理措施将不适用政府公务船和战舰等军事船舶。

（1）政府公务船。

根据养护措施91－04，政府公务船在保护区内的活动不受提案的限制。但是，缔约国应确保公务船在保护区的活动“合理以及可行”①。对于我国可能存在的问题是，雪龙号极地考察船如果被定位为政府公务船，是否允许在保护区内从事常规科考活动。

（2）生物资源科考船。

涉及探捕生物资源的科研活动必须符合保护区关于该种生物资源的探捕限额，应避免在保护区内倾倒或排放废弃物以及其他物质。对于在保护区内开展南极海洋生物资源科学考察活动的船只，提案鼓励将通过保护区

① Conservation Measure 91－04，(2011) *General Framework for the Establishment of CCAMLR Marine Protected Areas*, Article 7.

的计划航线，以及船只的细节情况，包括船名、船旗国、吨位、音频和IMO编号通知秘书处。

（3）常规科考船。

提案对不从事生物资源研究的常规科考船没有明确涉及，但在行文中有所暗示，即其应符合保护区的养护目标。

（4）渔船。

提案明确规定了各区内不同渔业生产活动的种类和配额。

2. 东南极提案

提案强调，在保护区的目标能够实现的前提下，允许在保护区内开展一些特定活动。但是，为确保这些活动不会损害保护区的养护目标，需要对这些活动进行监控、限制或者禁止，得到豁免的活动除外①。

提案认为CAMLR现有的有关规定和措施对保护区的规定不够全面，有意在提案中增加内容，包括审议科考活动是否符合保护区目标的规定。这体现了突破养护措施24－01的态势。提案“保护区内的活动”一节指出，提案中所建议的程序与管理犬牙鱼探捕的养护措施21－02，以及规定科考管理措施的养护措施24－01有平行之处，但是这两项管理措施都没有涉及海洋保护区。提案中的程序包括审议建议的活动是否与保护区的价值一致②。

提案明确说明，提案为保护区的多用途管理提供依据，一些科研活动可自动不受管理措施的约束。但是，提案并没有明确哪些科研活动可不受管理措施的约束。

（1）政府公务船。

根据养护措施91－04，政府公务船在保护区内的活动不受提案的限制。但是，缔约国应确保公务船在保护区的活动“合理以及可行”③。

① Delegations of Australia, France and the European Union. *Proposal for A Conservation Measure Establishing A Representative System of Marine Protected Areas in the East Antarctica Planning Domain*, CCAMLR－XXXI/36, 8 September 2012, p. 2.

② Delegations of Australia, France and the European Union. *Proposal for A Conservation Measure Establishing A Representative System of Marine Protected Areas in the East Antarctica Planning Domain*, CCAMLR－XXXI/36, 8 September 2012, p. 3.

③ Conservation Measure 91－04, (2011) *General Framework for the Establishment of CCAMLR Marine Protected Areas*, Article 7.

（2）生物资源科考船。

在保护区“科研和监测计划”之外的研究活动应根据养护措施24－01进行管理。科考船探捕的生物资源的种类、时间和数量受到明确限制。对任何一个种群的鱼类、磷虾或底栖无脊椎动物的捕捞量不超过一吨。

（3）常规科考船。

提案对不从事生物资源研究的常规科考船没有明确涉及，但在行文中有所暗示，即其应符合保护区的养护目标。

（4）渔船。

提案规定：A. 渔船在保护区内不得从事转运活动。B. 为了监测保护区内船只交通量，通过保护区的渔船应提前将其通过计划通报给委员会，通报的内容包括船旗国的名称、吨位、IMO 编号和通行航线。C. 所有在保护区内从事经许可活动的渔船应符合“养护措施 10－02”的规定，并且需要在船上安排至少两名科学观察员，其中一名观察员应根据 CCAMLR 国际科学观察制度予以指定，并在保护区内全程在船上工作；根据“养护措施 10－04”的规定，该渔船应接入卫星自动化船舶监控系统。

（二）委员会将加强对保护区内科考活动的管控

保护区建立后，区内的科研活动将处于委员会的控制与引导之下。第一，东南极海洋保护区提案建议，科学委员会于 2015 年之前制定保护区“科研与监测计划”，并提交 CCAMLR 通过。而美新罗斯海保护区提案则建议此项工作在 2013 年前完成。为审查保护区的目标是否实现，以及在未来需要采取何种行动来实现这些目标，该“科研与监测计划”应明确规定需要进行哪些科学研究①。第二，为保护区管理所开展的优先科学研究应包括：（1）适用于评估保护区的具体目标是否实现的研究和监测活动；（2）特定活动所产生的影响，包括长期的影响等。第三，东南极提案和罗斯海提案均包括对保护区内的科考活动进行管理的内容。例如，美新罗斯海保护区提案明确提出，科学委员会负责审议在保护区内开展的科考活动是否符合保护区

---

① Delegations of Australia, France and the European Union. *Proposal for A Conservation Measure Establishing A Representative System of Marine Protected Areas in the East Antarctica Planning Domain*, CCAMLR-XXXI/36, 8 September 2012, pp. 11－12.

的目标。两份建议均要求，根据保护区“科研与监测计划”所开展的科考活动必须向 CCAMLR 秘书处提交报告。

在不损害保护区目标的前提下，成员国可以自主开展科学考察活动。如果进行生物资源考察，生物捕捞量不得超过规定的配额，否则不得进行此类研究。提案对磷虾、犬牙鱼等生物物种设定了明确的捕捞配额量。此项建议一旦通过，则意味着对于保护区内生物资源的科考活动将处于保护区制度的严格规范之下。

（三）保护区内开展的活动处于保护区目标的限制之下

保护区提案建议，在不影响实现保护区目标的前提下，仍然允许在保护区内开展一些在一定强度范围内的活动。为了与保护区的目标相一致，除非得到豁免，保护区内的所有活动都将受到监测、限制或者禁止。

（四）海洋保护区提案对常规科研活动的规定比较模糊

澳、法、欧盟东南极海洋保护区提案以及美新罗斯海保护区提案对于各国常规科研活动的规定均比较模糊，仅提及“一些科研活动可自动不受本措施的约束”。在强调区内科考活动应符合保护区目标的同时，对区域内鼓励开展的科研活动设立了制度和程序上的限制，对其他类型的科考活动无明确提及。两个提案对于成员国开展的常规科研活动规定模糊，但不难看出对这些活动进行限制的意图。

（五）对科考活动的影响存在不确定性

“管理计划”是保护区管理的依据和基础，应包括保护区内活动的详细报告要求，以及批准、审议、活动的取缔等程序等①。但在澳、法、欧盟东南极海洋保护区提案中，“管理计划”尚未制订，计划于 2015 年之前制订，滞后于设立保护区的计划。这样的后果是 CCAMLR 完全掌握对科考活动进行管理和限制的主动权。

---

① Delegations of Australia, France and the European Union. *Proposal for A Conservation Measure Establishing A Representative System of Marine Protected Areas in the East Antarctica Planning Domain*, Page 3.

四　南极保护区提案国动机分析

不可否认，海洋保护区是保护生物多样性、生态系统和环境的有效途径，并且有助于环境应对气候变化[①]。但是，美国和澳大利亚等西方国家和组织推动设立南极保护区的深层次政治和战略考量值得我们警惕。

海洋强国通过推动设立公海保护区限制其他国家在该海域开展科学研究和资源勘探等活动，从而保持本国对该海域的认知优势，保护本国业已获得的利益[②]。而且，在南极海域，海洋保护区的提案国建议设立保护区的区域多是相关领土所在区域。

欧盟、澳大利亚等一直是公海保护区建设的积极推动者。2000～2003年，澳大利亚在联大“海洋和海洋法问题”决议非正式磋商进程会议上连续提出了有关养护国家管辖范围以外海洋生物多样性的提案，并推动对该问题的讨论。此举得到欧盟等的积极呼应。为推动公海保护区的建设进程，欧盟2006年提议制定《公约》的第三部执行协定，重点规定在公海建立海洋保护区的问题。该提议得到澳大利亚、新西兰、加拿大等多个国家的积极响应。[③] 为推动南极海洋保护区的建立，美国、澳大利亚、法国、新西兰和欧盟等做了大量的准备工作，进行海洋学、生物、生态学和气候等方面的科学调查。在获取科学数据的基础上，美国等国与CCAMLR、科学委员会、各缔约国代表团和国际环境组织等进行了广泛的磋商和讨论，最后根据CCAMLR的相关规则和规定，形成了提案文本。

从政治角度分析，通过分析提案的内容后初步认为，以美国为首的西方发达国家和相关组织推动建立南极海洋保护区的动机包括：第一，试图

---

① Dudley, N., Stolton, S., Belokurov, A., Krueger, L., Lopoukhine, N., Mackinnon, K., Sandwith, T., Sekkhran, N. (Eds.), 2010. Natural Solutions: Protected Areas Helping People Cope with Climate Change. IUCN-WCPA, TNC, UNDP, WCS, The World Bank, and WWF; Gland, Switzerland/Washington, DC/New York. Quoted from Van Lavieren, H., Klaus, R. An Effective Regional Marine Protected Area Network for the ROPME Sea Area: Unrealisticvision or Realistic Possibility? Mar. Pollut. Bull. (2012), http://dx.doi.org/10.1016/j.marpolbul.2012.09.004, p. 1.

② 丘君、陈利顶：《新海洋圈地运动的思考及其应对策略》，第七届中国生态健康论坛论文，海口，2011。

③ 丘君、陈利顶：《新海洋圈地运动的思考及其应对策略》，第七届中国生态健康论坛论文，海口，2011。

利用其强大的科研实力和在 CCAMLR 的强势地位，以建立封闭的保护区为名，通过操控 CCAMLR，加强对南极海域的控制，从科研、渔业和旅游等方面对其他国家的活动逐步予以限制和控制；第二，为争夺南极领土和海域做准备。

五　对我国的影响分析[①]

随着 CCAMLR 对海洋保护区工作的着力推动，越来越多的国家和国际组织开始关注此问题，并在海洋、生物、地理等方面展开了实质性的科学调查和管理文件起草等行动。澳大利亚提出的东南极海洋保护区系统的提案，阿根廷、英国、美国等国关注的在西南极半岛周围的威德尔海、斯科舍海以及南极半岛以西海域等区域设立海洋保护区的计划，对我国极地科考和渔业资源利用的潜在影响较大，应当引起我们的高度关注和警惕。罗斯海区域海洋保护区的设立对我国的意义不只在于其保护区域的广大和对我国渔业的潜在影响，更为重要的是，该提案一旦通过，将会为 CCAMLR 根据所谓的广泛性、充裕性、代表性方法设立大型海洋保护区网络系统确定先例。[②] 海洋保护区的发展将不可避免地对我国在南极条约地区的权益造成现实和潜在的影响。

（一）影响我国在南极战略空间的拓展

南极条约地区的陆地面积只有 1400 万平方公里，而海洋面积约有 3800 万平方公里。争取和扩大我国在南极的实质存在不应当只重视陆地而忽略海洋。海洋保护区是体现国家在南大洋实质存在的重要法律工具，是强化我国在南极条约地区的实质存在的有效途径，利于增强发言权和参与权。如果任由其他国家和国际组织设立海洋保护区而不参与、不干预，则我国在南极的战略空间和法律空间都可能受到压缩和削弱。

推动海洋保护区比较活跃的国家主要是美国、英国、澳大利亚、新西兰等传统海上强国或者有地缘便利的国家。应当结合我国实际力量和国情，

---

① 本部分内容主要参考了国家海洋局极地考察办公室提供的工作报告，在此表示衷心感谢。

② 国家海洋局极地考察办公室国际处：《南极海洋生物资源养护委员会海洋保护区研讨会会议报告》（内部资料），2011 年 9 月 17 日。

及早确定我国战略和对策。

（二）影响我国南极海域科研活动的开展

根据现有的规定和提案，保护区一旦建立，无论是根据“科研与监测计划”开展的科考活动，还是常规科考活动，都必须符合保护区设定的目标，均处于保护区制度的严格规范和限制之下。

从表面上看，公海保护区对公海自由的限制适用于所有国家，各国在这个问题上是平等的。进一步分析可以发现，公海保护区对各国的影响并不相同。以科学研究为例，作为保护公海的必要手段，在公海保护区内开展的科研活动必须遵守比其他公海区域更为严格的生态环境保护准则，这相当于为进入公海保护区的科学研究设定门槛。发达国家较早开始了对公海各类海洋生态系统的研究，已经完成了大量的调查，获得了大批科学数据和样品；而由于资金不足和技术落后等限制，包括中国在内的发展中国家的相关研究尚未开展或严重不足。在这种背景下，建立公海保护区对已经取得研究优势的发达国家影响很小，但是对尚未开展相关研究的国家影响很大。过早建立公海保护区将限制我国在公海的科学研究活动，并且巩固先前进入的发达国家所拥有的认知和资源开发优势。① 在南极海域尤其如此。我国目前在南极海域所开展的科研活动较少，科学数据不足。

（三）影响我国的渔业利益

南大洋的生物资源是目前南极条约地区少数能够开发利用的重要资源之一，我国已经开始进入南极渔业探捕开发领域。海洋保护区制度的发展将对我国在南极未来的渔业利益造成潜在影响。

---

① 丘君、陈利顶：《新海洋圈地运动的思考及其应对策略》，第七届中国生态健康论坛论文，海口，2011。

论罗斯海保护区提案的发展趋势和我国的应对*

郑　雷**

【内容摘要】 罗斯海被称为“最后的海洋”，美国和新西兰2013年抛出了罗斯海保护区提案，提案中提出了保护的目标、区域、相关组织机构的职责、生效期间、合作监管等多方面的内容，该提案可能是未来罗斯海议题的风向标，有重要的理论和现实意义。罗斯海保护区提案中有部分内容对加入国有强制性义务要求，其保护效力较强，保护周期较长，我国应结合自己的国家利益加以应对。

一　罗斯海保护区提案的背景

罗斯海（Ross Sea）是南太平洋深入南极洲的大海湾，位于罗斯陆缘冰之北，维多利亚地与玛丽伯德地之间，西经158°至东经170°，由詹姆斯·罗斯于1841年发现。罗斯海的西部有罗斯岛和伊里布斯山，东部有罗斯福岛。面积约96万平方公里，全年覆盖有冰层，多冰山。[①] 在当今全球海域鱼类大量减少的背景下，罗斯海是罕有的生态环境还没有受到人类活动大规模破坏、海洋生物链保存完整的地方，因此罗斯海被称为“最后的海洋”（the Last Ocean）。目前在罗斯海地区保存了九大迁移类掠食性动物，包括阿黛利企鹅（占全球总数量的38%，约有300万只）、帝企鹅（占全球总数

* 在2014年召开的第33届CCAMLR年会上，由美国和新西兰联合提交的罗斯海保护区提案未获通过。——编者注

** 郑雷，法学博士，华东政法大学国际航运法律学院讲师。

① 维基百科：《罗斯海》，http：//zh. wikipedia. org/wiki/% E7% BD% 97% E6% 96% AF% E6% B5% B7，2013 - 10 - 10。

量 26%）、明克鲸（占全球总数量 6%）、C 型虎鲸（占全球总数量 50%）、食蟹海豹、豹海豹、威德尔海豹（占全球总数量 45%）、雪燕和南极海燕（占全球总数量 30%）[①]。

南极犬牙鱼（Antarctic toothfish）和罗斯海逆戟鲸（Ross Sea orca）是罗斯海极为珍稀的生物，它们都生活在寒冷的深水水域，体长可达 2 米以上。这两种鱼特别是南极犬牙鱼由于渔业公司的滥捕数量急剧减少，1996 年以来，不同国家的渔船来到罗斯海，每年从罗斯海捕获的南极犬牙鱼有 3000 吨。新西兰占据了南极犬牙鱼市场的最大份额，每年进账可达 2000 万 ~ 3000 万美元。而犬牙鱼是罗斯海食物链中重要的一环，缺少了它，小型鱼类数量会剧增，珊瑚礁、海藻等将面临灾难，整个海洋生态系统也将失去平衡。

鉴于罗斯海在海洋生态环境和科研考察中的重要性，2013 年 3 月 18 日国家地理协会在华盛顿举行招待会，美国国务卿克里和新西兰驻美大使莫尔等分别讲话，正式推出了新西兰与美国设立罗斯海地区海洋保护区的提案。美国与澳大利亚、新西兰一道支持建立该保护区。[②] 这一提案已经提交“南极海洋生物资源养护委员会”（Commission for the Conservation of Antarctic Marine Living Resources，以下简称委员会）[③]。

罗斯海保护区提案推出后，国际社会反应不一，2013 年 7 月 16 日德国不来梅哈芬海港委员会特殊会议闭幕，会上对罗斯海提案进行了审议表决，由于俄罗斯的强烈反对，罗斯海保护区的提案流产，俄罗斯质疑的重点是罗斯海保护区提案中的强制性保护义务在国际法上的合法性。[④] 虽然罗斯海保护区提案暂时流产了，但是鉴于西方国家和许多国际环保组织支持该提案，该提案很可能成为未来罗斯海保护区设立的风向标，因此加强对该提案内容的研究是未来极地环境研究的重要议题。

---

① 美国驻华大使馆发展处：《保护罗斯海——人类“最后的海洋”》，http：//site. douban. com/119254/widget/notes/3502751/note/268560106/。

② 《美国支持在南极建立海洋保护区》，http：//blog. sina. com. cn/s/blog_ 67f297b00102e9mo. html。

③ 这个机构是根据国际协议于 1982 年成立的，其职能是监督该地区的环境管理。有 25 个国家参与委员会管理生态系统的活动，在允许进行一些商业活动的同时保护海洋生物，中国也是成员国。

④ 《罗斯海保护区计划流产》，http：//news. beelink. com/html/201307/content_ 46210. htm。

二 罗斯海保护区提案的主要内容分析

（一）罗斯海保护区的主要目标

根据新西兰和美国提案中的说明，设立罗斯海保护区有以下目的：①（1）保护罗斯海地区的生物结构和生态功能，通过保护栖息地，对当地的哺乳动物、鸟类、鱼类和无脊椎动物进行必要的保护；（2）提供濒危鱼类种群的研究对象所在地，更好地研究气候变化对鱼类生态效应的影响，提供更好的研究南极海洋生物系统的机会；（3）提供更好的研究海洋生物资源的机会；（4）为底栖和浮游海洋环境中的具有代表性的部分提供保护；（5）作为大规模的生态系统对其生产力和生态系统的完整性提供特殊保护；（6）保护陆上食物链顶端的掠食者或鱼类顶端的掠食者；（7）保护海岸中具有特殊生态价值的部分；（8）对南极犬牙鱼的栖息地提供特殊保护；（9）保护罕见的或脆弱的底栖生物的栖息地。

提案也注意到了其他国家在罗斯海中存在渔业、海洋研究、数据收集、渔业管理等多方面的利益，努力在科学研究、海洋生物资源保护和国家渔业利益之间进行平衡。在一般保护区之外的犬牙鱼捕捞是允许的，包括环绕莫森海岸和艾斯林海岸的主要历史性渔业地区②。

虽然罗斯海保护区的提案无意于减少犬牙鱼或其他鱼类的捕捞量，但是为了防止因为罗斯海保护区的设立而增加其他海区犬牙鱼的捕捞量，2014年12月1日罗斯海保护区一旦设立后，提案的41－09和41－10号措施也会随即生效，这些措施将会限制550米深88.1，88.2A和88.2B分区的捕捞。对罗斯海犬牙鱼捕捞量的再分配需要鱼类资源评估工作组（Working Group on Fish Stock Assessment）和科学委员会提出建议，并于2014年交委员会审议。

（二）罗斯海保护区的主要内容

1. 罗斯海保护区保护的主要区域

为了维持科学研究、生态系统保护和渔业利益在罗斯海保护区的平衡，

① A Proposal for the Establishment of A Ross Sea Region Marine Protected Area, 31 May 2013, pp. 3－4.

② A Proposal for the Establishment of A Ross Sea Region Marine Protected Area, 31 May 2013, p. 4.

罗斯海保护区共分为三个区域:[①] 一般保护区(the General Protection Zone),特别研究区(the Special Research Zone)和产卵保护区(the Spawning Protection Zone)。在所有区域内进行鱼类研究都是允许的(根据24-01条保留措施),如果因为研究而进行的捕鱼量超过了50吨或超过了附件24-01/B规定的量,则需要委员会根据科学委员会的建议决定是否可行。

(1)一般保护区。

在一般保护区里一般只允许从事鱼类研究活动,并且一般保护区的设立目的与提案第5项中养护和研究目的相同。

(2)特别研究区。

特别研究区的设立为委员会提供了增进科学理解气候变化和鱼类生态系统之间的关系和科学管理犬牙鱼的机会。根据41-09条措施,直接对犬牙鱼的捕捞量应该限定在每个固定的捕鱼期间1450吨。建议在特别研究区限定捕鱼量的目的在于:[②] 第一,维持现有的犬牙鱼拖带项目的连续性和完整性,第二,保证莫森海岸和艾斯林海岸的主要捕鱼区和轻钓区之间生态系统的对比和发展。在拖带项目中,拖带捕获的犬牙鱼会被放生,并根据每条犬牙鱼被重复捕获的概率来确定种群数量。拖带项目同样能确定犬牙鱼的生长率、移动方式和生活方式。

提案设计的目的之一是根据捕鱼季海洋冰冻情况的不同确定渔船的作业周期。确定每一个捕鱼季的限量和总量能够最大程度减少重复捕捞、重复放养的可能性。

(3)产卵保护区。

在产卵保护区内,根据41-09条措施,成员国可以在12月1日至次年3月31日直接捕获犬牙鱼。其他禁渔时间则是犬牙鱼的产卵期。通过在当地夏季渔期内允许捕鱼,能够补偿对一般保护区禁渔的限制,从而产生替代效应。设立产卵保护区主要是为了渔业管理、研究和监察,产卵保护区内一旦实施禁渔,则只有研究活动才被允许。

根据91-04条保留措施,建议中包含对一般保护区的管理计划和其他为了实现科学研究和监管的一系列措施。这些研究和监管措施中优先考虑

---

① A Proposal for the Establishment of A Ross Sea Region Marine Protected Area, 31 May 2013, pp. 4-5.

② A Proposal for the Establishment of A Ross Sea Region Marine Protected Area, 31 May 2013, p. 5.

的目标是确定当前状况对既定目标的完成度。一旦罗斯海保护区议案通过，委员会将根据科学委员会的建议确定一项更具体的研究和监察计划，这项研究和监察计划将作为议案的一部分在 2014 年 12 月 1 日生效。

除非得到授权，在罗斯海保护区中所有的捕鱼活动是禁止的。成员国可以根据 24 - 01 条措施从事研究活动，除非在研究中的捕鱼量超过了 24 - 01/B 条规定的限制。鼓励成员国从事符合附件 91 - XX/C 的研究活动。

成员国在满足 41 - 09 条保留措施规定的情况下可以在特别研究区直接捕捞犬牙鱼：[①] 第一，对犬牙鱼的捕捞总量在 2014 年起到 2015 年的五个捕鱼季中不能超过 1450 吨；第二，对犬牙鱼的单个捕鱼季的捕捞量不能超过 500 吨；第三，对犬牙鱼任何一次捕捞都会被计入年度捕捞限量中；第四，在特别研究区对其他鱼类的捕捞应该按照每三吨中就有一吨犬牙鱼进行计算；第五，如果在任何五个捕鱼季中犬牙鱼的捕捞量超过了 1450 吨，超出的部分将在接下来的五个捕鱼季中扣除。

成员国在满足 41 - 09 条保留措施的情况下能够在产卵区内直接捕捞犬牙鱼，但是捕鱼期间仅限于 12 月 1 日至次年 3 月 31 日。捕捞总量会被当作年捕捞量限制的一个参考因素，并应遵循 41 - 09 条措施中 SSRUs 88.1A、B、C 和 G 部分的规定。

在罗斯海保护区中从事科学研究的渔船不能违反倾倒废弃物和其他有害物质的规定。不管 10 - 09 条规定如何，渔船不能在罗斯海保护区从事转船活动，除非是为了应对紧急情况，如为了海上人命安全或海上搜救。

2. 管理和行政安排

罗斯海保护区的具体目标、地标和区域，管理措施和行政安排都体现在罗斯海保护区管理计划中（附件 91 - XX/B）。委员会在考虑科学委员会合理化建议的基础上可以在任何时候修改保留措施和附件的内容。

除非另有协议，委员会应该至少每十年一次对罗斯海保护区设立目标的完成情况进行评估，这项评估一般在科学委员会根据第 18 段的要求提交相应的报告基础上进行。

委员会的成员国应该向其本国在罗斯海作业的渔船提供一份保留措施

---

① A Proposal for the Establishment of A Ross Sea Region Marine Protected Area, 31 May 2013, p. 5.

的复印件。委员会应该在2064年重新通过决议确定罗斯海保护区的成立或建立新的保护区。在新决议达成前原提案一直生效。

委员会的职责包括：（1）考虑与建立罗斯海保护区保留措施相关的评审和建议；（2）保证未来的保留措施与第2项的目标相一致；（3）与其他国际组织合作，推进建立在其他组织职权内与罗斯海保护区目标一致的相关条约或协定；（4）对罗斯海保护区中正当的科学研究活动进行授权。[①]

科学委员会的职责包括：（1）根据第5项保留措施的规定，审查和向委员会提供建议，建议的内容包括相关的研究活动是否符合附件91－XX/C和罗斯海保护区的设定目的；（2）根据第18段保留措施的规定，审查成员国每五年向秘书处提交一次的报告，并向委员会提供解决附件91－XX/C有关争议的建议；（3）对在特别研究区进行的犬牙鱼拖捞项目开展评估，并审查根据保留措施24－01开展的任何研究计划。[②]

秘书处的职责包括：（1）管理相关的信息和数据；（2）帮助成员国开展监测工作和遵守罗斯海保护区的规定；（3）提供秘书处的网址链接到相关的管理计划、地图和与邻近南极特别保护区、南极特别管理区的合作。[③]

成员国的职责包括：（1）在条件允许的情况下，参加和开展与罗斯海保护区规定相符的研究和监测活动；（2）向秘书处提交第18段保留措施规定的报告。[④]

3. 遵守和监察

提案鼓励委员会成员国就罗斯海保护区的所有活动和执行情况采取相应的监察和监督措施。为了监督罗斯海保护区的交通情况，根据10－04条措施，船旗国应该在其船舶进入罗斯海保护区前通知秘书处。鼓励在罗斯海保护区从事科学研究的船舶向秘书处通报它们的穿行计划，船舶的具体信息包括船名、船旗国、型号、广播呼叫波段和船舶在国际海事组织的登记号。

---

① A Proposal for the Establishment of A Ross Sea Region Marine Protected Area, 31 May 2013, p. 15.

② A Proposal for the Establishment of A Ross Sea Region Marine Protected Area, 31 May 2013, pp. 15－16.

③ A Proposal for the Establishment of A Ross Sea Region Marine Protected Area, 31 May 2013, p. 16.

④ A Proposal for the Establishment of A Ross Sea Region Marine Protected Area, 31 May 2013, p. 16.

4. 研究和监测计划

可以在附件 91 – XX/C 查找到研究和监管计划的优先考虑因素。在优先考虑因素的基础上，应该在 2013 年提交一份详细的研究和监测计划给委员会。

除非委员会另有协议，成员国应该向秘书处提交一份科学委员会审议过的报告，报告的内容包括它们所从事的符合研究和监测计划的所有活动，包括成效。这些报告应该在 2019 年之前提交给秘书处并每五年更新一次。秘书处应该在收到报告后六个月内提交给科学委员会审议。

5. 与其他国家和组织的合作

委员会应该起草条约的保留措施以适用于非成员国在罗斯海作业的政府和商业船舶。委员会应该向南极条约协商会议积极通报信息。鼓励南极条约协商会议在其职责范围内采取任何有利于提案第 2 项保护目标的任何措施，特别是在罗斯海保护区设定类似南极特别保护区和南极特别管理区的区域，对人类活动尤其是旅客活动进行管理。

提案鼓励成员国和国际海事组织或其他国际组织就船舶交通、船舶安全和环境争议采取补充性的、有助于第 2 项目标实现的事项进行协作。

6. 附件 91 – XX/B 的主要内容：罗斯海保护区管理计划

罗斯海保护区管理计划进一步细化了第 2 段中对目标的说明，及实现目标的管理和安排计划。

具体计划包括：

（1）保护罗斯海的生态机构和功能，保护栖息地，保护重要的动物，禁止钓鱼，禁止捕猎鸟类和无脊椎动物；

（2）提供一个有限的捕鱼参考区域，为了更好地平衡气候变化和捕鱼之间的关系，提供更好的理解南极海洋生态系统的机会；

（3）促进对海洋生物资源的研究和监测等科学活动（例如，为附件 91 – XX/C 提供一个可行的指导性文件，这份文件由科学家利用自筹资金完成）；

（4）将罗斯海作为底栖和浮游海洋环境的样本进行保护；

（5）保护大规模生态系统中负责生产和功能完整性机能的部分，具体包括：罗斯海大陆架前方交会的季节性冰；极地边缘；南极巴勒尼群岛附近区域，罗斯海冰间湖的冰边区域；罗斯海东部的多年冰区；

（6）保护生物链中的营养来源核心物种，具体包括：南极磷虾，晶磷虾和南极银鱼；

（7）保护食物链顶端的陆上掠食者或者那些可能因捕鱼而受到损害的处于食物链顶端的生物，具体包括：阿黛利企鹅，帝企鹅，威德尔海豹和C型虎鲸；

（8）保护具有生物重要性的特定沿海区域，具体包括：南罗斯海大陆架常年存在的冰间湖，沿海间歇性存在的冰间湖，特拉诺瓦湾，维多利亚海岸平原冰的形成区，彭内尔海岸冰间湖；

（9）保护犬牙鱼生活区中重要的区域，具体包括：亚成熟犬牙鱼在罗斯海大陆架的定居区域，成熟犬牙鱼的活动通道，成年犬牙鱼的觅食区，犬牙鱼产卵的西北区域，犬牙鱼产卵的东北区域；

（10）保护已知的稀有的或脆弱的底栖生物的环境部分，具体包括：巴勒尼群岛和相邻的海山，金钟海山，阿代尔角边坡，东南罗斯海坡，麦克默多海峡，史葛海山和相邻的水下区域。

7. 附件91-XX/C的主要内容：罗斯海保护区中开展研究和监测需要优先考虑的因素

这个附件主要用来评估相关的研究在多大程度上完成了罗斯海保护区设定的目的，如果其他研究活动与罗斯海设定的目标一致且没有被明确排除，则应该是允许的。

（1）研究和监测计划应该与下面的问题相回应：罗斯海保护区能够足够保护相关需要保护种群和重点区域吗？栖息地在生态系统中的作用是什么，它的对种群的形成过程、种群数量和其生命历史阶段的作用和其他作用是什么？捕鱼、气候变化、环境变异或其他影响对罗斯海保护区的潜在影响有多大？罗斯海保护区内的海洋生态系统和结构是否有差别，保护区内与保护区外是否有差别，或者罗斯海保护区内的种群数量和罗斯海保护区外种群是否有差异？

（2）罗斯海保护区的目标可分为三大类：代表性，减轻威胁和科学研究区域。围绕这三方面的研究应该致力于：①代表性——研究和监测罗斯海保护区的设立是否能够保护罗斯海地区足够多的底栖和浮游环境；②减轻威胁——研究和监测评估在何种程度上达到了罗斯海保护区设定的减少相关威胁的目的，并确定哪些地点不宜开发；③科学研究区域——提供南极海洋生态系统中免受人类活动影响的研究范本，观测捕鱼、气候和环境变异对南极海洋生物资源的影响。

（3）研究和监测计划将会分区域进行，分别是：罗斯海大陆架，罗斯海大陆坡，巴勒尼群岛及其附近区域，以及罗斯海北部区域和海山。

（4）优先性的监测和研究计划，鼓励成员国尽快开展。

（5）科学委员会对研究和监测活动的效果进行评估并向委员会提供以下方面的建议：在何种程度上实现了罗斯海保护区的具体目标；各区域完成具体目标的状况；哪些管理行动有助于促进罗斯海保护区设定目的的实现。

三 关于罗斯海保护区设立各国立场和政策分析

新西兰和美国十分积极推进罗斯海保护区的设立，2013 年罗斯海保护区提案就源于这两个国家的提议。国际社会对这份提案的反应不一。其中美国和新西兰最为积极，新西兰报道称中国和韩国对该提案持支持态度①，但是俄罗斯明确持反对立场。俄罗斯反对的理由是，既然国际法中没有为这片海域提供特殊的保护，那么现在就没有必要为各国增加新的国际义务，而且俄罗斯认为罗斯海保护区的设立是在美国主导下建立的，可能会削弱俄罗斯在其中的话语权。2013 年 7 月 16 日委员会特殊会议上的审议是从 2012 年 11 月以来委员会第二次审议关于在南极东岸以及罗斯海建立世界上最大海洋生物保护区的建议。委员会所有成员国必须达成一致才能通过某一决定。俄罗斯再次反对这一倡议。持反对意见的还有乌克兰。

之所以积极推进设立罗斯海保护区和推进相关的谈判，美国的政治动因在于：（1）通过推动罗斯海保护区的谈判，主导罗斯海保护区的设立，借罗斯海的环境监控，加强美国对罗斯海的控制，强化美国在罗斯海保护区的立场；（2）缓解国内环保组织的压力，奥巴马上台后一直在推行新能源政策和加强环保方面的政策，加之美国环保组织在国内的游说和推动，美国在推进海洋开发和海洋环保之间在当前的情况下选择了后者，以兑现

① http：//mfat. govt. nz/ross-sea-mpa/tabs/process. php.

其对国内环保组织的政治承诺[1]；(3) 冻结其他国家对罗斯海渔业资源和其他海洋资源的要求，如果提案通过，设立罗斯海保护区能够在相当程度上冻结其他国家对罗斯海海洋生物资源的开采要求，从而在美国当前不过度开发罗斯海渔业资源的情况下，防止其他国家开发罗斯海的海洋资源[2]；(4) 防止罗斯海沦落为无人监管的“公共草地”，一些海洋由于没有设立保护区，相关的渔业资源被各国盲目无序开采，造成渔业资源的枯竭，目前罗斯海已有渔业枯竭的趋势，美国担心罗斯海也会出现“公共草地”的悲剧，所以提前下手，防止各国在罗斯海采取竞争性和掠夺性的开采措施。

新西兰积极推进罗斯海保护区的政治动因：(1) 新西兰通过推进罗斯海保护区，希望强化新西兰对罗斯海的地缘政治优势，在未来罗斯海的管理中占有一席之地；(2) 新西兰是小国，必须积极拉拢美国强化罗斯海保护区的设立，以早日设立罗斯海保护区；(3) 新西兰希望通过罗斯海保护区的设立，实现对渔业资源的养护，确保罗斯海的长期健康开发。

俄罗斯反对罗斯海保护区的政治动因：(1) 俄罗斯没有对海洋资源保护的迫切需求，海洋环保不是俄罗斯当前政策的重点，维持罗斯海公海的地位更符合俄罗斯的利益。(2) 由于提案是美国和新西兰提出的，俄罗斯不想被美国牵着走，而且提案中没有提及俄罗斯有权参与对罗斯海的管理，因此俄罗斯对此并不“感冒”。俄罗斯国际法协会副主席奥列格·赫雷斯托夫就此评论道：“委员会、所有成员国的任务是要找到一种合理且能被各成员国接受的决定。不能允许通过那些不考虑其他国家利益的单方面措施。既然俄罗斯、乌克兰以及许多其他国家反对，那么看来就该向它们证明这一主张的合理性。而且在提出该主张的国家名单中，无论是新西兰还是美国都没在那里从事捕捞业。从捕捞业角度看，南极的这个地区对它们来说无关紧要。”[3] 俄罗斯代表团还提出了一个妥协方案——在第一阶段把罗斯海水域变成“科研”区。然后在后续阶段再另行制定和实施有关在该地区捕捞海洋生物资源的法律文件。

罗斯海保护区提案中对我国新增的要求有：(1) 捕鱼限制；(2) 报告义

---

① 沈鹏：《美国的极地资源开发政策考察》，《国际政治研究》2012年第1期。

② 沈鹏：《美国的极地资源开发政策考察》，《国际政治研究》2012年第1期。

③ 《俄罗斯反对在南极罗斯海建立保护区》，http：//radiovr. com. cn/2013_ 07_ 17/228482257/。

务，每五年一次的报告义务，报告须由科学委员会审议通过；（3）通航限制；（4）较长时间禁止在罗斯海地区开展相关的商业开发活动。

四 罗斯海保护区与我国的利益和应对措施

在未来我国参与罗斯海的谈判中，有以下几点因素需要重点关注。

（一）中国国家利益的把握

一方面中国作为负责任的大国需要关注全球环境的保护，推动相关环境条约的进展，另一方面我国必须算好相关环境条约背后的经济账，我国需要为相关环境条约承担多少国际义务，这些国际义务是否与我国当前的需要相悖，如果暂时无法把握我国利益的偏重，则应该在条约中减少硬性义务，设立相应的观察期和缓冲期条款，待条约适用一段时间影响逐步显现后再做判断。但从罗斯海保护区的提案来看，罗斯海保护区的保护周期是非常长的，而且在新的条约没有达成以前，罗斯海保护区的保护范围和义务将会一直有效，这对我国的远洋捕鱼业和航运自由将会是非常严格的限制。在谈判中我国可以考虑将罗斯海保护区的保护期缩短，并规定在期满后除非达成新的一致，罗斯海保护区的成立应该得到国际社会新的授权。

（二）中国国家利益的维护

我国一方面需要保证在罗斯海保护区谈判中做到足够的参与，不被其他国家排除在外；另一方面需要在罗斯海保护区的设立中切实维护我国的国家利益。我国在罗斯海保护区中的环境利益可能是渐进与长期的，也可能是并不与我国直接相关的，但是我国在罗斯海保护区有着直接的航运、科研和远洋渔业等方面的利益，这都需要在谈判中加以维护。其中航运利益在于未来罗斯海设立保护区后，我国相关公务船和商船是否还有航运自由；科研利益在于我国的相关科考船能否在这片海域执行科考任务；远洋渔业利益在于如何对罗斯海保护区进行养护，尽快促进罗斯海相关渔业种群的恢复，我国有必要参与主导渔业恢复方案的设定，当渔业种群恢复后，各国的捕鱼份额如何分配，能否保证我国远洋渔业的相应份额，是谈判中必须注意的问题，具体份额的分配方法可以提议按照一国渔业进口消费的份额或是远洋渔船的捕捞量两种间较大的分配法进行确定。但是提案没有提及罗斯海保护区恢复后渔业资源再分配的问题。

（三）罗斯海保护区提案在未来的生效前景

目前罗斯海保护区提案遭遇了挫折，并非所有的国家都支持该提案的通过，那么在未来该提案是否能够顺利通过呢？首先，从表决机制上看该提案是否能够生效取决于委员会中所有成员国的一致同意，但取得一致同意的难度很大。虽然环境保护成为各国外交政策的一个重要考虑内容，但是保护什么和保护力度各国的偏重不一，并非所有国家对罗斯海保护区都有急切的保护需求，考虑到该提案的通过需要委员会成员国的一致通过，提案在未来通过的难度很大。其次，从提案内容上看，罗斯海保护区的保护力度较强，硬性义务较多，这也导致部分国家对提案的内容持怀疑甚至抵触态度，在未来如果提案不对硬性义务和保护周期等方面做软化处理，则很难取得所有国家的一致同意，也许缩短保护周期，减少硬性义务的规定是保证提案获得通过的更现实的选择。

（四）规则的适用问题

罗斯海保护区通过后如果中国不加入保护区规则，是否会使中国被动适用保护区规则。罗斯海保护区提案提及了一旦罗斯海保护区设立，那么对于不是罗斯海保护区的成员国有着同样遵守罗斯海保护区规则的后续规定，如果这个条款成立，则对于非成员国存在着被动适用的风险。但是从国际法的角度讲，一般国际条约的生效和适用都需要以国家的同意为条件，如果一些公约和规则非经国家同意而适用，则应是普遍性义务或强行法。但从目前情况看，罗斯海保护区提案并不属于强行法或普遍性义务的范畴。而且判断一项条约是否为强制执行性条约的一个标准是规定了严厉的和刚性的惩罚机制和相应的监督机关，但罗斯海保护区目前提案没有提及惩罚性机制，监督机关是存在的（委员会）。提案对委员会的职权有较为详细的设想，但委员会的构成和权力分配规则远称不上完善（这可以与 WTO 和国际海事组织相对照），因此要求非成员国也遵守罗斯海保护区规则的困难是相当大的，除非主要的大国将罗斯海保护区的保护规则上升为普遍性义务和强行法，但这有赖于各大国的态度和谈判的进程。

（五）保护区的期限和范围问题

罗斯海保护区的保护期和保护范围是否过长，过大？从罗斯海保护区提案的保护范围来看，保护的范围是非常广的，涵盖了生物资源、海洋环境等多个方面的内容，如果相关的科学评估准确，则对当前罗斯海的保护是非常必要的。但是提案中罗斯海保护区的保护周期是非常长的，直到2064年，并且保护周期条款在新的条约出现以前会一直生效，可以说，罗斯海保护区一旦设立则可能永久存在。保护区一旦设立，将可能使各国永久性地禁止开发罗斯海，我国有必要仔细斟酌利害关系再做决断。如果想改变该条，则应该在谈判中减少其保护期限，规定除非在保护期过后达成新的条约，否则罗斯海保护区失效。

南极生物资源开发与养护法律问题研究

付　玉*

【内容摘要】 在南极条约体系内已形成了完善的生物资源开发与养护法律制度。1991年《关于环境保护的南极条约议定书》将南极指定为“自然保护区”，实行严格的南极生态环境保护规定。《保护南极动植物议定措施》、《南极海豹保护公约》、《南极海洋生物资源养护公约》和《关于环境保护的南极条约议定书》及其附件等法律文件构成南极生物资源开发与养护的制度框架，是南极条约体系的重要组成部分。南极生物资源开发与养护亦受到相关国际公约的调整和规范，如《联合国海洋法公约》、《国际捕鲸管制公约》、《濒危野生动植物种国际贸易公约》以及《生物多样性公约》等。南极生物资源开发与养护的法律制度呈现如下特点：（1）建立了有效的南极生物资源开发和养护制度；（2）南极生物资源养护法律已涵盖所有生物物种；（3）南极生物资源养护法律不排斥合理利用；（4）南极生物资源开发与养护法律采用先进的方法和原则；（5）南极条约体系法律的缔约方被授权参与生物资源养护管辖；（6）南极生物资源养护重要原则是风险预防。

生物资源是指“对人类具有实际或潜在用途或价值的遗传资源、生物体或其部分、生物群体或生态系统中任何其他生物组成部分”。[①] 极地生物资源是各国争夺的主要内容之一。南极地区主要由南极大陆及周围岛屿构成，生态环境受关注的焦点与其他地区不同。南极已查明的鱼类有90多种，

---

* 付玉，英国曼彻斯特大学公共管理硕士，上海海洋大学博士研究生，国家海洋局海洋发展战略研究所副研究员。

① 1992年《生物多样性公约》第2条。

大多数可食用。由于恶劣的气候条件，南极的植物较少。南极处于南极条约体系管辖之下，被宣布为仅用于和平目的的非军事化区域。南极的法律体系由南极条约体系构成，国际化程度很高，内容相对完整、全面。

一 南极生物资源概况[①]

南大洋中的海洋生物资源丰富，被誉为人类未来动物蛋白质的仓库[②]。除鱼类、鲸、海豹、乌贼等资源外，南极磷虾是南大洋中蕴藏量最大的生物资源，蕴藏量可达10亿~50亿吨，每年可捕量为1亿~1.5亿吨，相当于目前全世界捕捞水产量的两倍。南大洋利用极地基因资源的微生物资源勘探问题引起南极条约体系和相关机构的广泛关注。

南极气候条件恶劣，与其他海洋相对隔绝，南极洲的生态系统格外脆弱：南极洲生活着许多低等植物，仅有极少数海洋哺乳动物和鸟类适应那里的环境。人类在南极洲的任何开发活动都会给当地环境造成污染和影响，会使生境退化、动物数量减少[③]。

在参与南极海洋生物资源开发利用方面，我国起步较晚，但由于国家高度重视，进展较快。有关部门根据国务院的指示启动了“南极海洋生物资源开发利用项目”，于2009~2010年对南极磷虾进行了首次探捕。首次探捕过程中对南极磷虾主要渔场进行了定点调查，对南极磷虾渔场资源、气象环境、渔具渔法、加工利用、生物学特性等方面进行了初步研究，取得了大量第一手资料；捕捞磷虾1846吨，实现了对南极磷虾的生产性探捕，在生产组织、安全环保、科学研究等方面取得了实践经验；严格执行了南极海洋生物资源养护委员会有关决议，提高了履行国际公约的能力，为全面完成南极海洋生物资源开发利用项目奠定了良好的基础[④]。2010~2011年，继续组织实施南极磷虾探捕项目，稳步推进我国对南极海洋生物资源

---

① 本文所称“南极”，根据《南极条约》第6条的规定，为南纬60°以南地区。一些相关公约和协定所涵盖的地理范围超出此地区时则在文中特别指出。

② 陈须隆：《极地争夺析评》，载马振刚主编《全球化背景下的世界与中国》，世界知识出版社，2008，第483页。

③ 杨国华、胡雪编著《国际环境保护公约概述》，人民法院出版社，2004，第164页。

④ 农业部渔业局远洋渔业处：《我国南极海洋生物资源开发取得阶段性成果》，中国渔业政务网。

的开发利用。由于我国距离南极较远，开发利用南极生物资源成本很高，目前由国家推动实施。从长期看，能否取得经济效益是影响我国利用南极生物资源的重要因素之一。

二　南极生物资源开发与养护法律体系

自《南极条约》生效以来，在南极条约体系内已形成了完善的、严格的生物资源开发与养护法律制度。有学者认为，南极环境保护始于保护和保全南极生物资源的运动。为规范和管理南极生物资源的开发和养护，《保护南极动植物议定措施》（1964 年）、《南极海豹保护公约》（1972 年）和《南极海洋生物资源养护公约》（1980 年）相继生效。1991 年，南极条约缔约国在西班牙首都马德里通过了《关于环境保护的南极条约议定书》，以及《南极动植物保护》和《南极特别保护区》等五个附件，这些附件均于 1998 年 1 月生效。26 个国家签署了该议定书，签署国将在 50 年内对南极生态保护承担严格的义务。

1991 年“议定书”将南极及其相关生态环境列为“自然保护区”，并搁置《南极矿产资源活动管理公约》，明确禁止开发南极矿产资源 50 年。这些规定虽然没有满足国际社会的全部要求，但缓解了国际社会对南极矿产资源开发这一涉及管辖和经济利益最为敏感问题的关切，减轻了国际社会对南极“俱乐部”的批评和压力，也为南极生物资源的养护提供了基础。

（一）南极生物资源开发与养护专门法律

由于历史的局限，《南极条约》于 1959 年签署时并没有重视包括生物资源养护与开发在内的环境保护问题。自 20 世纪 60 年代以来，资源养护问题逐渐引起关注，成为南极条约协商会议的重要议题。《南极条约》缔约国相继制定了《保护南极动植物议定措施》、《南极海豹保护公约》、《南极海洋生物资源养护公约》和《关于环境保护的南极条约议定书》及其附件等。这些公约和条约等法律文件构成南极生物资源开发与养护的制度框架，是南极条约体系的重要组成部分。

1.《南极海洋生物资源养护公约》（1980 年）

自 20 世纪 70 年代开始，各沿海国纷纷宣布建立专属经济区并加强对其沿岸水域的管辖，日本、苏联等远洋渔业国加强了在南极海域的捕捞活动，增加了制定保护南极海洋生物资源公约的谈判难度。由于渔业资源食物链的存在，如不对全部南极海域生物资源进行养护，会对所有南极生物的保全产生不利影响。例如，南极周围虾的减少，会使以虾为食物的哺乳动物和鱼类都受到影响。经过各国努力，终于在 1980 年签订了《南极海洋生物资源养护公约》，该合约于 1982 年生效。

(1)《南极海洋生物资源养护公约》概况。

1980 年《南极海洋生物资源养护公约》(以下简称《养护公约》)是继《南极海豹保护公约》后制定的一项全面保护所有南极海洋生物资源的公约，扩大了控制范围，包括鱼类、软体动物、甲壳动物类、鸟类和所有其他种类的生物物种。《养护公约》适用于南纬 60°以南和自该纬度与构成海洋生物系统一部分的南极辐合带之间水域的南极生物资源。《养护公约》的适用范围大于《南极条约》。

《养护公约》的目的是保护南极海洋生物资源，采用先进的生态系统方法，将生态系统作为一个整体而不是仅关注于某单个物种的保护。根据《养护公约》，“保护”一词的含义包括资源的合理利用，并不排斥资源的可持续开发。该《养护公约》规定关于保护的三项原则：① 防止捕捞目标种群数量低于保证其稳定补充的水平；② 维护南极海洋生物资源中捕捞目标种群、从属种群和相关种群之间的生态关系，使枯竭种群能够恢复到稳定补充的水平；③ 考虑到捕捞对海洋生态系统的直接和间接影响，以及引进外来物种的影响，为了能持久保护南极海洋生物资源，应防止在近二三十年内对海洋生态系统造成不可逆转的变化，或尽可能减少发生这种变化的危险①。

(2)《养护公约》运行机制。

《养护公约》设立了两个重要机构——南极海洋生物资源养护委员会(以下简称“委员会”)和科学委员会。后者是咨询机构，对涉及保护的问题提供建议。《养护公约》赋予南极海洋生物资源养护委员会较大的监督和执行权。委员会的任务除了调查，综合研究，汇编数据，制定、修改和通

---

① 详见《南极海洋生物资源养护公约》第 2 条第 1 款。

过保护措施等之外，重要的职责之一是监督和履行《养护公约》的有关条款。委员会还可在年会上按照科学委员会的建议采取行动，对可猎捕动物的数量、猎捕方式及保护品种等内容形成特别决议。委员会实行评审程序，要求每一缔约方向委员会报告任何其所知的违反《养护公约》的活动。委员会将提醒任何并非《养护公约》缔约方的国家注意其公民或船舶正在进行违反《养护公约》目标的活动。委员会还建立了观察和检查制度，观察是指科学观察员全航程随同捕鱼和研究，检查是指监察是否遵守已生效的措施。每一缔约国都可任命检查员在捕鱼季节进行检查[①]。

在南极环境保护制度中存在法律和实践中的难题，即当一个损害发生在不属于任何国家管辖范围的区域时，除了适用国际法传统的属人管辖规则外，为了有效保护国际公共环境，制止侵害，防止属人管辖国偏袒和庇护，是否还可确立其他类型的管辖权？谁有权管辖？如何确定加害者与其所属国之间的关系？如何确定受害者？《养护公约》采取的方式是向缔约方授权，使缔约方代表国际公共区域的利益而采取监督、检查，要求其遵守规定，以及向南极海洋生物资源养护委员会报告违法行为。在这种情况下，即使采取行动的缔约方没有受到直接损害，其干预行为被认为是代表全人类的共同利益。

（3）《养护公约》的新发展。

《养护公约》不断通过修改或增加管理措施、通过新决议等方式丰富和修订公约的内容，使之适应不断变化的新形势。例如，在 2011 年南极海洋生物资源养护委员会第 30 届年会上，美国提出的关于修改养护措施 CM10－04 加强检查和执法的提案（CCAMLR－XXX/26）、欧盟提出的修改养护措施 CM10－02 的提案（CCAMLR－XXX/36）和澳大利亚提出的关于建立海洋保护区的一般性框架规则（CCAMLR－XXX/30）[②]，都在年会上获得通过，具有法律约束力。南极海洋生物资源养护方面最新的管理措施是养护措施 CM91－04，该养护措施是关于建立海洋保护区的一般规则。

有学者认为，虽然《养护公约》所建立的委员会和科学委员会每年都

---

① 万霞：《国际环境保护的法律理论与实践》，经济科学出版社，2003，第 186 页。

② SCIC Report，2011，para. 2. 74，转引自唐建业《南极海洋生物资源养护委员会与中国：第 30 届年会》，中国海洋法学会年会论文，上海，2012。

召开会议，但该《养护公约》在保护生物资源方面进展缓慢。至今各国的渔业利益仍然优先于生态系统的保护，并且第三国捕捞活动很难控制[①]。

2.《关于环境保护的南极条约议定书》（1991 年）

1991 年《关于环境保护的南极条约议定书》是南极条约框架下全面保护南极环境的最主要法律文件，也是迄今为止内容最全面和最严格的环境条约。该议定书除序言外，包括 27 个条款、一个关于仲裁程序的计划和六个附件，分别是附件 1 “环境影响评价”、附件 2 “南极动植物保护”、附件 3 “废弃物排放和废弃物管理”、附件 4 “海洋污染防治”、附件 5 “南极区域保护和管理”，以及附件 6 “紧急环境状况下的责任”。附件与议定书享有同等法律效力。在国际法上，条约的各类附件往往用于规定详细的标准，这些附件容易为条约参与方所修订，也易为新的附件所补充，使条约的内容不断扩充、完善。

议定书规定在南极地区的一切活动，包括生物资源开发和利用，必须遵守以下五项原则：① 规划和从事南极条约区域内的活动，必须限制对南极环境及其生态系统的不利影响；② 规划和从事南极区域内的活动，必须避免对气候模式的不利影响和对空气与水质量的严重影响，避免引起大气、陆地、冰川和海洋环境的重大改变，避免引起动植物种群的分布、丰度和繁殖的不利变化，避免进一步损害濒危物种及其种群，避免减损或严重危及具有生物学、科学、历史、美学或荒野重要价值的区域；③《南极条约》区域内的活动规则必须建立在足以事先评价和判断该活动对南极环境及其生态系统可能造成的影响的资料的基础上，该资料主要关于活动的范围、累积影响、对其他活动的有害影响、环境安全技术的可得性及其程序、监测能力、应急能力等事项；④ 通过定期和有效的监测评价现行活动；⑤ 通过定期和有效的监测，早期发现在《南极条约》区域内外进行的活动的未预见影响。该议定书规定的保护原则体现了预防性原则，这项原则通过 1992 年里约地球峰会和之后国际公约的发展，对国际环境法的原则体系做出了很大的贡献[②]。

---

① 〔英〕Patricia Birnie，Alan Boyle：《国际法与环境》，那力等译，高等教育出版社，2007，第 530 页。

② 那力编著《国际环境法》，科学出版社，2005，第 167 ~ 168 页。

议定书附件2是为保护南极动植物而设立的，它修订了1964年《保护南极动植物议定措施》的相关规定。附件2规定，在没有取得许可的情况下，禁止获取或干扰南极动植物（1964年议定措施重点是动物）。附件2的附录A列举了“受特殊保护的物种”，对于这些物种，非经许可不得获取，许可的发放有严格的限制条件，必须是仅用于“迫不得已的科学目的”，且不会危害物种或本地种群的生存或恢复。附件禁止未经许可引入外来动植物物种，但列在附录B中的动植物例外。附录B确定的可引入物种规范很宽，包括“本国植物和实验室动植物，包括病毒、细菌、酵母菌和真菌”。这些动植物引入《南极条约》地区的要求仅有一个，即应获得许可证。同时，附件第4条明确禁止将狗带入南极大陆陆地和冰架。

3.《南极海豹保护公约》（1972年）

1972年《南极海豹保护公约》指出，南极的各类海豹是海洋环境中的重要资源，不应由于过度开发而枯竭，为此任何猎捕行动都应受到控制。该公约还对限制猎捕的具体措施进行了规定。《南极海豹保护公约》至今有效。

禁止在《南极条约》所规定的地理区域内猎捕罗斯海豹、南部象豹和南部毛海豹等三种海豹，限制对食蟹海豹、花豹等三种海豹的猎捕。自《南极海豹保护公约》缔结以来，不论是由于其约束作用，还是由于政治或经济原因，还从未在南极地区发生过商业性猎捕海豹行为。

《南极海豹保护公约》较详细地规定了对海豹的保护措施，主要有：对禁捕季节和可捕季节的规定；对可捕区域的划定；明确禁止猎捕的海豹种类等。但是，对南极所有的海豹品种来说，都存在着一个较大的法律漏洞，使海豹无法得到充分保护。《南极海豹保护公约》规定，缔约国可以为科学研究的目的，为博物馆、教育、文化机构提供样品目的而签署特别许可。若缔约国根据第4条签署了特别许可，则必须向南极研究科学委员会报告在该许可下捕杀海豹的数量。南极研究科学委员会负责对各缔约国的年度报告进行评估，并对其技术性规定提出修正意见①。

（二）南极法律体系中涉及生物资源开发与养护的法律

除规范南极生物资源养护与利用的专门法律外，创设了南极法律制度

① 那力编著《国际环境法》，科学出版社，2005，第166页。

的《南极条约》也涉及生物资源开发与养护的基本原则。《南极条约》不仅冻结了各国对南极地区的主权要求，而且有助于促进各国和平利用南极地区的国际合作。生物资源作为“属于南极的共同利益”，它们的保护和保全在条约中有明文规定，但是保护的程度并未提及，留待日后的协定来进一步加以明确。这体现了国际法立法过程的动态特点，即条约本身在形式上多是原则性、框架性的规定，允许通过随后连续的议定书、附件和相关的协议，对条约进行补充或修订。这些条约，连同它们所创立的各种机构，实际上已经变成了规制机制。随着科学知识的扩展和环保优先选项的变化，这种机制为采取进一步的、不断的行动奠定了基础。一个非常简单的框架条约，能够在这种动态的立法过程中发展成一个具有确保其本身得到遵守和实施的机制的复杂详细的法律系统①。南极条约体系即是如此。

根据《南极条约》第 9 条所召开的南极条约协商国会议主宰着南极事务，南极的一切活动都由协商国集体决定。南极条约协商国会议的协商范围涉及“南极生物资源的保护与养护”。缔约国在《南极条约》生效之后，本着保护南极的根本宗旨，将包括保护南极生物资源在内的环境保护列为南极条约协商国会议的最重要议题之一。这一点可从南极条约体系通过的法律文件与协商国会议通过的建议上得到证实②。《南极条约》尽管在内容上不够完善，存在着一些缺陷，但是该条约诞生半个多世纪以来，在保护南极的生态和环境方面无疑发挥了巨大的作用。

（三）涉及南极生物资源开发与养护问题的其他法律

南极生物资源开发与养护同时亦受到相关国际公约的调整和规范，如《联合国海洋法公约》（以下简称《公约》）、《国际捕鲸管制公约》（1946 年）、《濒危野生动植物种国际贸易公约》（1973 年）以及《生物多样性公约》（1992 年）等。

1.《联合国海洋法公约》

南极海域的生物资源养护和利用处于以《公约》为代表的国际海洋法

---

① 〔英〕Patricia Birnie，Alan Boyle：《国际法与环境》，那力等译，高等教育出版社，2007，第 9 页。

② 林灿铃：《国际环境法》，人民出版社，2004，第 454 页。

的规范范围内。南极海域的法律制度在国际海洋法中地位独特。它既属南极条约体系的规范范围，又面临以《公约》为代表的国际海洋法律制度的调整。对于南极条约体系与《公约》的关系，尽管存在争议，但多数学者认为，《公约》为人类在海洋的一切活动提供了基本的法律框架①，关于生物资源养护和利用的规定适用于南极海域。尤其是，1986 年联合国秘书长的报告专门指出："《公约》是适用于所有海域的全球性公约。任何海域都不例外。因此，《公约》的规定也适用于南大洋，这是很重要的。"②

《养护公约》作为南极海洋生物资源养护和利用的最重要法律规定，认可《公约》在南极海域的适用。例如，在其海洋保护区养护措施 CM91 - 04 中明确，该养护措施和其他相关措施均应符合《公约》的有关规定。③

《公约》为海洋生物资源的保护和利用提供了全面的国际法依据，为缔约国设定了养护海洋生物资源的责任和义务。首先，缔约国有义务养护包括鲸类在内的海洋哺乳动物。其次，《公约》在第七部分对公海进行了一般性的规定。确认了公海对所有国家开放，公海捕鱼是公海自由之一，但也为公海捕鱼设定了附加条件（第 87 条），并规定了合作养护公海生物资源的义务（第 118 条、第 119 条）等。

2.《国际捕鲸管制公约》(1946 年)

1946 年《国际捕鲸管制公约》的目的是将快耗尽的鲸类资源恢复到允许捕捞的水平，借鉴了多个渔业委员会的各种保护技术，体现了强烈的动物保护主义目标。该公约建立了国际捕鲸委员会（IWC），以及一个可以每年增加或修改的规则细目表。在 1982 年通过暂停捕鲸十年的决定之前，捕捞受到配额的限制，鲸类数量的确定根据"最大可持续产量"进行计算，并将影响这一计算的环境因素适当考虑进去。配额可以设置为零，那么所有捕捞已开发物种的行为都可以通过不颁发许可证的方式受到禁止。这种做法自 1982 年以来延续至今，国际捕鲸委员会的每一次会议都对其进行审查。尽管各种规范必须以"科学发现"（第 5 条）为基础，但捕鲸委员会下

---

① 刘振民：《海洋法的新发展》，载高之国等主编《国际海洋法的新发展》，海洋出版社，2005，第 21 页。

② UN Document, A/41/722, 17 November 1986, p. 65.

③ CCAMLR, Conservation Measure 91 - 04 (2011), Article 1.

属的科学委员会采取了风险预防性方法，作为确定配额的新方法。这一政策的实行基于以下观点，即可获得的科学信息和种群数量理论太不确定，以至于不能为任何物种设置安全的捕捞配额。

冰岛、日本和挪威等国家不同意这种看法，坚持认为仍然可以捕捞某些种群和物种且不会引起风险。1986 年，国际捕鲸委员会开始无限期禁止商业捕鲸行为。目前这项禁令仍然有效，但是日本和挪威并没有遵守此项禁令。

3. 《濒危野生动植物种国际贸易公约》(1973 年)

为了采取全球性行动以保护地球上的生物多样性，联合国环境规划署执行了全世界涉及面最大的协议——《濒危野生动植物种国际贸易公约》。该公约于 1973 年通过，两年后正式成为一部国际法律。

《濒危野生动植物种国际贸易公约》是参与最广泛的国际养护类公约，迄今为止，已有 177 个缔约方。该公约于 1981 年 4 月对中国正式生效。公约为 35000 个动植物种提供程度不一的保护，主要取决于物种在野生状态下的情况和国际贸易对物种可能产生的影响。公约禁止国际上从事濒危物种的商业性交易，如濒临绝种的猎豹、老虎、类人猿、龟类、猛禽等。此外，公约认识到，如不对国际动植物贸易进行管制，可能导致物种面临绝种的危险。所有鲸类、一部分海豹以及其他海洋哺乳动物被列在公约的附录中，获得禁止贩卖此类物种及其副产品规定的保护①。此公约也适用于南极地区生物资源的养护和利用。

4. 《生物多样性公约》(1992 年)

1992 年《生物多样性公约》在保护地球的生物多样性和确保其组成成分的可持续使用方面，极大地扩展了国际法律制度的范围。公约超越了生物多样性保护，还包含了诸如可持续利用生物资源，分享使用基因物质的惠益和获取技术（包括生物技术在内）。公约于 1993 年 12 月 29 日生效，主要目标有三项：保护生物多样性；生物多样性组成成分的可持续利用；以公平合理的方式共享遗传资源的商业利益和其他形式的利用。公约涵盖了所有的生态系统、物种和遗传资源，也包括极地地区的生物多样性保护和

① 〔英〕Patricia Birnie, Alan Boyle:《国际法与环境》，那力等译，高等教育出版社，2007，第 648 页。

基因资源利用问题，但在南极地区的适用性问题上还存在争议，在国际上尚无定论。

（四）南极生物资源开发与养护领域“软法”

相关国际或区域性组织通过的文件、决议和宣言等不具备法律上的约束力，但其中一些内容已经被全球性及区域性条约所吸收或援引，逐渐具有一定的法律效力和影响力，因此被称为“软法”。南极生物资源养护利用问题涉及生物多样性、环境保护和知识产权等问题，具有特殊性和复杂性。面对层出不穷的新问题，南极条约协商会议利用决议等形式的软法，既延续现有的法律精神又引入新的议题，推动生物资源养护利用进程。南极生物资源养护和利用的软法主要体现在南极条约协商会议和南极生物资源养护委员会的众多相关文件和决议中。

三 南极生物资源养护法律特点

南极具有独特的地理、生态和政治特质，南极生物资源养护法律体系呈现许多特点。南极生物资源养护法律基本涵盖所有生物物种，建立了有效的南极生物资源开发和养护制度。南极生物资源养护法律不排斥合理利用。南极生物资源开发与养护法律要求采用先进的方法和原则养护生物资源，并且采用风险预防原则。在条约实施方面，南极条约体系相关缔约方被授权参与生物资源养护管辖。

（一）建立了有效的南极生物资源开发和养护制度

有效保护和管理生物资源制度，应包括以下基本法律要求：明确设立资源管辖依据；从事科学研究的义务，并考虑科学意见；适当满足当前的需求，采取“风险预防方法”；进行立法；建立常设性国际机构，并采取必要的措施；遵守和实施法律机制；处理争端。南极生物资源开发和养护法律体系符合以上标准。

（二）南极生物资源养护法律基本涵盖所有生物物种

南极生物资源养护法律基本涵盖所有生物物种。在《南极条约》生效之后，南极条约协商国经过多年的努力，已经建立起全面的南极生物资源养护和利用的法律，既有专门针对某一物种的公约，如《南极海豹保护公约》，也有综合性、涵盖所有生物的公约。1980 年《南极海洋生物资源养护公约》，是继《南极海豹保护公约》后制定的一项全面保护所有南极海洋生物资源的公约，包括鱼类、软体动物、甲壳动物类、鸟类和所有其他种类的海洋生物物种。南极生物资源养护法律既涵盖动物，又包括对植物的保护，如《保护南极动植物议定措施》和《关于环境保护的南极条约议定书》附件 2“南极动植物保护”。

（三）南极生物资源养护法律不排斥合理利用

南极生物资源养护法律不排斥合理利用。例如，《南极海洋生物资源养护公约》没有对“保护”定义，而是将其解释为“包括合理使用”，强调对于生物资源的开发利用不能破坏生态系统的平衡，应可持续地开发利用。又如，《南极海豹保护公约》仅规定禁止猎捕罗斯海豹等三种海豹，限制猎捕食蟹海豹等三种海豹，对其他海豹没有禁止猎捕，而且该公约中还规定了可捕季节和区域。

（四）南极生物资源开发与养护法律采用先进的方法和原则

南极生物资源开发与养护法律采用先进的方法和原则。《南极海洋生物资源养护公约》的目的是保护南极海洋生物资源，采用的是先进的生态系统方法，将生态系统作为一个整体而不是仅关注某单个物种的保护。该公约所规定的原则充分体现了对生态系统的关注。例如，维护南极海洋生物资源中捕捞目标种群、从属种群和相关种群之间的生态关系原则，以及防止在近二三十年内对海洋生态系统造成不可逆转的变化，或尽可能减少发生这种变化的危险原则。

（五）南极生物资源养护重要原则是风险预防

由于国际环境问题的严重性，而且许多环境问题所造成的损害是逐渐积累的，在较长时间之后才能显现出来，环境损害的控制和预防成为国际环境法首要关注的事项，而不是对环境损害的赔偿。在环境保护中采取风险预防性方法是1982年《世界自然宪章》和1992年巴西里约热内卢世界环境与发展大会上通过的一项重要原则，被越来越多地纳入国际协定和其他文件中，出现了成为习惯国际法的趋势。南极地区特殊的自然、地理和生态环境特征，使得其生物资源比其他地区的生物更加脆弱，一旦遭到破坏恢复难度更大，因而南极生物养护法律尤其强调风险预防性原则。

（六）南极条约体系相关缔约方被授权参与生物资源养护管辖

《南极海洋生物资源养护公约》要求所有缔约方向该公约所建立的“南极海洋生物资源养护委员会”报告任何其所知的违反该公约的行为。而且，该公约还规定每一个缔约国都有权任命检查员在捕鱼季节监督作业船只是否遵守已生效的有关规定。这反映了国际法在管辖权领域的一个发展趋势，突破国际法上传统的属人管辖规则，授权条约缔约方代表国际公共区域的利益而采取监督、检查、要求其遵守规定，以及报告等行动。在这种情况下，即使采取行动的缔约方没有受到直接损害，其干预行为被认为是代表全人类的共同利益。

四　南极生物资源开发与养护法律存在的问题

南极生物资源开发与养护法律仍存在着一些问题，突出表现在由于养护和利用之间目标的冲突而产生的规则执行不力，有关条约间需要加强协调，南极条约法律体系对非缔约国的约束力，以及南极法律缺乏对于科学研究含义的明确界定等。这些问题和漏洞使生物资源养护和利用存在隐患。

（一）一些规则执行不力

对于南极生物资源养护的一些规则存在执行不力的问题。例如，《国际捕鲸管制公约》在南极海域就面临此问题。南大洋区域是1994年创立的专门用于保护鲸鱼免受南极地区的捕捞和开发所建的鲸鱼避难所，而实际上日本每年在南大洋捕捞数以百计的小须鲸。国际捕鲸委员会（IWC）强烈要求日本停止这种行为，澳大利亚和新西兰等反捕鲸国家也大力反对，但是无法阻止日本打着“科学研究”的幌子继续捕鲸的行为。这个案例说明一个重要问题，相关国际组织强调对生物资源的保护，而国际社会却强调可持续的开发利用，两者存在冲突。①

（二）相关条约间需要加强协调

针对南极生物资源养护和利用的法律制度间存在着不协调的问题，突出表现在南极条约体系和《生物多样性公约》对于南极生物勘探和遗传基因资源利用的规定，且其目前仍存在不确定性和争议。

（三）南极条约体系对非缔约国的约束力问题

被南极条约体系排除在外的国家曾质疑《南极条约》创始国代表世界共同体缔约的法律地位。有学者据此认为，对于这些国家而言，南极大陆仍是作为“全球公地”而存在，相关公约对缔约国有约束力，但对于未缔约的国家不具有约束力②。即使《南极条约》的缔约国已经由初始的 12 个国家增加到了 45 个，但它们仍不能代表整个国际社会。目前，联合国并未做出共同管理的决定，也没有建成能够代替现行南极条约体系的新法律体系。

针对非南极生物资源开发和保护相关公约缔约国在南极区域的活动，南极条约体系所建立的机制并没有足够的约束力。例如，《南极海洋生物资源养护公约》规定，南极海洋生物资源养护委员会有权就非缔约国的国民或船只所从事的影响公约实施的活动提请该国注意，并没有规定采取进一步行动的权利。此外，该公约规定缔约国应将其发现的任何违反公约的活动报告给委员会。

（四）南极条约体系没有明确界定科学研究的含义

南极条约体系在生物资源开发和养护规定方面存在的一个漏洞是，没有明确科学研究的范围，易被一些国家以科学研究之名，行商业开发之实，不利于生物资源的有效保护，而且使各国因生物资源分配不公产生矛盾。

---

① 那力编著《国际环境法》，科学出版社，2005，第 115 页。

② 那力编著《国际环境法》，科学出版社，2005，第 165 页。

北极航道的环境保护法律问题研究

郑　雷[*]　郑苗壮[**]

【内容摘要】中国面临着如何适用北极航道环境规则的问题，根据相关国际公约和文件，结合相关国家的实践，对现有的北极环境保护相关的条约、立法进行梳理、总结，分析相关国际条约和立法对中国运用北极航道的影响，提出中国的应对之策。

北极航道“是指穿过北冰洋，连接大西洋和太平洋的海上航道”。[①] 北极航道主要有三条航道：走俄罗斯北部沿海的东北航道，走加拿大北极群岛的西北航道，以及走北冰洋中部的穿越北极点航道。

东北航道（Northern Sea Route），大部分航段位于俄罗斯北部沿海的北冰洋离岸海域。从北欧出发，向东穿过北冰洋巴伦支海、喀拉海、拉普捷夫海、新西伯利亚海和楚科奇海，直到白令海峡。对于东北航道的起点尚无定论，多数将新地岛西侧作为起点。有专家认为以挪威的北角作为起点可能更确切，因为从海运航道的角度，北角一般被看作大西洋和北冰洋之间的航道连接点[②]。从20世纪30年代起，苏联在东北航道上开辟有从摩尔曼斯克经巴伦支海、喀拉海、拉普捷夫海、东西伯利亚海、楚科奇海、白令海峡至俄罗斯远东港口的季节性航道，以及从摩尔曼斯克直达挪威斯瓦

---

* 郑雷，华东政法大学国际航运法律学院讲师，博士。

** 郑苗壮，国家海洋局海洋发展战略研究所助理研究员，博士。

① 郭培清等：《北极航道的国际问题研究》，海洋出版社，2009，第4页。

② 张侠等：《北极航道的海运经济潜力评估及其对中国经济发展的战略意义》，《中国软科学》2009年第2期。

尔巴群岛、冰岛雷克雅未克和英国伦敦等地的航道[①]。

西北航道（Northwest Passage），东起北大西洋戴维斯海峡（Davis Straits）的巴芬岛（Baffin Island），向西穿越加拿大北极群岛，经美国西面阿拉斯加北岸的波弗特海（Beaufort Sea）和丹麦东面的格陵兰岛进入北极海，最终进入太平洋，全长3200英里[②]。

穿越北极点航道。这条航道从白令海峡出发，不走俄罗斯或北美沿岸，直接穿过北冰洋中心区域到达格陵兰海或挪威海[③]。由于北冰洋中心区域为多年累积的海冰所覆盖，海冰最为密集，这条航道目前还不具有商业上的可行性。

从目前商业试航的情况来看，三条北极航道最先可能开通的是东北航道，其次西北航道，最后是穿越北极点航道。本文所探讨“北极航道”主要是指东北航道和西北航道。

北冰洋地区的陆地和岛屿及其近岸海域，分别属于挪威、丹麦、冰岛、加拿大、俄罗斯、美国、芬兰和瑞典八个环北极圈的国家（也称A8）。其中，北冰洋沿岸国家为丹麦、挪威、俄罗斯、加拿大和美国（也称A5）[④]。随着全球气候变暖，到2050年北冰洋将出现夏季无冰年，那时北极航道可能会全面开通。

一 北极航道通航对环境的影响

北极航道的船舶通行量在稳步增长中，据统计在航运季节有6000艘船舶过往北极航道。北极航道的船舶主要有四类：（1）货船，主要运送石油、矿物和谷物；（2）用于北极通信的船舶；（3）渔船；（4）游轮。此外还有一些政府用的科考船舶、海岸警卫队的船舶和破冰船，有100艘左右。

虽然与使用巴拿马或苏伊士运河相比，使用东北航道可以节省35%到

---

① 史春林：《北冰洋航道开通对中国经济发展的作用及中国利用对策》，《经济问题探索》2010年第8期。

② 刘惠荣、刘秀：《西北航道的法律地位研究》，《中国海洋大学学报》（社会科学版）2009年第5期。

③ 张侠等：《北极航道的海运经济潜力评估及其对中国经济发展的战略意义》，《中国软科学》2009年第2期。

④ Arctic Ocean Conference, *Ilulissat Declaration* (May 28, 2008), http: //arctic-council. org/filearchive/Ilulissat-declaration. pdf, 2011 - 10 - 20.

60%的费用，但是东北航道并不太活跃，主要原因是航运季节太短、冰冻的潜在威胁、俄罗斯高昂的破冰船费用，以及对商船5万吨以下限制的要求。在1987年东北航道的顶峰时期，大概有700万吨货物经过东北航道。在苏联解体后，150万吨至200万吨的货物在东北航道运输，不包括各地巴伦支海（Barents Sea）石油开采船的运输量，这属于俄罗斯定义的“东北航道”之外的运输。然而，随着石油开采活动增加，据估计，到2020年，将有4000万吨的石油和天然气通过东北航道，这将大大增加海上交通运输量①。

同样，西北航道尚未实现商业通航的可行性，但这种情况将随着海冰消融和航运季节的延长而改变。虽然独立通道两端的运输日益频繁，目前已开展包括石油、石油相关项目和粮食的运输，但是很少有船只使用西北航道作为替代巴拿马运河的运输通道。在美国和加拿大的北极地区的西北航道，主要的航运活动是在小港口用船舶对当地（主要是因纽特人社区）进行补给。这类航行非常危险，只有10%左右的北极海域绘有海图，并且港口缺乏基础设施保障②。

由于北极环境的脆弱性，任何重大海上事故都可能导致灾难性后果。已发生的海洋环境污染事故更是增加了北极航道对环境破坏的担忧，如1989年3月24日发生的XON VALDEZ号油轮泄露事故，在这起事件中25.7万到75万桶油在阿拉斯加威廉王子湾泄漏③；2004年12月7日，M/V SELENDANG AYU号货轮在阿拉斯加和阿留申群岛附近沉没，共泄漏36万加仑石油，相关环境清理和评估费用超过1.12亿美元④。

北极航道对环境的潜在威胁主要有以下几个方面。

1. 石油和液态天然气运输的威胁

这类碳氢化合物的运输对环境的负面影响包括：泄漏，噪声，化学品的排放以及船只通过对海冰和栖息地的干扰。对北极地区生态系统破坏最为严重的是石油或液化天然气的泄漏。虽然泄漏的可能性较小，但一旦泄

① H. Edwin Anderson, III, Polar Shipping, the Forthcoming Polar Code and Implications for the Polar Environments, *Journal of Maritime Law and Commerce*, January, 2012, pp. 59 - 82.

② H. Edwin Anderson, III, Polar Shipping, the Forthcoming Polar Code and Implications for the Polar Environments, *Journal of Maritime Law and Commerce*, January, 2012, pp. 59 - 82.

③ http://en.wikipedia.org/wiki/Exxon_Valdez.

④ http://en.wikipedia.org/wiki/MV_Selendang_Ayu.

漏将会对水生野生动物产生灾难性的影响。首先，在冰冷的海水中的油分解率远低于在较温和的水中的分解率；其次，北极生物的低生殖和种群恢复率使它们特别容易受到环境变化的影响；最后，北极地区气候条件恶劣，清理泄漏非常困难。

2. 航行对生态系统的影响

北极航道一旦开通会对北极的生态系统造成一定的破坏，首先，北极航道的开通可能会对北极生物的繁殖地造成影响。北极生态系统的脆弱性可以被归结为“季节性的生物繁殖”，繁殖通常发生在开口的冰面上，而且这种繁殖方式非常容易受到干扰。海冰的边缘是繁育鱼、海鸟和哺乳动物的主要区域，而影响冰面边缘的航运活动将对北极地区的生物的繁衍造成一定的干扰。其次，北极航道的开通可能会对动物的迁徙行为产生影响，从而危及迁徙性动物的生存。例如，西北航道是一个重要的海鸟和海洋哺乳动物迁徙路线，哺乳动物（如鲸和海象）在春天通过开口的冰海从巴罗海峡进入兰开斯特海峡。

3. 通航对因纽特人的影响

北极航道对因纽特人的影响主要是可能造成其食物来源的减少。因纽特人以狩猎为生，丰富的海洋哺乳动物资源对因纽特人是必需的。由于生活在北极，因纽特人的饮食中必须有高铁、高蛋白、高脂肪的食物。但是北极航道一旦开通，将会给因纽特人的食物来源造成冲击，可能造成食材动物的减少甚至灭绝，为了保护因纽特人的食物来源，加拿大也通过了许多环境法规严格管控西北航道的船舶交通，防止破坏因纽特人的生活环境。

二 北极航道环境管辖权归属的争议

对北极航道的环境治理首先涉及环境保护的管辖权问题，只有确定了环境管辖权归属，相关环境条约和环境立法才能适用，但是目前关于北极航道的环境管辖权归属尚有争议。在西北航道，加拿大以相关国际条约缺失为由主张将其环境立法适用于其专属经济区，在东北航道，俄罗斯也主张对其管辖的水域适用其国内立法。目前北极航道的部分水域在一些国家的管辖范围内，对于国家管辖范围内的内水和领海当然适用《联合国海洋法公约》（以下简称《公约》）中的有关规定，相关国家可以执行其环境立法，但是当一些国家将其国内立法适用于专属经济区时则在国际法上产生了争议。

（一）《公约》第234条的内涵

《公约》第12部分以“海洋环境的保护与保全”为题，对海洋环境的保护做了原则性规定，将海洋环境的保护与海洋开发和利用紧密地联系在一起。《公约》第234条对冰封海域的管理规定，就是专为北冰洋地区而设计，该条款主要内容是沿海国对冰封区域的环境保护。《公约》第234条通常被称为“加拿大条款”或“北极例外（条款）”，因为第234条并不适用于北极以外其他海域。它表面上为沿海国家在冰封区域在保护环境时提供了更多的制定规范的权力和监管权，然而，这些监管权力的明确范围，至今还有争议。对该条款的唯一限制体现在“非歧视”和“在考虑现有最可靠的科学证据为基础对海洋环境的保护和保全”上，并需要适当顾及其他国家航行自由的权利。此外，该条款在内涵上还包含两点：[①] 其一，《公约》第234条针对特别严寒气候和一年中大部分时候冰封的情形规定了专属经济区“冰封区域”条款，随着冰封区域融化而导致适用范围变小，冰封区域消融至公海区域后，该条款不应再适用。其二，《公约》的条款是综合性的，其制度的实施需要国际海事公约以及沿岸国制定有操作性的规定来配合。

设立第234条的初衷可以追溯到1969年，那时埃克森公司的破冰型油轮在加拿大主张主权的水域内航行而没有事先请求加拿大政府的许可。加拿大政府认为这片水域是其管辖的水域，于是派遣破冰船从旁监视。这一行为引起了国际社会关于加拿大管辖水域范围的争议，因为当时普遍的领海要求是3海里，而加拿大主张的管辖水域远多于国际的通行标准。1970年加拿大通过了《北极水域污染防治法》，该法的管辖范围甚至扩展到离岸100海里外。该法带来了两个争议：第一，加拿大的国内环保立法能否在管辖水域外适用于外国船舶，尤其是在加拿大还制定了远高于国际排污标准的监管规则的情况下；第二，该法间接强化了加拿大的主权要求，通过实

① 李志文、高俊涛：《北极通航的航行法律问题探析》，《法学杂志》2010年第11期。

施环保立法，加拿大间接控制了西北航道。[①]

（二）《北极水域污染防治法》与《公约》第234条的争议

加拿大出台《北极水域污染防治法》的背景是加拿大政府认为国际法不能对北极海洋生态系统提供足够的保护。《北极水域污染防治法》适用于北纬60°以北加拿大管辖的距离大陆和岛屿100海里以内的所有海域。《北极水域污染防治法》规定加拿大可以规定船舶航行的管制区域，对所有在加拿大管辖北极水域的船舶从建造标准到运行进行全方位的管理。此外，该法规定，不管有意或无意造成污染，船东和货主都有责任进行赔偿。此外在北极航行禁止排放的废物包括“任何能对海域的环境进行改变，并影响到人类、动物、鱼类或植物生活环境的物质”。加拿大海岸卫队的“污染防治办公室”负责执行《北极水域污染防治法》，任何违反《北极水域污染防治法》的船舶都可能被没收、拒绝过境或销毁，该办公室同时有权对有可能造成环境污染的船舶进行处理。

《北极水域污染防治法》通过之后，遭到了许多国家的抗议，加拿大为了防止其他国家对加拿大提起诉讼，甚至撤回了普遍接受国际法院管辖的声明。在第三次联合国海洋法会议上，通过加拿大的努力，终于将第234条加入了《公约》中，在2008年《北极水域污染防治法》的修正案中，加拿大甚至将该法的适用范围扩展到了200海里，涵盖了整个加拿大的专属经济区。

因为含义不明，公约第234条自制定以来，就一直饱受争议。加拿大认为其获得了《公约》的授权，因此可以制定更加严格的环保立法，并可以无歧视地适用于外国船舶。但是其他国家则认为加拿大在使用第234条的授权时需要有一系列限制——“必须是一年大部分时间都在结冰的水域”“必须有最坚实的依据能够证明这套立法是必需的”“必须保证其他国家的航行自由”。此外，第234条是否适用于国际海峡仍然存在争议，因为国际海峡设立的目的是保证其他国家的航行自由。由此可见，作为各国妥协的产物，第234条并未从根本上解决各国的争议，国际社会依然需要统一北极海域的

---

① Ryan O'Leary, Protecting the Arctic Marine Environment: The Limits of Article 234 and the Need for Multilateral Approaches, *Journal of Environmental Law and Practice*, August, 2012, pp. 295 - 303.

航行与环保标准。

（三）中国的立场分析

中国一旦在西北航道加拿大的专属经济区内开展航运则会面临是否遵守加拿大《北极水域污染防治法》的问题，中国在未来的立场应考虑以下几个方面：（1）公约第234条为加拿大在其专属经济区实施环保立法授予了一定的权限，这是在国际公约尚未完全达成的前提下不得已的措施，但加拿大实施《北极水域污染防治法》有一系列的限制要求，同样必须尊重其他国家的主权；（2）在地理范围上，《北极水域污染防治法》能够扩展到加拿大的专属经济区，这比一般国内法的适用范围更为广泛；（3）在环保标准上，加拿大对在其专属经济区过境的国内外船舶必须统一适用，不得采取歧视措施，而且应该证明其环保标准是必需的，有相应的科学依据，同时不能损害其他国家的航运自由权；（4）中国在未来可以与其他国家合作共同推动西北航道环境标准的建立，防止加拿大自行制定环保标准并强加给其他国家。

三　北极航道船舶污染的法律问题

一旦通航，船舶污染是北极航道所面临的首要环境问题。船舶在北极航道中航行必然会带来污染，从污染的来源看，有一部分是船舶正常运行所产生的污染；另一部分则是船舶在航行中发生航运事故而带来的石油等物质的泄露。不论是何种情形的污染都会给北极脆弱的生态环境带来或大或小的影响，为了防止船舶污染，现有防止船舶污染的国际公约涵盖了从预防到污染发生后的善后各种情况。

（一）船舶污染的预防

船舶污染的防控始于预防阶段，如果能在预防阶段减少船舶污染，则会让后期船舶污染的治理事半功倍。国际社会很早就意识到船舶污染预防的重要性，涉及船舶污染预防的公约主要包括：《国际防止海上油污公约》、《防止倾倒废物及其他物质污染海洋的公约》和《防止船舶造成污染国际公约》。1954年《国际防止海上油污公约》主要针对船舶操作过程中排油造成的海洋油污，采取措施防止海水被船舶排出的油类污染，该公约于 1958 年 7 月 26 日生效。《国际防止海上油污公约》只对持久性油类污染海洋问题做出规定，而未规定非持久性油类和其他有害物质的污染海洋问题；对于船舶的违章排污行为，仅按船旗国的法律予以处罚，未规定沿海国或港口国的管辖权。该公约第 10 条第 1 款规定，“不论所断定的违章行为发生在何处，任何缔约国政府可向缔约的船旗国提供有关该船违反本公约规定的任何书面详情”。这说明沿海国只有向船旗国提供情况的权利。该公约第 6 条与第 10 条第 2 款还规定只有船旗国才能对违章船只提起诉讼，并且在审讯时应该适用船旗国法律。该公约只给予港口国一定的检查权，这种检查权限于检查船舶油类记录是否满足公约标准。

随着时代的发展，《国际防止海上油污公约》已日益与环境保护的需要相脱节，为了对船舶污染进行更加广泛的防控，1973 年国际海事组织在伦敦召开会议，制定了《防止船舶造成污染国际公约》（以下简称“MARPOL73”），该公约防治的船舶污染从油类扩展到了其他污染物。MARPOL73 的目的是“彻底消除有意排放油类和其他有害物质体物质而污染海洋环境，并将这些物质的意外排放减至最低限度”。1978 年，国际海事组织制定了《防止船舶污染国际条约议定书》，对 1973 年《防止船舶造成污染国际公约》“附则一”的内容做了修改。通常将经 1978 年议定书修订的 1973 年《防止船舶造成污染国际公约》简称为“MARPOL73/78”。该公约对油污的排放量做了更加严格的限制，规定新油轮的排放量从原规定的载货量一万五千分之一降低到三万分之一，对船舶构造、船舶排污行为也提出了相应的标准。MARPOL73/78 建立了相对严格的排放标准，列出了禁排的区域，包括所有的闭海和半闭海。公约还规定，对于违反公约规定的事件，船舶的船旗国、对船舶的运营实行管辖的国家和违约事件发生在其管辖区域的国家，都应根据该国的法律，予以禁止，并有相应的制裁措施，其处罚的严厉程度应足以阻止对该公约的违反。

船舶向海洋倾倒有毒有害物质，严重时会危及海洋生物的生命，破坏全球的水循环。至 20 世纪 60 年代后期，船舶等其他移动装置向海洋排放污染物造成了较为严重的环境问题，引起了国际社会的关注。在船舶排放废弃物方面主要适用《防止倾倒废物及其他物质污染海洋的公约》（又称为

《伦敦倾废公约》)。该公约于1975年8月30日生效，1985年12月15日对中国生效，中国还加入了1996年的修正案。“废物及其他物质”系指任何种类、任何形状或任何式样的材料和物质[①]。公约第3条规定，海洋倾倒是指“任何从船舶、飞机、平台或其他海上人工结构有意地在海上倾弃废物或其他物质的行为”。公约要求成员国对倾废行为进行管理，要求倾废行为必须获得许可才可进行，公约通过附件列举受管制物质的形式对向海洋倾倒的废物分门别类地实行控制，公约将废弃物的排放行为分为禁止、需要一般许可证和需要特别许可证三种情形。根据公约，船舶“倾倒附件一所列的废物或其他物质应予禁止；倾倒附件二所列的废物或其他物质需要事先获得特别许可证；倾倒一切其他废物或物质需要事先获得一般许可证”[②]。

(二) 船舶污染的处理

船舶污染发生后会面临着如何处理的问题，而船旗国管辖与沿海国管辖在这一问题上存在着矛盾，一方面船旗国对船舶有着管辖权，另一方面沿海国对船舶污染处理存在实际利益。在1967年发生的Torry Canyon号油轮污染事件促成了《国际干预公海油污事故公约》的制定。Torry Canyon号油轮是当时世界上最大的油轮之一，在最后的航行中运载了12万吨原油，它在途经锡利群岛时触礁，大量原油随之溢出，造成英国100公里海岸线和法国80公里海岸线被污染，为了减轻污染对海洋的损害，英国派出飞机对Torry Canyon号的残骸进行轰炸，并点燃了船上剩余的4万吨原油，以求缩小污染规模[③]。虽然此举违反了船旗国的专属管辖权，但国际社会予以默许。但这次事件暴露了船旗国管辖权与沿海国管辖权的冲突，导致了1969年《国际干预公海油污事故公约》的签订。该公约是第一个规定沿海国为了防污可在公海上对他国船舶采取干预措施的国际协定，公约第1条规定：“各缔约国……可在公海采取必要的措施，以防止、减轻或消除由于油类对海洋的污染或污染威胁而对海洋或有关利益产生的严重而紧迫的危险。”这象征着沿海国管辖权的扩大化趋势。为了弥补公约只适用于油类一种污染

---

① 《防止倾倒废物及其他物质污染海洋的公约》第4条第3款第4项。

② 参见《防止倾倒废物及其他物质污染海洋的公约》第4条。

③ 徐国平：《船舶油污损害赔偿法律制度研究》，北京大学出版社，2006，第7~8页。

物质和赔偿限额过低的不足，在国际海事协商组织的协调与主持下，又缔结了 1973 年干预公海非油类物质污染议定书，进一步允许沿海国对公海上由油类以外的其他物质造成的海洋污染事故加以干预，把《国际干预公海油污事故公约》中的条款扩大适用于除石油以外的其他物质造成的污染事故，议定书上列举的物质共有 100 多种。

《公约》总结了自 1954 年《国际防止海上油污公约》签订以来的经验和教训，较为完整地规定了沿海国的防污管辖权。《公约》的发展在于：(1)《公约》肯定了沿海国有权制定防止船舶污染的法规。《公约》第 22 条第 2 款规定："沿海国考虑到航行安全认为必要时，可要求油轮、核动力船舶或载运核物质或材料或其他本质上危险或有毒物质或材料的船舶在指定或规定的海道和分道通航。"但是沿海国不得对外国过境船舶的设计、建造等做出立法要求。(2)《公约》一定程度上将沿海国的防污权扩展到了专属经济区。专属经济区是沿海国在其领海之外邻接海域的一个区域，在这个区域内，沿海国可以行使包括自然资源的养护和开发，建造人工岛屿及进行科学考察活动等经济类的权利，但沿海国不能对它行使完全主权，因此专属经济区是介于领海与公海之间的海洋区域①。由于船舶在航行中会影响专属经济区的环境，进而对沿海国的经济权利造成影响，因此《公约》第 211 条第 6 款（a）项规定，"如果第一款所指的国际规则和标准不足以适应特殊情况，又如果沿海国有合理根据认为其专属经济区某一明确划定的特殊区域，因与其海洋学和生态条件有关的公认技术理由，以及该区域的利用或其资源的保护及其在航运上的特殊性质，要求采取防止来自船只的污染的特别强制性措施"，该沿海国可以实施通过国际组织认可的航行标准。（3）公约对船旗国、沿海国及港口国的防污管辖权进行了分配。其中船旗国是防污的主要执行者，可对悬挂其旗帜的船舶进行完全的防污控制；沿海国可对影响其水域环境的船舶采取司法诉讼、扣押、检查等措施；港口国可对违反公海上规章的船舶进行司法诉讼，但船舶必须自愿停靠在该港口，港口国也可以对影响其环境的船舶进行诉讼，并有义务协助船旗国或受害国对违章船只进行诉讼。

---

① 梁西主编《国际法》，武汉大学出版社，2003，第 138 页。

（三）船舶油污损害的民事责任

船舶油污损害是现代船舶污染的主要类型之一，特别是北极航道已经开展了石油运输活动，一旦发生船舶油污损害，则会产生如何索赔的问题。为了使受害人得到充分的赔偿，政府间海事协商组织 1969 年 11 月 10 日至 29 日在布鲁塞尔召开的海上污染损害法律会议，制定了《国际油污损害民事责任公约》。该公约适用于实际装运散装持久性油类的船舶在缔约国领海内发生的油污损害①，目前该公约适用最多的是 1992 年的修订版本。

《国际油污损害民事责任公约》规定，船舶所有人对油污损害承担严格责任；除非船舶所有人能证明，所发生的油污损害是由于战争等人力不可抗拒的原因，或者完全是由于负责灯塔或其他助航设备的主管当局的过失，或者完全是由于第三者的故意行为造成，船舶所有人对油污损害方可免除责任。《国际油污损害民事责任公约》对于船舶油污的责任人采取了限额赔偿的方式，船舶所有人有权按该公约将其对任一事件的赔偿责任限于按下列方法算出的总额：（a）不超过 5000 吨位单位的船舶为 300 万特别提款权；（b）超过此吨位单位的船舶，除第（a）项所述的数额外，每增加一吨位单位，增加 420 特别提款权。但是，此总额在任何情况下不超过 5970 万特别提款权。《国际油污损害民事责任公约》对于油轮有强制保险的要求，以应对巨额的损害赔偿。凡装运 2000 吨以上散装货油的船舶，必须具备保险证书或财务担保。对损害的索赔，可向船舶所有人提出，也可直接向保险人提出。所有要求赔偿的诉讼，必须在油污损害发生之日起 3 年内提出，但无论如何不得在引起损害的事件发生之日起 6 年后提出诉讼。

为了保证能对油污事件的受害者提供更高的补偿，又能使船舶所有人方面能够在合理范围内承担责任，政府间海事协商组织在 1971 年通过了《设立国际油污损害赔偿责任基金的国际公约》，作为对 1969 年《国际油污损害民事责任公约》的补充②。该公约意在由货油业向油污损害的受害人提

---

① 竺效：《论在“国际油污民事责任公约”和“国际油污基金公约”框架下的生态损害赔偿》，《政治与法律》2006 年第 2 期。

② 刘翠、刘卫先：《〈国际油污损害民事责任公约〉和〈设立国际油污损害赔偿基金公约〉体系下环境损害赔偿的局限性分析——生态保护的视角》，《海洋开发与管理》2010 年第 1 期。

供补充赔偿，并减轻海运业的赔偿负担。国际油污赔偿基金来自缔约国从石油公司收来的摊款。

四　推进北极航道环境保护相关事务合作

虽然目前在国际条约和国内立法中都有一些北极航道的环境方面的规定，但相关条约和立法的规定非常松散，相互之间并不统一，各国对于未来北极航道的开通和使用究竟应该以环境保护为主还是以保护航行自由为主意见不一，对于北极航道环境事务的管辖权也争议颇多。未来应该推进北极航道相关条约的谈判，加大北极航道相关事务的沟通与合作，以妥善解决北极航道的环境法律问题。

（一）在《公约》框架下推进北极航道管辖权的统一

目前，北极国家在北极航道的利用方面存在不同意见。加拿大尚未证明其在相当长的时间内对西北航道行使了专属管辖，也未得到北极地区其他国家的默认。美国坚持将西北航道视为一条运输性航道，是一条国际海峡，并且应适用《公约》中的过境通行权和无害通过权，一直以来都拒绝承认加拿大对北极群岛以及西北航道的主权主张。

俄罗斯有多部关于北部海航道制度的专门立法。然而，俄罗斯国内法中关于北部海航道的规定有许多与《公约》的规定相悖。第一，关于无害通过制度的规定严于《公约》的规定，外国船舶航行于北部海航道时将面临许多超出《公约》范围的限制。第二，国内法的相关规定存在违反《公约》过境通行制度规定的情况。除此之外，俄罗斯国内法超出了《公约》第236条以及一般国际法在适用对象上关于国有船舶豁免的规定；在责任承担方面其国内法要求外国船舶承担刑事责任的规定也超越了《公约》（对违反海洋环境的外国船舶仅规定了罚款这一民事责任）。随着北极通航难度的降低，俄罗斯北部海航道法律制度中与《公约》相悖的条款给国际法提出了新的挑战。

这些差异和冲突说明相关国家在一定程度上背离了《公约》的精神，在未来，国际社会应该积极合作，努力将相关国家的立法统一到《公约》的框架中来，以保障《公约》能够在北极航道的环境事务中得到贯彻和执行。

（二）保障北极航道的航行自由

中国作为近北极国家，北极航道的开通对中国的意义重大。北极航道顺利开通，将使中国增加两条更为便捷的到达欧洲和北美洲的航线，不仅有利于减少海上运输成本，还有利于开辟中国新的海外资源能源采购地。一方面要保障中国船舶在北极航道的航行自由；另一方面也应该注意到北极脆弱的生态系统和北极在全球生态系统中的价值，在开发和利用北极时实现经济利益和环境利益的平衡。在未来保障北极航道的航运自由对中国具有特殊的意义。中国在未来应深化与冰岛、瑞典等北欧各国的双边合作，重视与欧盟及其主要成员国（德、法、英）政府在北极政策层面上的协调与合作。在 2012 年 9 月发布的《第十五次中欧领导人会晤联合新闻公报》有关“全球问题”的阐述中，明确提及双方“认识到北极地区在海洋运输等相关方面的重要性，同意就北极事务交换意见”。这无疑为未来双方就包括北极航道在内的北极事务展开政策协调与合作奠定了坚实基础。重视俄罗斯、加拿大在北极问题上的相关立场，进一步开展与俄、加在北极事务上的交流与合作，取得其对我国参与北极航道事务的谅解。加强与美国在北极问题上的政策协调。中美双方在北极航道自由航行方面拥有共同利益，应以此为抓手，求同存异，保证北极航道的自由通行权。

（三）积极参与北极航道相关的事务

进一步加强与北极当地居民、政府，以及企业等非国家行为体的沟通与互动，以提供“公共产品”服务者的身份参与北极航道的相关事务。不仅要维护中国的航运利益，而且要用国际通用的话语体系使北极主要行为体认识到北极航道的治理离不开中国的参与，北极航道的开通、发展离不开中国的市场、资金以及技术。

开通北极航道有赖于物流和港口等基础设施建设，以东北航道为例，沿线 50 多个港口中，仅有 41 个对海运船舶开放，并且高达 40% 的港口的功能还很弱，这需要运用全球资本或实业进行航运投资，并吸引保险、金融等方面介入，进一步加大开发建设的力度。[①] 随着北极航道的开通，沿岸港口的载驳能力会影响航运的顺利进行。在北极，进行防冰的预测和服务工作有必要予以配套，但是现在北极航道的相关港口大多缺乏相应的配套服务。未来中国可在科学论证，综合分析其港口建设的可行性、经济性等因素的基础上，参与相关港口的基础设施及其相关配套服务设施建设。

（四）提高建造船舶的安全标准

国际海事组织已经制定实施一系列新的国际造船规范和标准，以强化船舶的航行安全，这些新标准有油轮和散货船共同结构规范（CSR）、船舶能效设计指数（EEDI）、涂层新标准（PSPC）、目标型船舶建造标准（GBS）、压载水管理公约（BMW）等[②]。在北极航道中，由于环保要求更加严格，海上环境更为恶劣，中国有必要提前开发和装备一批安全性能较好的环保型船舶以应对未来的挑战。

---

① 冬华：《北极东北航道有望成为下一个“掘金线”》，《中国远洋航务》2011 年。

② 中国船舶工业行业协会：《2009 年船舶工业经济运行分析》，《广东造船》2010 年第 1 期。

极地其他法律问题

北极地区应对气候变化的法律问题研究

刘　岩[*]　郑苗壮[**]

【内容摘要】北极地区作为全球气候变化的预警系统和主要作用地区，应对气候变化问题不仅是区域性问题，也是全球气候变化的重要议题，应纳入全球公共治理体系。全球各国、国际组织、非政府组织作为应对北极气候变化的全球性力量，共同参与制定北极特定环境问题的国际协定、条约，为北极地区"超国家"生态治理及气候变化治理机制的形成奠定基础。

一　北极地区应对气候变化的研究背景

全球气候变化引起的海平面上升、海表水温升高、海洋酸化、极端气候事件等将会对脆弱的海洋与海岸带地区的生态环境产生重大的影响，尤其是海表水温升高将引起极地冰川融化，将进一步引发世界政治经济格局的变化。

（一）全球气候变化对北极的影响（自然变化背景）

相关观测和研究表明，北极地区所受到的气候变化影响可能最大，那里的气温升高幅度可能最大。与1890～1910年相比，20世纪北极大部分地区的气温升高了2℃以上，北极地区的海冰覆盖急剧减少，秋冬季海冰覆盖都有所下滑。由于北极气候变暖的幅度远超世界其他地区，北极永久冰层正在迅速消融。这已经为过去100多年的观测事实所证实。据2013年IPCC报告5预测，随着全球平均表面温度的提高，北极冰覆盖面积将持续收缩，

* 刘岩，国家海洋局海洋发展战略研究所海洋环境与资源研究室主任，研究员。

** 郑苗壮，国家海洋局海洋发展战略研究所助理研究员，博士。

北半球春季雪覆盖也将下降。全球冰川体积将进一步下降。通过多维模型，北极海冰全年减少的范围被预测。9 月份减少范围为 43% （RCP2.6） 至 94% （RCP8.5），2 月份减少范围为 8% （RCP2.6） 至 34% （RCP8.5）。基于 1979 ~ 2012 年北极冰范围的变化趋势模拟，21 世纪中叶，北极冰可能全部融化（RCP8.5）。

北冰洋连接着太平洋和大西洋。由于北冰洋一直为厚厚的海冰所覆盖，欧洲与东亚之间的海运航线主要绕道南部的印度洋。但随着北极海冰的快速消融，将导致有着数百年探索历史的北冰洋航道开通，并延长通航时间，原来北极地区内利用的季节性航道将可能成为连接北太平洋和北大西洋的国际贸易航线。届时将出现三条航道：走俄罗斯北部沿海的东北航道，走加拿大北极群岛的西北航道以及走北冰洋中部的穿越北极点航道。从目前的商业试航的情况来看，三条北极航道首先可能开通的是东北航道（2020 年），其次是西北航道（2030 年），再次是穿越北极点航道（2040 年以后）。

海冰覆盖面积减少、水温升高会导致进入水柱的光照增强以及浮游植物生长速度的提高。对格陵兰岛以西迪斯科湾生物群落的模式研究显示，海冰消失将使该湾的初级生产力增加一半以上。就总体而言，北冰洋的生态变化很可能促进其初级生产力的增加，从而提高整个北冰洋的生物总量。同时，随着海冰覆盖面积的逐年减少，海冰消失海域的原有海冰生物群落将消失，从而影响食物链结构。海洋水团的变化和北大西洋入流水的增加，会影响大西洋种类所占的比重和分布特性。同时随着水温的升高，亚极区种类的分布将逐渐向北扩展。紫外辐射对不同浮游生物种类的影响有很大的差异。部分大型海洋哺乳动物的生存面临挑战。

北冰洋生态系统对人类社会经济的影响主要体现在对渔场分布和渔获量的影响，鱼群可能向北迁移，可能引发新的冲突。此外多年冰的彻底消失使廉价的石油钻探技术在北极应用成为可能。北极地区的石油和天然气储量占世界未开发油气资源的 1/4，而且该地区还拥有大量煤炭、金刚石、金、铀等矿藏资源，尤其是在当前油价迅速上涨的背景下，北极这块蕴藏着 1000 多亿吨石油当量油气资源的中立水域正逐渐成为各国激烈争夺的焦点。

（二）应对气候变化的全球政策框架（政策背景）

气候变化问题既是环境问题，也是发展与安全问题；既涉及各国的发展空间和模式，也涉及国际关系格局的演变，可能带来全球经济社会及安全变革。目前北极地区主权和资源争议加剧态势，都是源于气候变化的背景。极地作为全球气候变化的预警系统和主要作用地区，应对气候变化问题不仅是区域性问题，也是全球气候变化谈判的议题，是全球气候公共治理机制的关键部分。

1.《联合国气候变化框架公约》及《京都议定书》

1992 年 6 月，载入人类发展史册的联合国环境与发展大会在巴西里约热内卢召开。在这次规模盛大的会议上诞生了五个关于保护地球环境的重要文件：《里约环境与发展宣言》、《联合国气候变化框架公约》、《生物多样性公约》、《关于森林问题的原则声明》和《21 世纪议程》，对全球环境保护运动的发展起到了重要的推动作用。其中，《联合国气候变化框架公约》（*United Nations Framework Convention on Climate Change*，UNFCCC）是当前国际应对气候变化领域中最具权威性、最全面、影响力最广的公约。该公约由 153 个国家和欧洲共同体共同签署，于 1994 年 3 月正式生效，是世界上第一个为全面控制二氧化碳等温室气体的排放、应对全球气候变暖而签署的国际公约。中国于 1993 年加入《联合国气候变化框架公约》。

1997 年 12 月，《联合国气候变化框架公约》第三次缔约方会议在日本京都召开。在这次会议上，通过了《京都议定书》（*Kyoto Protocol*，以下简称《议定书》），对发达国家在 2012 年前温室气体减排的种类和额度等做出了具体的规定。第一期承诺为发达国家和地区总体减排 5.2%，其中欧盟减排 8%，美国 7%，日本 6%，冰岛、澳大利亚的排放量有所增加。《议定书》的产生缘自《联合国气候变化框架公约》履行可操作化的需要：其主要内容包括确定主要温室气体种类、量化发达国家和地区在 2012 年前减排温室气体的指标以及确立实现减排的激励机制。然而，《议定书》履行历程充满了艰难。

2. 相关国际环境公约

地球环境是一个有机整体，各个部分相互联系，气候因素的变化可通过多种机制将影响渗透到地球系统其他组成因素中去。目前关于气候变化的原因最直接和普遍的认识就是大气中温室气体浓度过高，因此保护大气环境成为人们关注的焦点。国际上与此相关的环境公约主要包括《保护臭氧层维也纳公约》、《关于消耗臭氧层物质的蒙特利尔议定书》、《联合国防治荒漠化公约》、《国际热带木材协定》、《生物多样性公约》、《联合国海洋法公约》（以下简称《公约》）以及国际海事组织减排新规则。

3. 应对气候变化的全球政治利益格局

当今的国际气候变化政治格局，主要由“三大阵营”组成，即以德国为代表的欧盟国家，以美国为首的“伞形集团”国家和以中国、印度和巴西为代表的发展中国家。在这三大阵营外，世界主要产油国（主要以“石油输出国组织”形式出现）和岛屿国家（主要以“小岛国联盟”组织形式出现）由于其国家发展甚至基本生存受到应对气候变暖行动的影响，也成为气候变化政治格局中引人注意的消极或积极因素。

欧盟各成员国经济发达，环境状况良好，政治上环保势力较强；且因其清洁能源在本国能源构成中比例较大，并拥有先进的环保技术和较充足的资金，在减排、限排温室气体方面的态度比较激进。欧盟积极倡导碳减排，认为《议定书》所有条款都应得到严格执行。为履行《议定书》，欧盟于 2000 年制定了《欧盟气候变化计划》。根据该计划 2001 年报告，为实现 2012 年比 1990 年减排 8% 的承诺，欧盟需要削减的温室气体排放量约为 3. 36 亿吨二氧化碳当量。虽然任务艰巨，但欧盟存在显著的技术减排潜力。

“伞形集团”政治上较为松散，多为能源消耗大国或温室气体减排压力较大的国家，主要有美国、日本、加拿大、澳大利亚、俄罗斯等。由于担心减排行动对本国经济造成过大负担，它们反对立即采取减排、限排措施，主张排放权自由交易、灵活执行《议定书》。但在迫使发展中国家承担减排、限排温室气体义务方面，“伞形集团”与欧盟的立场是一致的。

自 1992 年签署《联合国气候变化框架公约》至今，发展中国家在强调发达国家的历史责任，要求公约明确体现“共同但有区别的责任”的原则等重大问题上表现得较为一致。公约通过以后，尽管发展中国家阵营内部存在一定的矛盾分歧，但经过艰苦的协调工作，在反对为发展中国家增加新义务的谈判中，“77 国集团加中国”模式依然取得极大成功。在哥本哈根会议期间，中国、印度、巴西等发展中国家分别设定了各自的自愿减排计划，向国际社会表明了发展中大国积极参与国际气候变化减排行动的决心。

二 北极地区应对气候变化的机制与立法

目前南北极地区还没有应对气候变化的专门政策和机制，只是在既有的治理机制中包含相关内容。

（一）现有治理机制

在全球气候变暖、北极海冰消融的推动下，北极治理问题受到当今国际社会的日益关注。北极治理现有机制安排既包括《公约》和《联合国气候变化框架公约》这样的全球性治理框架，还包括诸如建立北极理事会和巴伦支海欧洲北极理事会的区域协议，以及类似国际海事组织主持制定的《北极冰封水域船只航行指南》等航运守则的多边机制和双边机制。

北极地区和北极地区国家之间涉及诸多法律问题。主要包括领土主权、海洋管辖权、资源开发等方面的权利。有很多国际条约，包括《公约》适用于北极地区或与北极地区有关。签订于 1920 年的《斯匹次卑尔根群岛条约》适用于斯匹次卑尔根群岛地区。不同于南极地区，没有专门适用于整个北极地区的国际条约。2009 年，环北冰洋五国（俄罗斯、加拿大、美国、丹麦和挪威）发表《伊鲁利萨特宣言》，承诺遵守包括《公约》在内的国际法。除有关专门性条约外，北极地区最出名的治理机制当属由北极环境保护战略发展而来的北极理事会，该理事会为北极地区的环境保护合作与可持续发展提供了重要平台。2013 年 5 月 8 日，北极理事会接收中国、日本、韩国、新加坡、澳大利亚和意大利为正式观察员国。

当前北极治理双边机制的主要依据是由主权国家主导的无约束性的软法和有约束性的硬法的混合。例如，1988 年美国和加拿大签订的《北极合作协议》，1994 年《美国政府和俄罗斯联邦政府关于防止北极地区环境污染的协议》，1998 年挪威与俄罗斯签订的《环境合作协议》等。

在北极地区的治理问题上，北极国家无疑拥有更大的权利、义务与责任，其他非北极国家基于《斯匹次卑尔根群岛条约》以及《公约》等法理基础也有参与北极治理的权利；但是，少数北极国家大有垄断北极事务，排斥其他国家参与北极治理的趋势。一方面，为防范其他国家“染指”北极事务，北极国家加强了彼此间的政策妥协与协调，北极国家合作主导垄断北极事务的态势加强。另一方面，北极航运、资源开发、环境保护等跨区域问题的产生和发展，对加强与非北极国家的合作、改变北极国家垄断北极事务的局面也提出了客观要求。加强与非北极国家合作的客观需求持续增长。随着北极治理机制的逐步构建和日臻完善，非北极国家的发言权和决策权也将逐渐加强。

（二）北极国家和欧盟应对气候变化的政策与立法

北极国家指北冰洋沿岸五国（美国、俄罗斯、加拿大、挪威和丹麦）、芬兰、瑞典和冰岛。其中，丹麦、瑞典、芬兰为欧盟成员国，受欧盟法律制约，美国和加拿大在应对气候变化政策上采取共同行动。挪威、冰岛虽不是欧盟成员国，但其应对气候变化的政策立场与欧盟相近，且欧盟实施的温室气体减排交易机制涵盖了挪威和冰岛。

1. 美国

由于美国特殊的有影响力的大国地位，其气候政策也表现出不同的特点：一是重视气候变化科学问题，对气候变化科学研究进行长期和巨额投入，为其从科学、技术、行业、市场的角度为美国增进对气候变化的科学认识，判断气候变化对社会经济系统的影响，提供气候变化减缓和适应的政策与技术支撑，探索低碳经济和市场运行模式等提供了重要支持和准备。二是充分重视气候变化中的不确定性，并在气候决策中留有余地。美国的谨慎态度可能是最正确的应对策略——可以避免因过度行动而对社会经济体系带来过大冲击。三是强调技术和市场因素，重视应对气候变化行动中的效率问题。四是坚持国家利益至上，保证关键行业和国家发展免受影响。

在美国已颁布的法律中，与气候变化最为相关的四部法律，为 2005 年的《能源政策法》、2005 年新颁布的《清洁空气法》，以及 2010 年的《美国能源法》《清洁能源与安全法案》。美国关于气候变化的立法，目的不外乎三个方面：控制温室气体的排放；促进美国经济的发展，维护本国利益；推广可再生能源和清洁能源技术的使用、改善能源结构。在美国的法律体系中，建立了温室气体总量控制与排放交易制度（cap-and-trade），碳捕获和封存技术的发展机制，碳关税制度和碳税制度。

2. 俄罗斯

2004 年 11 月，俄罗斯总统普京签署了名为《关于批准联合国有关气候变化的京都议定书》的联邦法律。俄罗斯的这一行动结束了长达八年的《京都议定书》“国际磋商”，得到国际社会的赞赏，但在 2013 年华沙气候大会上退出《京都议定书》。

2009 年 12 月 14 日，俄罗斯总统梅德韦杰夫正式批准了《俄罗斯联邦气候策略》，标志着俄罗斯气候政策发生重大转变。俄罗斯联邦气候政策的基本出发点，一是维护国家安全，如 2010 年联邦安全会议上提出俄罗斯必须捍卫北极地区资源所有权；政府应制订统一的气候研究计划，内容应包括评估气候变化对国家安全的潜在威胁及应对措施等；二是提高国际声望；三是实现经济转型；四是争取国家利益。

俄罗斯应对气候变化的主要政策措施：一是提高效能。提高能效是俄罗斯应对气候变化的总体战略性安排。2009 年俄罗斯正式批准 2030 年前俄罗斯能源战略。二是将节能作为减少温室气体排放的有效手段和保障经济增长的有效途径之一。为此，俄罗斯政府在 2007 年前就出台了一系列法律、措施和计划，其中包括《俄罗斯联邦节能法》（1996 年公布，2003 年 4 月修订）。三是大力发展可再生能源和新能源。俄罗斯不乏油气资源，但仍将开发新能源作为国家经济发展的优先方向，可再生能源和可燃冰是重点方向。2009 年批准《俄罗斯联邦关于节约能源和提高能效法》。

俄罗斯应对气候变化政策的特点，一是对气候变暖的科学认识是气候变化应对策略的基础。尽管俄罗斯科学家对气候变化趋势持有不同的观点，但通过实际观测及气候模型的模拟，有关俄罗斯近几十年来气候变暖趋势加剧已达成共识，这为制定应对气候变化的策略提供了科学基础。二是根据气候变化的区域特征确定气候政策。俄罗斯面积辽阔，东西横越欧亚大陆，南北纵跨三个气候带，气候变化具有强烈的地区特征。俄罗斯在了解气候变化区域特征的基础上，改进气候变化影响的估计、确定最受影响的经济行业、改善预警系统和预测灾害性水文气象事件的变化。三是充分认识气候变化对北极及北极航线的影响，其基本政策是充分保证俄罗斯对北极航线控制权。北极地区的主要经济行业包括石油和天然气行业，俄罗斯正在根据气候变化影响预测调整生产风险控制策略。四是及时采取适应气候变化措施并贯彻于国家实际行动。

3. 加拿大

加拿大较早认识到气候变化对世界环境的影响，并采取措施加以应对。早在1995年加拿大政府就出台了《国家气候变化行动计划》，明确提出了加拿大应对气候变化的三种措施，即减少温室气体排放、提高对气候变化的科学认识、采取行动适应潜在的气候变化。2010年公布的新的《联邦可持续发展战略》，将应对气候变化作为该战略的四个主题之一。

在具体行动上，加拿大基本与美国的政策和行动保持一致，实行国内行动、北美行动和国际行动三路并行策略。在国际层面上，加拿大政府参与国际谈判，2002年加入《京都议定书》，但2013年退出。在北美区域层面，加拿大政府使国内气候变化政策与美国保持一致，以此作为加拿大应对气候变化总体战略的一个关键部分。在国内层面，加拿大政府通过建立持续性的低碳经济体系，采取发展清洁电力、提高能源效率、发展碳捕集与封存技术等措施，减少温室气体排放。

4. 冰岛

冰岛有着丰富的可再生能源和独特的地理优势，就像冰岛的自然资源和环境大臣2006年在挪威的海权研讨会上提到的，北极气候的变化带来的不仅是对其本身的影响，更重要的是它也带来各国对北极的能源、资源、划界、安全等方面的关注。冰岛看到了未来北冰洋通航之后自身作为转运港的优势，并建议开辟北大西洋和太平洋间的新航线，以减少对苏伊士运河、巴拿马运河等现有世界性航线的依赖。由于冰岛有着丰富的清洁可再生能源，能够满足自身70%的需求，加上氢能和其他清洁能源技术的发展，冰岛认为其会用一种更合理的保护生态的方式穿越北极。所以，对于冰岛的北极活动，冰岛应更关注国际层面的立法规定。冰岛高度重视可持续发展、生态的保护，参与了北极理事会的建立，为北极地区的生态保护和可持续发展做出了重要的贡献。

5. 瑞典

北极生态的变化直接影响到瑞典，北极生态环境脆弱，瑞典境内北极圈的生态保护受《瑞典环境法》规制，进入北极圈内的人类活动要严格遵守生态保护方面的法律规定。瑞典外交部部长在北极理事会上的发言集中阐述了瑞典的北极政策，瑞典政府更为关注北极的生态平衡和气候问题。在气候问题上，瑞典认为北极气候的变化不仅影响北冰洋和全球气候系统，而且影响沿海国依靠北极海域生存的关键经济行业，如捕鱼业、运输业、采矿业、天然气开发行业等，这些行业是北极国家的经济基石。在北极生活的瑞典土著居民也依赖于北极海洋生态。瑞典不仅在国内和欧盟采取措施，还在世界领域推动各国达成共识遏制北极的气候变化。

6. 欧盟

欧盟是国际气候谈判的重要力量，欧盟 28 个国家中的 26 个加入《京都议定书》。经过 20 余年的发展，到目前为止，欧盟针对气候变化，围绕温室气体排放交易、能源、交通等方面已经形成了较为全面的立法体系，涉及欧盟基础条约、批准《联合国气候变化框架公约》和《京都议定书》、欧盟及其成员国温室气体排放水平、欧盟温室气体排放交易、能源与气候变化、能源与气候一揽子法案、税收、温室气体检测，以及关于氟化温室气体等方面 30 余项法案。

欧盟建立的应对气候变化的立法制度包括：（1）欧盟温室气体排放交易机制（EU ETS）。欧盟是世界上第一个建立跨国温室气体排放交易机制的地区，其所建立起的这个机制也是迄今覆盖最多国家、横跨最多行业的机制。（2）提升能源效率，促进可再生能源发展。长期以来为了应对气候变化，欧盟的能源政策与立法在可再生能源、提高能源效率、建筑节能以及其他方面已经形成了较为全面的体系。可再生能源政策与立法在欧盟能源政策与立法方面占有重要地位。（3）税收。作为调节经济发展的手段，税收被认为是最具市场效率的措施。芬兰在应对气候变化立法方面对全球的贡献之一就是芬兰的碳税制度。

欧盟应对气候变化的政策历经二十余年。1989 年，时值里约峰会准备时期，这一年被认为是欧共体气候变化政策的开始。1990 年 10 月，欧洲能源与环境部长会议决定，如果其他国家能做出类似的承诺，欧共体将会作为一个整体来采取措施使二氧化碳排放量稳定在 1990 年的水平。这些会议结论使欧共体成了国际气候谈判的关键因素和领导力量。2002 年，欧盟批准了《京都议定书》[1]，理事会强化了其在欧盟内部采取措施的工作从而为温室气体减排做出更大的贡献。从这以后，欧盟实施了大量的气候变化措施。2005 年 1 月 1 日，温室气体排放交易计划正式启动。2008 年 11 月 19 日，欧盟颁布了指令 2008/101/EC,[2] 将航空业纳入排放交易机制中。根据该指令，自 2012 年 1 月 1 日起，所有起飞自或降落于欧盟机场的空运活动都应纳入排放交易机制中。2009 年 4 月，欧洲议会和欧盟理事会共同通过了欧盟委员会提出的成员国任务分担，以实现欧盟关于 2013 ~ 2020 年温室气体减排承诺的 406/2009/EC 决议。其中，北极国家丹麦、瑞典和芬兰的气候变化的立法和政策在欧盟框架下，分别承担 2020 年减排 20%、17% 和 16% 的目标（相对于 2005 年）。2010 年 3 月 9 日，欧盟委员会发布了题为《后哥本哈根国际气候政策：重振全球气候变化行动刻不容缓》的通讯。[3] 文件对后哥本哈根时代欧盟气候谈判的总体战略进行了布局，包括各国携手控制气温变暖的全球战略目标、多边机制框架下的国际气候谈判、重申欧盟 20% 和一定条件下 30% 的温室气体减排义务、启动《哥本哈根协议》中国际资金援助项目等内容。

三 现有法律体系特点与未来方向

北极地区应对气候变化的法律法规涉及广泛，从范围上，涉及全球、区域和国家三个层面；从内容上，涉及社会经济发展、能源战略、科学研究等多方面。分散与具体、全面与空白并存，目前还没有形成被整个国际社会公认并适用于一切国家的普遍性规范。

（一）现有法律体系的问题与特点

极地生态环境脆弱，一旦遭受损害，就极难恢复。极地区域对全球气候变化更为敏感，需要更为严格的保护措施。目前还不存在专门为极地区域应对气候变化制定的国际条约，现有法律体系存在以下问题。

---

① Decision 2002/358/EC.

② Directive 2008/101/EC of 19 November 2008 amending Directive 2003/87/EC so as to include aviation activities in the scheme for greenhouse gas emission allowance trading within the Community, OJ L 8, 13.01.2009, p. 3.

③ COM (2010) 86 final.

缺乏针对性。现有的与北极应对气候变化有关的国际法律制度以《联合国气候变化框架条约》、《京都议定书》、《斯匹次卑尔根群岛条约》，以及北极地区国家法律为主要框架。现有这些法律文件大都为解决在全球出现的特定问题而制定，在治理极地问题时从中寻找相关规定加以适用。这些条约虽然从一定程度上对北极应对气候变化有所帮助，但是很少考虑到极地对气候变化更加敏感，即同样全球气温升高可能对南北极的影响要比世界其他地区更加严重，这是已经被事实证明了的。

执行效力较低。作为北极大国，美国并未参加《联合国气候变化框架公约》《关于持久性有机污染物的斯德哥尔摩公约》《京都议定书》等国际公约，同时，加拿大、俄罗斯相继退出《京都议定书》，这使得相关公约的普遍性、权威性受损，也使得全球应对气候变化的难度加大、进程变缓，直接影响极地领域应对气候变化的成效。此外，国际海事组织、北极理事会所制定的“软法”不具法律约束力，相关文件执行的弹性较大，难以保证预期效果。而且，北极理事会等现有区域治理机制虽然主要集中在处理科研、环保及可持续发展问题上，但它无法解决跨区域的环境、气候问题，以及航运、能源等具有全球因素的问题。

不成体系性。首先，现有的与极地区域应对气候变化相关的国际法体系充满了具有不同法律一体化程度的普遍性、区域性甚至是双边性规范。存在于这个体系内部的各种规范和制度之间并没有形成一种结构上的有机联系，它们互相冲突、彼此矛盾。这些冲突导致了在适用国家法律规则方面的困难，使国家可能遇到必须遵守相互排斥的义务的情况，从而引起国家责任与国际争端。其次，与北极应对气候变化相关的法律具有多样性。第一，调整北极应对气候变化的国际条约所涉及部门不断增多，其自身的调整范围已经扩展到国家间的经济关系、文化关系、法律关系等领域，几乎包括人类生活的各个方面，这些所涉及的国际法的规则、规章和制度呈现出部门化或领域化的发展趋势。第二，由于北极八国之间在地理、经济和文化方面都存在差异，加上国际法调整对象的范围不断扩大，能被整个国际社会公认并适用于一切国家的普遍性规范毕竟是有限的。因此，现代国际法在发展普遍性规范的同时，并不排斥基于区域共同利益而制定特殊的国际法规范。在这种背景下，北极八国之间以及北极国家与其他国家之间的区域或次区域国际法相继产生，从而为保护北极生态和应对气候变化国家间合作与和平稳定提供了比普遍性国际法规范更为发达的法律形式。第三，涉及北极地区应对气候变化的国际法主体多重扩展。在现有调整北极应对气候变化的国际法体系中，既有规定国家对国家义务的“共存国际法”，如《联合国气候变化框架公约》及《京都议定书》；又有规定国家对国际社会义务的“合作国际法”，如北极理事会的多边或双边协定；还有规定国家义务的“国内立法”，从而使调整北极应对气候变化国际法由过去的平面式的规范结构发展为现在的纵横交错的立体规范网络。最后，国际法不成体系性造成了北极应对气候变化法律的冲突。对北极影响比较大的《联合国气候变化框架公约》、《斯匹次卑尔根群岛条约》、北极国际科学委员会章程条款和北极环境保护战略等，以及北极主权国家的国内立法，各自的订立主体、目的、适用范围等均不同，在制定时并没有考虑过和其他条约的协调一致问题以及统一问题，因此在实行中必然会在交叉管辖的领域产生冲突。同时由于各主权国家利益主体应对全球气候变化的政策和立场各不相同，也造成了国家立法与国际法、其他国家立法之间的冲突和矛盾。

（二）现有法律体系对我国在北极活动的影响

随着气候变暖，北极地区蕴藏的丰富资源和极具战略价值的航道，都从潜在利益变成了现实利益，北极争夺将更加激烈。同时应对气候变化也成为人类共同的责任和义务。在应对气候变化大背景下，现有的法律体系对我国在北极活动的影响可能表现在以下几个方面。一是大国以国家利益为根本制定政策和立法。虽然北极大国美加俄等相继退出《京都议定书》，必须警惕其将来可能立足维护其北极国家利益，以减缓和适应北极气候变化、保护生态环境为名，共同制定北极气候变化政策（通过主导北极理事会）设置壁垒，限制非北极国家尤其是新兴经济体在北极的勘探开发活动。当然，这也符合其他北极小国利益。丹麦、瑞典、芬兰，以及挪威、冰岛在欧盟框架下减排任务重，未来也存在提议加强对北极活动减排限制的可能性。二是北极国家共同实施碳税和碳关税，以及温室气体排放交易制度等，将对我国在北极的活动产生不利影响。三是北极航道很可能在 2013～

2030 年畅通。国际航运重心可能将转向北极，大量的货物将会通过该航线运输，这将导致船舶的需求和航道环境管理产生重大改变，以使船舶适应 IMO 新规则并在低温多冰、气候恶劣的北极地区航行，因此，北冰洋海域可能被划为 IMO 减排区，强制执行新标准。

（三）未来北极地区应对气候变化法律框架方向

极地领域应对气候变化问题超出了国家的领土范围，表现为一种全球化的力量。各主权国家、国际组织和非政府组织等为应对全球气候变化对南北极影响进行合作，参与和制定各种有关全球或针对极地特定环境问题的国际协定、条约以及由此构成的各种法律体系，为极地地区“超国家”生态治理及气候变化治理机制的形成奠定了基础。极地应对气候变化要求全球进行广泛而深入的国际合作，包括在相关立法体系上，相关国家、国际组织和非政府组织的参与以及制度的具体实施。

未来应从极地应对气候变化的全球性框架公约、极地区域性法律以及应对气候变化的国内立法三个层次构建极地应对气候变化的法律。

从北极区域看，未来北极区域性气候变化法可以考虑纳入“北极环境战略”中，增强其执行力，赋予北极理事会执行的权力，从而促进北极应对气候变化。从我国在北极的战略利益出发，应关注北极地区应对气候变化区域法律体系构建，坚持基于人类的共同利益、在《联合国气候变化框架公约》下，以建立约束力较弱的“软法”为主。

极地军事活动概览

宋云霞[*]

【内容摘要】“极地军事活动”是极地军事活动法律问题研究的逻辑思维起点。本文首先界定了极地军事活动，并简要分析了极地军事活动的法律限制，在此基础上，研究我国极地军事活动的目的及途径，以及必要的法律保障，为课题后续研究奠定基础。

在全球经济快速发展、资源短缺的时代，由于各国争相拓展本国利益而不断引发和出现新的竞争格局。南北极地作为世界上仅存的未完全开发地区，已经成了各有实力大国竞争的重点。为了在新的国际竞争格局中占据主动，应当高度重视对极地地区的研究开发，这将会对我国国家利益拓展产生重要而深远的影响。

国家利益，是一个主权国家在国际社会中生存利益和发展利益的总和。实践证明，国家利益拓展与维护利益安全的能力应同步发展，军队的使命任务必须与国家利益需求相适应。早在 2004 年，时任军委主席的胡锦涛同志在中央军委扩大会议上就提出，新世纪新阶段我军要为维护国家利益和国家利益的拓展提供有力的战略支撑。党的十八大报告指出：“中国将坚持把中国人民利益同各国人民共同利益结合起来，以更加积极的姿态参与国际事务，发挥负责任大国作用，共同应对全球性挑战。”在十二五期间，我国在极地的活动范围和内容将随着极地的开发逐渐拓展，不仅应进一步加强科学考察，同时也应加强“实质性存在”。为维护国家安全、拓展国家利益，军队参与极地地区的各项活动势在必行。军队在为我国极地利益拓展

* 宋云霞，海军大连舰艇学院教授。

做好探路者与守护神的同时，也为可能发生在我国北部方向的危机和冲突做好应对，在我国的北部方向上建立一个战略缓冲带。但是，由于我国处于大国崛起的关键阶段，受到了国际社会的密切关注，我国的重要举动，特别是军队的活动往往被世界各国赋予特殊的意义，做出各种解释和猜测，甚至采取各种不利于我国的行动措施。我国极地军事活动面临多重法律风险，法律保障是我国极地军事活动的必要条件。明确界定军事活动的性质及种类，活动目的及实现途径，是进行法律保障的必要前提。

一　军事活动概述

从现有资料来看，在描述与军事行为相关的事务时，通常使用军事活动（military activities）或军事行动（military operations）。然而，无论是权威的辞书还是我国法律、外军规定都没有对军事活动（military activities）进行界定，而只对军事行动（military operations）进行了有限的规定。2011 年版《中国人民解放军军语》界定了军事行动，即“武装力量为完成军事任务而进行的有组织的活动。分为战争行动和非战争行动”。[①] 外军也多使用军事行动一词。如美军 2011 年版《作战纲要》和英国《国防指南》（第二版）也都使用的是军事行动（military operations）一词而非军事活动（military activities）。美军 2011 年版《作战纲要》将军事行动（military operations）的范围界定为三类：（1）军事交流、安全合作和威慑。美军认为这一类是不间断的日常活动，用以建立、形成、维持和改善同其他国家以及本国其他部门（如国务院或地方执法机构）之间的关系。（2）危机响应和有限的应急行动。这一类是小规模的、短期的行动，如攻击、突袭以及强制和平等。（3）大规模行动和战役。[②] 英军则将军事行动（military operations）分为战争和战斗力应用，以及战斗力的扩大应用两大类。[③]

《现代汉语词典》解释，“军事”是指与军队和战争有关的事情。“活动”是为达到某种目的而采取的行动。“行动”是为实现某种意图而具体地

---

① 《中国人民解放军军语》，军事科学出版社，2011，第 7 页。

② Headquarters Department of the Army, FM3 - 0: *The Operations Process*, foreword, February 22, 2011, p. 2.

③ *Operations in the UK* (second edition), https://www.gov.uk/government/publications/operations-in-the-uk-a-joint-doctrine-publication, 2012 - 11 - 25.

进行活动。该词典在对“活动”与“行动”的解释上陷入了概念的逻辑循环。从词性上来分析，“活动”属于“行动”的上位词（hypernym），是概念上外延更广的主题词。“行动”则属于“活动”的下位词（hyponym），是概念上内涵更窄的主题词。军事活动范围较宽，包括一切与军事相关的行为，包括战争军事行动，非战争军事行动和军人日常职责活动。其中，军事行动与军人日常职责活动不同，正是由于二者不同，我国《刑法》第368条在第一款和第二款分别规定了阻碍军事行动罪和阻碍军人执行职务罪。这里的军事行动是武装力量为实现某种目的而有组织进行的活动。[①] 这里的“职务”，指的是军事勤务，一般指军队条令条例以及有关规章制度、上级决议、命令、指示等所赋予的各项任务，如训练、作战、国防施工以及日常行政管理等方面进行教育的任务。[②] 军人执行日常职务的行为还包括军队院校的教学科研、部队日常的执勤巡逻、军队的国防定购等日常性工作。

（一）军事活动界定

目前国内国外学界均未明确界定军事活动的概念。为研究需要，本文结合我国可能在极地开展的军事活动的角度出发，从以下三个方面分析军事活动。

1. 活动的总体目的

从目的上来看，如果活动的最终目的是维护国防利益和军事安全，那么就应当认为是军事性质的行动。一项活动可以仅仅是一项单独行动，也可以是由一系列行动构成。单独的行动其目的一目了然，比较好判断其性质。但一系列行动的性质到底是军事还是民事，应从其总体目的或者最终目的来判断。当然，该最终目的或者总体目的并不需要在其每一阶段都能够明确表现出来。比如，英国和阿根廷在南极建立的各个基地，其最终目的当然是维护国防利益，因此，可以认为具有军事性质，但是，每一不同阶段的行动，比如建立管理区和基地等，则是以科学考察、环境保护和管理作为理由，军事目的并不明显。

---

① 曹子丹、侯国云：《中华人民共和国刑法精解》，中国政法大学出版社，1997，第393页。

② 曹子丹、侯国云：《中华人民共和国刑法精解》，中国政法大学出版社，1997，第393页。

2. 活动的主要主体或负责机构

一项活动的性质还可以从其主要的执行主体或负责机构来判断。在一些军地合作的活动中，要依据主体在活动中的地位来确定其活动性质。如执行科学考察活动，可能是多部门联合考察，若其主要主体或负责机构是地方单位，其主要成员都是地方人员，即使其中可能包括了军队中的部分科研或者保障人员，也不能认定这是一项军事活动，而仍应作为一般的民事活动。同样的道理，如果在科学考察过程中，由于地方科研单位不具备某些保障条件或者考察设备，而借用军队的相关设施、设备进行科考，那么，此项活动仍应是一般的民事活动。反过来说，如果一项行动的主要主体或负责机构是军事单位，那么，即使有部分平民参与其中，也应认为是军事活动。比如美军的医院船虽然是由一队平民船员负责操作、航行和维护，但是他们是受美国海军军事海运司令部指挥，为美国海军军事海运司令部工作，因此，该医院船的行动即为军事活动。此外，判断一项活动是否军事活动有时要关注研究角度问题，因为对武装部队成员来说，即使其参与的是地方的项目，他的参与并不能改变其所参与活动的性质，但由于其军人的身份，对其本人和所在单位来说是履行“职责”行为，当然属于军事活动。所以，从这一角度来看，对于军队人员来说，只要作为军人，无论是完成日常性的工作还是执行特殊的命令任务，无论是战时还是平时都应当属于军事活动。

3. 活动的资金来源

如果一项活动是由国防军费支出，那么这一活动当然应当被视为具有军事性质，即使其形式上可能是由平民组织执行，也不能改变其军事性质。如军事订货，虽然可能是由平民企业生产某些设施、设备、被装等，但是由于是军队订货，产品将用于军事用途，因此也应属于军事活动。但应注意，如部队参加地方抢险救灾行动，费用虽然是由地方人民政府支付，但是由于行动的主体是部队，部队是在履行其使命职责，应当属于军事活动。

综合以上三个方面，军事活动可以界定为：以维护国防利益和保障军事安全为主要目的，或由军队作为参与活动的主要主体和负责单位，或由军队提供主要资金来源的活动。

（二）军事活动的分类

为方便研究极地军事活动需要，可以把军事活动分为不同的类型。

1. 军队日常工作任务和军事行动

这里的军事行动包括战时和平时的军事行动，即军语中所列的战争行动和非战争行动。战争军事行动包括国际法规定的国际武装冲突和非国际武装冲突中的交战行为，还包括我国《刑法》第451条所规定的“战时”适用范围内的军事行动。《刑法》第451条规定：“本章所称战时，是指国家宣布进入战争状态、部队受领作战任务或者遭敌突然袭击时。部队执行戒严任务或者处置突发性暴力事件时，以战时论。”非战争军事行动主要包括反恐任务、维护社会稳定、抢险救灾、安保警戒、维和行动、国际救援、保交护航、海外撤侨、联合军演以及封边控边等任务。[①] 军队日常工作任务范围更加广泛，包括一般事务性工作和职责职务性工作，如基层部队的日常训练、巡逻等，上级机关的公务传达、工作布置等，院校科研单位的教学科研、会议调研等。

2. 显性军事活动和隐性军事活动

这种分类主要以活动的外部特征来划分。一般而言，所谓显性军事活动是指军事性质明确的，由武装部队主导实施的各类行动，包括日常性工作任务和军事行动。如战争、军事演习、军事设施建设、军事巡逻、武器试验、军事侦察等。隐性的军事活动则是指虽然有武装部队参与实施，但是由其他机构主导或支付费用，不以军事利益为直接目的，并且已经为国际社会默许的某些军事活动。如《南极条约》在第1条所指的使用军事人员和军事设备为科学研究和其他和平目的服务，例如，美国、阿根廷和新西兰等国海军负责的在南极的基地和科学考察活动的后勤保障活动，还包括美国国防部一直支持的在南极洲上层大气物理研究等，虽然该研究对美国国防通信系统有非常重要的价值，但其他国家对此都没有表示明确的反对。因此，诸如此类的活动，虽然其实质仍然是军事活动，但是由于已经为国际社会所默认，所以属于典型的隐性军事活动。

---

① 总政办公厅：《军队非战争军事行动法律保障研究》，解放军出版社，2012，第1页。

当然，显性和隐性是相对而言的，不存在明确的区分，如上所举的例子一样，无论显性还是隐性其实质都是军事活动，区别主要在于活动所要达到的目的效果和当时的内外环境。从现阶段各国在极地开展的军事活动来看，以显性军事活动为主。按照目的大致可以分为显示存在、战略威慑、维护海上安全、人道主义救援/灾难救援，以及支援其他机构行动等几类。考虑到我国的实际和国际环境，我国未来在极地地区开展的军事活动应当以维护海上安全、人道主义救援/灾难救援和保障科学考察等隐性军事活动为主要形式。

（三）军事活动的时代特征

军事活动发展到21世纪以后，与传统军事活动相比，呈现出比较明显的时代特征。

1. 军事活动逐渐从单纯的战争目的转向战争与和平目的并重

传统的安全威胁主要指战争，传统的军事活动也主要是指战争。从维护国家利益角度讲，军事活动往往有着明显的政治、经济、外交或心理的具体要求，需要在可控的、低强度的条件下进行，而战争一旦爆发，规模、范围均难以控制。“冷战”结束以后，特别是“9·11”事件发生以后，非传统安全威胁凸显，一国国内的武装冲突会对别国的安全稳定产生重大影响，恐怖主义、国际犯罪、海盗活动等危害突出。战争固有的局限性和非传统安全威胁的凸显使军事活动的目的渐趋多元化，战争与和平目的并重，防止战争、消除冲突、促进和平与稳定成为开展军事活动的重要目标。

2. 军事活动与民事活动的界限逐渐模糊

前文已经分析，军事活动大体可以分为两类，一类由武装部队主导实施，包括日常性工作任务和军事行动，如军事演习、例行巡逻等，具有明确的军事性质，我们称之为“显性军事活动”。另一类虽然有武装部队参与实施，但是由其他机构主导或支付费用，表面上以民事利益为直接目的，但背后却隐藏着一定的军事目的，即为“隐性军事活动”。比如美国、英国等国在南极开展的科考活动，后勤保障均由海军负责，虽然表面目的是科考，但锻炼人员和装备适应极地恶劣环境的军事目的更为重要，可以认为实质上是军事活动。“显性军事活动”与民事活动的区分非常清楚，而“隐性军事活动”与民事活动紧密融合，界限很难区分。

3. 涉外军事活动逐渐增多

经济全球化使各国联系更为紧密，国家在海外的投资、商贸活动日趋频繁，海外的经济、安全利益日益凸显，迫切需要军队扩大活动范围，开展更多的涉外军事活动。从实践上看，美国作为世界上唯一的超级大国，一直致力于实现全球军事存在，美军的 11 个航母战斗群活跃在世界的各个角落，美国的军事基地散落在五大洲的几十个国家，涉外军事行动早已成为美军的常态化行动。近年来，我军也逐渐走出国门，在维护和拓展国家海外利益方面进步明显，先后参与联合国维和行动、国际人道主义救援、联合反恐，积极开展联合军演、护航、撤侨、出访等多项活动。涉外军事活动已经成为我军完成多样化军事任务的重要组成部分，未来随着我国综合国力的不断提升，涉外军事活动的比重也将不断加大。

（四）极地军事活动的限制

1925 年生效的《斯匹次卑尔根群岛条约》（以下简称《斯约》）使斯瓦尔巴群岛成为北极第一个也是唯一的非军事区。条约规定："在不损害挪威加入国际联盟所产生的权利和义务的情况下，挪威保证在第一条所指的地域不建立也不允许建立任何海军基地，并保证不在该地域建立任何防御工事。该地域决不能用于军事目的。"① 可见，《斯约》对军事行为的限制是采取列举方式，排除的具体军事活动是“建立任何海军基地”和“建立任何防御工事”，从活动性质上则排除了任何军事目的的活动。1977 年，冰岛人民联盟党提出在北纬 55°～70°，从加拿大东海岸到苏芬边界，禁止任何军事活动。这个建议立即得到当年在阿拉斯加巴罗召开的第一届环北极因纽特人大会的响应，此次大会上更进一步提出北极非军事化，呼吁在北极地区禁止“任何军事性质的活动，如建立军事基地和防御设施、军事部署、武器试验、生物化学武器或核废料或其他有害物质的处理等”。1986 年 8 月 3 日，第四届环北极因纽特人大会再次提出，“通过各种政策和行动，北极因纽特人大会应继续推动北极地区的和平目的国际合作，取消北极军事化

① 《斯匹次卑尔根群岛条约》第 9 条。

的任何动机”。[1]

1959 年《南极条约》第 1 条规定：（1）南极洲应仅用于和平目的。在南极洲，应特别禁止任何军事性质措施。（bans military activity on that continent）如建立军事基地和设防工事，举行军事演习，以及试验任何类型的武器。（2）本条约不阻止为科学研究或任何其他和平目的而使用军人或设备。第 5 条规定：禁止在南极洲进行任何核爆炸和处理放射性尘埃。[2]

《南极条约》第 1 条第 1 款要求南极洲仅用于和平目的。该款排除了战争军事行动，同时，也排除了建立军事基地和设防工事，举行军事演习和实验武器等具体军事行动。第 5 条第 1 款又排除了核爆炸和处理放射性尘埃等活动。该条约第 1 条第 2 款认为，为科学研究和其他和平目的，使用军人或军用设备是允许的。

可见，南北两极非军事化从条约上看，并不完全禁止南北两极地区军事活动，而是限制了一部分军事活动。首先，从活动性质上来看，允许出于科学研究目的实施的军事活动。其次，从具体行动上来看，禁止“建立任何海军基地”和“建立任何防御工事”。再次，从禁止区域来看，禁止在斯瓦尔巴群岛“建立任何海军基地，并保证不在该地域建立任何防御工事。该地域决不能用于军事目的”，在北纬 55°～70°禁止“建立军事基地和防御设施、军事部署、武器试验、生物化学武器或核废料或其他有害物质的处理等”（北极因纽特大会），禁止建立军事基地和防御工事，举行军事演习，以及试验任何类型的武器（《南极条约》）。最后，从活动目的上来看，必须出于和平目的而非军事目的。（《南极条约》）

（五）极地军事活动的特征

与一般军事活动相比，各国在极地区域进行的军事活动由于其所在地域和法律环境的特殊性，具有以下特征。

---

① Inuit Circumpolar Conference Resolution ICC 77 – 11, as amended: “Peaceful and Safe Uses of the Arctic Circumpolar Zone”, from the files of CARC, Ottawa. Quoted from Ronald G. Purer, “Arms Control Proposals for the Arctic: A Survey and Critique”, Kari Mottola eds., *The Arctic Challenge: Nordic and Canadian Approaches to Security and Cooperation in an Emerging International Region*, Boulder & London, Westview Press, 1988, p. 197.

② 《南极条约》第 1 条第 1 款、第 5 条第 1 款。

1. 北极地区以军事行动为主，南极地区以隐性军事活动为主

北极地区由于其处于多国环绕之中，环北极各国对部分区域存在争议，因此各国在该区域现阶段以军事演习等军事行动为主，但从目前的趋势看，随着俄罗斯北极部队的建立以及美国和加拿大等国相应部队的部署，该地区的日常职责性军事活动将成为常态。南极地区由于其受《南极条约》的规制，各国在该地区显性的军事活动不多，主要是以支援保障性的隐性军事活动为主。

2. 极地军事活动的政治敏感性高

两极地区由于其所处的特殊地理位置和法律环境使得在该区域进行的任何军事活动都备受国际社会的关注。由于受《南极条约》的规制，南极地区不能进行任何显性的军事活动，如军事演习、建立军事基地等，因此各国现阶段在该地区都进行的是低敏感度的隐性军事活动，如保障科学考察、救援遇险人员等。北极地区更为复杂敏感，由于其处于多国的环绕之中，存在主权、管辖权的争议等问题，加之自然资源丰富，战略价值高等特点，使得在该区域进行的任何性质的军事活动都会引起附近国家和国际社会的极大重视，稍有不慎就可能引起国际争端，成为众矢之的，从而无法达到进行军事活动的目的。

3. 极地军事活动涉及的法律问题复杂

在两极地区开展军事活动既涉及国际法又涉及周边国家的国内法，从活动主体到活动目的都要受到相关法律法规的规制。在南极地区，由于《南极条约》规定在南极大陆禁止任何类型的军事活动，这就为在该地区进行军事活动的合法性提供法律依据增加了难度。从已有的各国实践看，为了规避该条约的限制，各国虽然打“擦边球”在南极大陆附近变相展开一些军事活动，但也都会极力避免直接违反该条约的规定，给自己的行为留有回旋的余地。而在北极地区，由于处于多国环绕之中，存在多国管辖的问题，使得在该地区进行军事活动涉及的法律问题更加复杂。虽然北极地区看似没有如南极大陆被完全禁止任何类型的军事活动，但是在该地区进行军事活动的法律难度更大，因为不但受到《斯约》的规制，更要受到环北极各国国内法的管辖，从航道安全到环境保护都有相关的法律规定。

4. 极地军事活动对军事装备和兵员训练的要求高

由于极地特殊的气候、地貌等条件，在该区域开展军事活动，对军事装备的耐寒性要求极高，无论是舰船飞机、设施设备还是兵员被装、饮食供给等都需要特殊的设计和保障。同样由于两极地区的特殊气候和环境，部署在该地区的部队训练和演习等军事活动对兵员的身体和心理素质的要求都极高，需要进行专门的训练。

二 我国极地军事活动的目的及途径

（一）极地军事活动的目的

结合南北极的自然地理特征和地缘政治现实，我国目前开展极地军事活动应该立足于主要实现以下目的。

1. 发展军事科技

军事技术研发一般采取模拟环境试验和实地环境试验相结合的方式，由于实地环境能够实现对各种因素的最大限度综合，发现模拟环境不可发现的问题，具有不可替代的重要作用。极地特殊的地理环境和气候条件，使在北极开展的许多科研活动都具有非常重要的军事价值。比如在极地开展空间环境、能源勘探和全球环境变化等科学研究，除了有利于提高研究国的科技水平和科技竞争力之外，还有重要的经济、战略和军事价值，可以说极地是军事技术研发的天然试验场。极地是全球的寒极，气候恶劣，南极干燥多风，北极潮湿多雾，便于测试低温和极端气候条件下的各项技术指标。极地的经度和纬度属于相对概念，对定位和测量是个考验。极地靠近南北磁极，地磁环境复杂，对电磁设备的稳定性提出了更高要求。所有这些，使各国非常重视在极地进行科研和装备试验，如美国在1949年就在阿拉斯加建立了寒冷地区测试中心，俄罗斯在新地群岛建立了中央核试验场。[①] 极地在开展军事气象研究保障方面也有独特优势，极地是地球的冷源，极区与中低纬度地区的热量交换，促使全球形成了各种气候现象，极地磁场运动与全球大气环流和气候变迁直接相关，而极地地区的特殊气候现象——极光，更是空间天气（指太阳活动引起的日地空间环境）变化的重要“指示器”。观测研究极地气象变化，不仅可以促进对短期天气的准确预报，还可进行中长期气候预测，对于军事气象技术发展意义重大，在战术、战役和战略各个层次都具有较高的价

① 北极问题研究编写组：《北极问题研究》，海洋出版社，2011，第297页。

值。美国已经在北极建立起卫星，飞机和漂浮气球，地基观测台“三位一体”的气象观测体系，日本也在北冰洋中心位置设置了世界首个全天候观测点。[①]各国的实践经验证明了极地对于发展军事科技的重大意义，我国也应该向南北极考察站派出军事技术专家，以考察站各类设施搭载军事科技设备等方式开展科考、测绘等，尽快提升军事科技水平。

2. 锻炼人员，试验武器装备

极地具有特殊的自然气候条件，对于人员素质和武器装备的性能也有特殊要求，同时，临近北磁极所带来的强电磁干扰，对于武器装备的抗干扰能力提出了更高要求，是锻炼人员、试验武器装备的良好场所。事实上，美国早已开始进行类似活动，比如 1946 年美国就用军用飞机在南极进行了规模空前的“跃进行动”，2007 年甚至把 C－17“环球霸王”战略运输机派到南极完成了“深冻－2007”飞行任务。美国对外宣称这些活动的目的是科学考察和后勤保障。但不可否认的是，不但其军事人员在极寒条件下的作战能力得到了真实的训练，而且其军事装备，尤其是飞机的工作情况也在特殊环境条件下获得了检验。事实上，任何国家都可以通过在南北极的活动实地观测极端寒冷的气候对人、设备、补给等的影响，从而获得非常有用的军事知识和数据。

3. 搜集情报

极地特别是北极对于军事情报保障具有一定意义。由于北极地区距北半球各大国距离都较近，这里成为情报监听、收集的重要场所。“冷战”期间，美苏两国都在北冰洋的漂浮冰山上修建了多座监听站，还在冰层下放置了多部声呐设备，两国战略核潜艇在北冰洋海区也主要是用于间谍活动，而并非直接对抗。我国也可依托北极黄河站，在进行科考、贸易、搜救、国际合作等活动时，进行情报搜集。早在 20 世纪 50、60 年代，美国和苏联就开始利用核潜艇前往北极探险，收集了大量有关北冰洋的水下珍贵资料，这些资料无论在科学方面还是在军事方面都具有十分重大的意义。

4. 紧急救援

南北极属于高寒地区，气候严寒恶劣，交通、医疗等相关保障设施不完善，一旦发生自然灾害、船舶飞机故障、人员患病等紧急事项，缺乏有效的

---

① 北极问题研究编写组：《北极问题研究》，海洋出版社，2011，第 296 页。

保障，必须建立相应的紧急救援机构予以应对。鉴于在南北极进行活动的军事机构具有较好的运输保障条件，紧急救援行动成为极地军事活动的一个重要内容。紧急救援不仅针对本国公民机构，还广泛运用于国家之间的相互援助。2012 年 8 月 9 日，正值南极极夜、气温在零下 25 度的恶劣条件下，澳大利亚应美国南极科考站请求，成功将一名患病的美国科学家救出，运送到新西兰接受治疗。2013 年 7 月，我国南极考察队向美国南极阿蒙森－斯科特站请求，对我国正在南极冰盖上进行考察的患病的科学家进行援救。我国开展极地军事活动，必须将紧急救援列入极地活动项目之中，而且应当借鉴他国成功经验，加强相关人员的培训，配备相应的设备，在营救我国人员和国际救援活动中发挥重要作用。

（二）极地军事活动的途径

1. 军方单独实施

北冰洋部分海域按照《联合国海洋法公约》的规定属于公海，我国可以独立自主地在这部分海域进行军事演习、武器装备试验、军事测量、军事气象监测等活动，包括在永久冰层上建立保障基地。针对他国划定的领海和专属经济区，由于《联合国海洋法公约》对于军舰的无害通过和过境通行没有具体规定，我国可在与沿海国协商的基础上，适当进行军舰过境、武器装备试验、军事测量等活动。北极航道开通后，部分航道在法律上可能会被界定为用于国际航行的海峡，我国军舰、潜艇、飞机可以利用这些便捷航道，快速通过以执行护航、撤侨、海外救援、海空搜救等任务。利用海军潜艇等军事设施对北极航道及外大陆架进行科学考察活动是各国的习惯做法，我国是世界上六个拥有核潜艇的国家之一，可参照其他国家的做法，积极利用海军潜艇等军事装备来收集北极航道、北极地区相关情报。需要指出的是，现阶段北极局势十分敏感，军方单独实施军事活动的方式并不适合广泛适用，必须慎重开展。南极已经实现了非军事化，不具备由军方单独开展军事活动的条件。

2. 参与国际合作

我国并不属于极地国家，如果以自己的名义独立开展极地军事活动，在当前的敏感局势下，极易引起其他国家的过分关注，带来误解和排斥，而以国际合作的形式与极地国家共同开展极地军事活动则相对容易实现。

首先，可在联合国框架下开展极地军事活动。当前，一些国家利用地缘优势，在极地抢先划定势力范围，引发争端。纷争处理不当，势必严重影响世界安全。中国作为一个新兴大国，又是联合国安理会常任理事国，在这场博弈中应当承担起大国责任，力争在联合国框架下解决一些北极争端，开展一定的军事活动，继续强化北极的非军事化。未来一旦在北极地区出现武装冲突，我国可以提议启动联合国集体安全机制，组建国际维和部队，我军积极参与其中，发挥应有的作用。针对北极航道开通后可能出现的恐怖活动、海盗肆虐等，力主在联合国框架下开展联合反恐、联合护航、联合救援等军事活动。

其次，可与北极国家合作开展极地军事活动。美俄两大国实力雄厚，在北极地区经营多年，对我国介入北极十分排斥，我国可选择开展以和平目的为主的军舰出访、联合反恐、联合巡逻等军事活动，加强与美俄的合作。针对在北极争端中处于相对弱势的其他北极国家，我国应该在加强经济合作的基础上，逐步渗透进军事因素，初期可进行军舰出访、联合搜救，中期可进行联合军演，远期可考虑设立海外保障点。利用加入北极理事会的有利条件，积极参与在北极理事会框架下开展的联合反恐、联合搜救等军事活动。

最后，可与非北极国家合作开展极地军事活动。北极国家对于其他国家介入北极事务具有本能的排斥，我国可考虑与北半球其他主要国家如英、德、法、日、韩、印等国逐步加强合作，可以谋求建立北极航线水域和公海水域的信息共享与服务体系，便于军用船只在北极航行，可以开展联合科考、联合测量、联合护航、气象观测等军事活动，中远期可以联合开发北极武器装备。

针对南极的特殊情况，我国可利用科考站开展军事科考等隐性军事活动，也可在《南极条约》框架下与各国开展合作。

3. 实现军民融合

由于军事活动自身的特殊性会加大其在极地活动的敏感度，我国开展极地军事活动还应走军民融合式发展的路子，充分展开军地合作，并实现协同行动。如我海军测绘部队目前还没有大型的中远海测量船，尤其是没有具有破冰功能的测量船，无法实施北极测绘，另外，军方单独到北极测绘，可能会有诸多不便。为此，可与我国海洋部门密切合作。一方面，在我国极地考察船上搭载测绘设备和仪器，获取我军所需的各种海洋环境信息；另一方面，我国建立的南北极科学考察站，以科学考察和科学测量为主，但是，参照其他国家做法，也可以用来搜集有关南北极区域的海洋军事情报。同时，应加强与环北极国家及英、法、德、日、韩等国的合作，建立北极航线水域和公海水域的信息共享与服务体系，实现科学资源的最大化利用。在与他国进行民间交流时，可以辅助实现我国的相关军事意图，从而有效避免军地重复建设，最大限度地节约资源，有效保障国家极地整体战略意图的实现。

（三）极地军事活动的步骤

1. 加强领导，积极准备

随着极地战略地位不断凸显，我国应该从战略高度提高对极地问题的重视程度，在对极地国家利益评估的基础上，研究和制定一个国家层面的极地战略或政策，以指导我国参与极地事务的各项实践。同时，还应依法明确我国参与极地国际事务的组织、目的、渠道、活动范围等内容，协调国内多部门之间的关系。目前，我国极地事务由隶属于国家海洋局的极地考察办公室负责，其职责与权力仅限于极地考察范畴，难以适应我国在极地日益增长的利益需要。新设立的议事协调机构——海洋委员会，可以赋予其统一协调极地事务的职能，同时在军队内部特别是海军设立相应机构与其对接，为我国在极地“实质性存在”提供组织领导保障。

极地军事活动需要以人员和装备作为依托，但我军现有人员和装备还不能完全适应极地严酷的自然环境，亟须进行专门人才培训和专用装备研发。我军只有极少数专家曾经跟随科考队到达极地，其他人员还没有经受过极地极端自然条件的锻炼。我国只有一艘“雪龙号”破冰船，尚未装备军用破冰船，海军现有舰艇装备还没有经过极地海区的现场试验，能否适应极地环境还是未知数。我们可以采取与极地国家的交流合作，派出人员跟随科考团队等方式，逐步培训一批能够适应极地环境、使用极地专用装备、了解极地科技的专门人才。抓住我军装备更新换代的有利时机，投入专项经费加大极地专用装备的研发投入，如建造军用破冰船、研制适应低温和复杂地磁环境的极地专用潜艇、水面舰艇和军用飞机。海军也可以为科考、环保、航线开辟等活动提供潜艇、水面舰艇等装备，空军可以提供军用飞机，同时派出现役军人参与其中，在完成这些活动的同时，也锻炼了人员，检验了装备。

2. 低调介入，循序渐进

要选择隐性军事活动作为开展极地军事活动的切入点。北极领土、大陆架和专属经济区权利纠纷日趋敏感，南极更是实行全面非军事化，由于军事活动自身的特殊性会加大其在极地活动的敏感度，大张旗鼓的显性军事活动比较难以实现介入，而把军事人员和装备融入以科考、环保、航线开辟、商业往来为名义的低敏感度的隐性军事活动中，是目前比较可行的介入方式。因此，我国开展极地军事活动应该走军民融合式发展的路子，充分展开军地合作，实现协同行动。

要注重拓展在北极地区开展各类行动的新的合作伙伴。除了在上合组织框架内拓展与俄罗斯的军事合作外，我国还需拓展新的极地合作伙伴。冰岛位于北大西洋的中心位置，未来北极航道开通之后，将成为重要的航运枢纽，现在冰岛政府深陷债务危机，出售大量国有资产。一方面，我国可以在政府层面与冰岛政府加强合作，采取经济援助、投资开发等手段加深联系，逐渐开展军事合作。另一方面，可以通过企业或私人渠道，购买冰岛的土地、资源等，建设军民两用设施，为开展军事活动创造条件。格陵兰岛地广人稀、资源丰富、位置重要，同时该岛独立倾向逐渐加强，我国可以寻求与格陵兰地方政府合作，在扩大投资、开发资源的基础上逐步进行军事渗透。

3. 依法履职，积极工作

2013 年 5 月 15 日，在瑞典基律纳举行的北极理事会（Arctic Council）部长级会议上，中国成为北极理事会正式观察员。北极理事会是关于北极环境保护和可持续发展等问题最重要的区域政府间论坛。典型的国际论坛是没有决策功能的，但近年来北极理事会通过了关于海空搜救和海上油污预防等事项的文件，体现出了一定的决策功能，逐渐向国际组织演变。成为正式观察员，标志着北极理事会承认中国在北极事务中的地位、作用和贡献，认为中国是北极事务的利益相关方。同时，成为正式观察员，中国有权参加北极理事会下设各个工作组的工作。我国需要牢牢把握这一机会，在北极理事会合作机制下的环保、搜救等事项上积极发挥作用，不断深化在北极事务中的影响力。在南极，要在《南极条约》框架下履职尽责，依托长城站、中山站和昆仑站，逐步加大活动力度。

4. 巩固拓展，注重长效

要适时建立海外军事保障点。未来我国在极地利益的不断拓展，需要我军开展常态化的极地军事活动。开展常态化的军事活动，需要稳定可靠的后勤保障，而我国距离极地相对较远，如果完全依赖后方保障，不但加大时间和资金的消耗，而且大大限制我军的活动范围，比较好的保障方式是建立海外保障点。在这方面，美国和阿根廷等国在南极的军事活动可以提供借鉴。《南极条约》虽然规定了在南极禁止任何类型的军事活动，但是，在第 1 条第 2 款中又规定不禁止为了科学研究或任何其他和平目的而使用军事人员或军事设备。美国、阿根廷和新西兰等，都把其在南极的基地和科学考察活动的后勤保障交由海军承担和负责，对外宣称是科考基地，其实是变相规避了《南极条约》规定，变成了一个海外保障点，如美国在南极的基地甚至起降过战略运输机。[①] 我国也可以依此把南北极的科考站建成海外保障点。同时，可以参考我军开展常态化护航的经验，将来在北极开展护航、破冰导航、搜救活动时，逐步深化与沿岸国家的合作，最终实现保障地点固定化，保障时间常态化。另外，我军还可借鉴“辽宁号”航空母舰从乌克兰购买到我国的运作模式，先通过私人或国企购买他国土地使用权，运作一段时间后，再外包给我军专门使用，以此建立固定的海外保障点。

要构建极地军事活动长效机制。每年定期对我国参与极地军事活动的能力和效果进行评估，对国家极地政策的落实进行检查，及时调整极地军事活动策略。在国家和军队层面建立极地事务常设机构，建立国家、军队、企业“三位一体”的合作机制，执行科考任务、进行商业开发时优先考虑军事需求、优先使用军事设备、优先搭载军队人员。深化与极地周边国家的合作，建立类似“和平使命”中俄联合军演的定期军事合作机制。

三　我国极地军事活动的法律保障

面对军事活动呈现出的时代特征，在法律视野下研究相应的保障措施，是我军有效开展极地军事活动，维护国家利益的重要课题。

---

① 《过热的南极——南极非军事化面临挑战》，摘自国家海洋局极地考察办公室内部刊物《*Ocean World* 2007 - 2008 国际极地年特刊》。

（一）健全完善法律保障体系

20 世纪 90 年代以来，我国陆续制定了一些与多样化军事任务相关的法律法规，对指导军事活动起到一定的作用。然而，从极地军事活动需要出发，还应与时俱进，对既有法律法规进行整合完善，具体包括以下几个方面。

在《宪法》和《国防法》中，对我军需要承担的多样化军事任务进行较为明确的规定，以强化军队的多样化军事任务和职能。可在国家机构的国防职权中明确国务院与中央军委在涉外军事活动中的职权分工，明确极地军事活动的职权，明确经费开支、国防动员等方面的有关事项。对刑法中的军人违反职责罪条款做必要的修改和补充，以强化军事活动的司法保障。

对《中国人民解放军防暴条令》《军队参加抢险救灾条例》等与反恐和救援有关的军事法规，增加涉外活动的内容，以更好地实现与极地军事活动的衔接和整合。

由全国人大常委会制定一部综合性较强的《军队执行多样化军事任务法》，明确以下制度：组织制度，包括任务、职责、决策权、指挥权和特别任务分队的组建等；政治工作制度；训练制度；后勤、装备保障制度；程序制度，主要包括动用军队程序、军地协调程序、多样化军事任务的撤销程序；奖惩制度。

（二）依法精细部队分工

由于极地"隐性军事活动"的大量存在，使极地军事活动与民事活动的界限模糊。我们可以参考外军做法，在"军事活动"中引入"军队民事活动"概念。如美国《国防部军事及相关名词字典》（JP1 - 02）规定："民事行动是指，指挥官建立、保持、影响或利用军队与政府、非政府民间组织和机构，以及与友国、中立国或敌国战区人民之间关系的活动，以此促进军事行动，巩固并实现美国的作战目标。军队民事行动包括通常由当地、地区或国家机构负责而现由军队执行的行动和工作。"[①] 按照这一定义，我军参与极地的抢险救灾、重大工程建设、科学考察等任务都可界定为"军队民事活动"。现阶

---

① 转引自杨峰《法律视野下的美军民事行动》，《学理论》2011 年第 15 期。

段我军缺少专门的民事行动部队及民事行动的专业人才。我军可以将极地民事活动作为特种作战的方式纳入联合行动当中，以依法治军为主导细化部队分工来整合极地民事活动主体，在军事活动中组建专门的民事活动小组，从极地军事活动任务出发规范民事行动内容，即以极地军事活动中的民事活动为主要内容，以处置非传统军事安全事件为目标，宏观上把握极地军事活动的全局性，同时兼顾极地民事活动涉及的方方面面，制定详细的极地民事活动实施纲要，确保极地民事行动的合法性与规范性。

（三）注重法律的完善与应用

我军参与极地活动将逐渐增多，但我国在这方面的立法起步较晚，进展缓慢，涉外军事活动未得到较好的法律保障，需要从国内法、国际法两个方面尽快完善，为极地军事活动提供合法依据。

1. 修改完善国内法

制定专项法律，规定各项涉外军事活动的行动限制、行动程序、行动监督、行动保障、国际合作等方面内容。成立专门的司法机关对极地军事活动的事后责任问题进行处理，或者明确赋予军事法院处理相关人员法律责任的职能，并制定相应的程序法，形成涉外军事活动的完整法律体系。

2. 充分运用国际法

首先，积极订立和加入相关的国际条约。美国先后与多个国家签订了永久“部队地位协议”，对美军人员的法律地位、出入境管理、税收豁免、损害赔偿、刑事管辖等内容进行了规范，形成了完备的涉外军事活动法律保障体系。我国对此可以借鉴，通过加入有关联合军演、维和行动、护航、撤侨等方面的国际条约，使我国军队参加极地军事活动不至于处于被动地位。其次，将国际法国内化。对于我国加入的条约或协议，通过国内立法将其变成军队参加涉外军事活动的依据，保证极地军事活动的顺利进行。

参考文献

[1]〔美〕伯恩·贝克：《美国非战争军事行动指南》，杨宇杰等译，解放军出版社，2011。

[2] 总政办公厅：《军队非战争军事行动法律保障研究》，解放军出版社，2012。

[3] Inuit Circumpolar Conference Resolution ICC 77 – 11, as amended: Peaceful and Safe Uses of the Arctic Circumpolar Zone", from the files of CARC, Ottawa. Quoted from Ronald G. Purer, " Arms Control Proposals for the Arctic: A Survey and Critique", Kari Mottola eds. , *The Arctic Challenge: Nordic and Canadian Approaches to Security and Cooperation in an Emerging International Region*, Boulder & London, Westview Press, 1988, p. 197.

[4] 北极问题研究编写组:《北极问题研究》, 海洋出版社, 2011。

[5] 陆俊元:《北极地缘政治与中国应对》, 时事出版社, 2010。

[6]《俄罗斯插旗引爆"北极争夺战"》,《参考消息》2007 年 8 月 4 日。

[7] 李志文:《北极通航中的航行法律问题探析》,《法学杂志》2010 年第 11 期。

浅谈我国北极军事活动面临的困境与阻碍

宋云霞*

【内容摘要】 伴随着全球化进程的加快以及北极气候变暖等要素的产生，北极地区集重要的军事战略资源、航道资源、科学研究资源和旅游资源为一体，对我国意义重大。然而，在北极恶劣的自然环境和复杂的地缘政治环境下，我国开展军事活动面临诸多方面的困难与阻碍，认真分析研究，有效应对，对我国开展北极军事活动意义重大。

《南极条约》确立了南极的中立地位，冻结了各国的主权要求，并对南极非军事化与所禁止的军事活动做了较为清晰的规定。而北极没有形成类似《南极公约》的条约体系，在人类发展对资源需求的无限性与地球资源有限性之间的矛盾日益突出的今天，北极权益争夺日益激化、政治敏感性日益增强，北极各国的军事活动愈演愈烈。我国要在自然环境恶劣，地缘政治格局复杂的北极开展军事活动，面临着复杂的法律问题和现实阻碍。厘清这些问题和阻碍，是我国完善极地政策、有效开展军事活动的前提。

一　北极域内形势的影响

在北极地区特殊的地缘政治条件基础上，受“冷战”后国际政治民主化进程影响，众多国际政治行为体积极参与北极事务，致使北极地缘政治关系日趋复杂。进入 21 世纪，由于能源价格上涨、北极冰加速融化、国际治理能力不足等因素，北极地区发展成为全球性紧张局势的新前线。

* 宋云霞，海军大连舰艇学院教授。

（一）北极域内国家对域外国家介入北极事务持排斥和限制的态度

目前，北极合作机制并不是完全开放的系统，一些北极国家以“内部协商、外部排他”的模式处理北极领土和权益问题。2011 年北极理事会第七届外长会议公布的《努克宣言》公开声称：只有承认北极理事会成员国对北极的主权和管辖权，才能成为该理事会的观察员。[①] 这一附条件准入条款既不符合现行国际法原则，也在一定程度上影响了非北极国家介入北极事务的主动权。虽然经过了漫长的等待，中国终于加入北极理事会成为永久观察员国，但是尚不稳定的合作模式，仍在很大程度上限制我国在北极事务区域合作舞台上的功能发挥。对于域外国家参加北极事务，北极域内国家往往抱着忧虑排斥多于安心欢迎、主观臆测多于客观分析的心态，制定相关对策，极大地限制了域外国家在北极事务中的话语权与影响力，进而对中国可能在北极开展的军事活动构成诸多阻碍。

（二）和平利用北极呼声高涨，军事行动高度敏感

早在 20 世纪 50 年代，北极地区非军事化主张即被提出。近年来，随着部分北极域内国家在北极地区进一步强化军事存在，世界各国包括北极域内国家和平力量关于北极非军事化的呼声越来越高。在这一背景下，北极域内国家虽然没有停止在北极的军备竞赛，但在使用军事力量时相对都比较克制；而对非北极国家在北极地区的活动则以非军事化利用为由设置了诸多限制。与此同时，作为调整北极地区各国活动的重要国际法依据——1925 年生效的《斯匹次卑尔根群岛条约》（以下简称《斯约》），在赋予缔约国享有在斯岛各地区广泛权利的同时，也规定了相应的义务性条款，其中对各国权利运用的最主要限制之一就是对活动性质的约束，即“不建立也不允许建立任何海军基地，并保证不在该地域建立任何防御工事。该地域决不能用于军事目的”。[②] 斯瓦尔巴群岛由此成为北极第一个也是唯一的非军事区。这些现实情况的存在使得我国在斯瓦尔巴群岛所建保障点的军

---

① 摘自国家海洋局内部刊物《国外极地考察信息汇编》2011 年总第 23 期。

② 《斯匹次卑尔根群岛条约》第 9 条。

事功能受限，同时也对以后针对北极地区可能签署的国际条约具有一定的示范作用。1977 年，冰岛人民联盟党提出在北纬 55°～70°，从加拿大东海岸到苏芬边界，禁止任何军事活动。这个建议立即得到当年在阿拉斯加巴罗召开的第一届环北极因纽特人大会的响应，此次大会上更进一步提出北极非军事化，呼吁在北极地区禁止“任何军事性质的活动，如建立军事基地和防御设施、军事部署、武器试验、生物化学武器或核废料或其他有害物质的处理等”。1986 年 8 月 3 日，第四届环北极因纽特人大会再次提出：“通过各种政策和行动，北极因纽特人大会应继续推动北极地区的和平目的国际合作，取消北极军事化的任何动机。”该建议得到加拿大、芬兰一些学者和和平组织的支持。加拿大学者提出北极中心地区非军事化，旨在限制在北冰洋中心冰盖区的核潜艇活动。加拿大民间的反核武器志愿者协会呼吁加政府“与北极国家谈判，建立一个北纬 70°以北的环北极非军事区”，在这个范围内签约方可以进行监视和巡逻。由此可见，实现北极非军事化是具有一定国际政治基础的。在这种政治背景下，我国作为域外国家在北极开展军事活动，活动空间及功效均不容乐观。

（三）国际社会对我国北极活动存在偏见

近年来，随着我国综合国力的不断提升，在极地进行的科学考察、商业投资活动日益频繁，引起了国际社会的广泛关注，但各国对中国正常的极地活动存在偏见，各种无端揣测的言论也比较多。针对中国在北极的活动，环北极国家密切关注，但忧虑排斥多于安心欢迎。北极域内国家在多种场合下表露了对非北极国家在北极活动的警惕戒备心理，对未加入北极理事会国家在北极的正常活动曲解为对北极地区的密集渗透，将北极域外国家正当合法的利益诉求夸大为对北极地区的野心。俄罗斯《每周论据报》文章称中国热衷于北极领土争夺，俄应做好准备，认为“所有相关各方都在全力准备北极争夺战，甚至就连远离北极的中国近期也对北极科考非常感兴趣，而且还有军事性质的活动”。[①] 在中国申请成为北极理事会正式观察员的过程中，俄罗斯、挪威等多国外交部人士公开表示抵制，虽然我国

① http：//military. china. com/top01/11053250/20111001/16796614. html。

最终得以加入北极理事会，但前后共经历了七年时间，颇费周折。瑞典斯德哥尔摩国际和平研究所发表《中国进军北极》的研究报告，称“随着北极冰川逐渐消融这一千古良机的出现，中国正准备加入开发北极的争夺战”“北京清楚的是，鉴于它自身的规模和正在上升的强权身份，如果它在这一地区的活动太频繁，势必引起北极周边国家的警觉和不安”。[①] 在这一心态主导下，我国在北极地区开展的活动受到北极域内国家的防范。2011 年，北京中坤投资集团有限公司向冰岛政府提出申请购买 300 平方公里土地，在一些国家的主观臆断下，一桩本与政治无关的商业行为被西方媒体解读为中国政府背后操盘的政治活动，导致交易中途搁浅，直到 2012 年，经过多个层面的努力，才最终达成协议，只是当初的买地变成了租地。虽然此案反映出中国投资准入国民待遇保护方面的普遍问题，但是，不可否认，北极国家复杂敏感的心态造成了很大影响，这也将是今后我国开展军事活动的重要障碍。而其他非北极国家也紧盯中国的北极活动，但主观臆测多于客观分析。如日本共同社发表评论称中国进军北极战略超越日本，认为中国积极谋求参加北极理事会，展示出“进军北极”的决心。印度《商业标准报》发表评论称中国开辟北极航道将破坏印度战略优势，认为“由于中国正逐步采取措施投入到北冰洋的开发，探索新航道，这将使印度传统的‘对华海上遏制战略’失效”。[②] 国际社会的这种偏见，大大增加了我国开展北极军事活动难度。

（四）潜在多变的海上非传统安全威胁

长期以来，恶劣的气候和连绵的冰川使北极成为地球北部三大洲之间难以逾越的天堑；“9·11”事件后，国际社会从各个方面加强了各种反恐措施，恐怖组织逐渐向海上发展，海上战略通道已经成为海上恐怖主义袭击和活动的重要场所；此外，北极域内各国日益激烈的军事竞争也使得北极各国边境安全关系日益复杂，这些不仅严重影响过往船只的航行安全，也不利于北极军事活动的展开。

---

① 《瑞典研究机构渲染中国“进军”北极》，http：//world. huanqiu. com/roll/2010 - 03/730271. html。

② 陆俊元：《北极地缘政治与中国应对》，时事出版社，2010，第 337 页。

1. 航行条件恶劣

就地缘关系而言，我国与北极地区相对较远，我国海上力量欲进入北冰洋海域须长途跋涉。从上海至楚科奇半岛上的普罗维杰尼亚港（白令海峡左侧）海上航程为6415 千米，而且普罗维杰尼亚港不过是进入楚科奇海再进入北冰洋的入口而已。从陆上经北极沿岸港口再进入北冰洋距离比海上大幅缩短，如中国最北端的漠河距离最近的俄罗斯北冰洋沿岸港口的图上直线距离为2000 千米左右，但俄罗斯东西伯利亚经济欠发达，沿途没有合适的道路甚至许多地方没有道路，要越过外兴安岭、中西伯利亚高原和勒拿河，才能到达,① 其难度可想而知，而且俄罗斯同意我军用车辆装备穿越的可能性恐怕也不会太大。军用航空器空中航行也同样面临飞越相关国家诸多问题。

北极高寒恶劣的地理环境和复杂的地区电磁环境，有可能对过往船只构成威胁。北冰洋地区气候恶劣，常常是暴风雪肆虐、乌云翻滚，由于目前人类仍缺乏对海冰、极地冰洋、当地大气相互间关系的理解，缺乏在冰海中航行的训练，很多海上活动都被限制。我国只有一艘“雪龙号”破冰船，尚未装备军用破冰船，海军现有舰艇在北极海区的航行受到限制，我国潜艇尚不能适应北纬 80°以北的海洋环境。两极地区临近地球磁极，地磁环境复杂，对于武器装备的抗电磁干扰能力提出了更高要求，我军现有装备还没有经过试验，能否适应还是未知数。同时，由于北极地区的特殊气候和环境，在该地区进行的训练和演习等军事活动对兵员的身体和心理素质等都提出了极高的要求，需要进行专门的训练和保障。客观地看，我军现有的技术装备和人员条件短期内尚不能达到在北极开展军事活动的水平，还需要加紧专项科研攻关，增加极寒条件下训练项目。

2. 非传统安全威胁

“9・11”事件后，国际社会从各个方面加强了反恐措施，但公海反恐国际公约的缺乏，通道周边相关国家海上管辖权纷争以及海上通道特殊的自然环境，使得恐怖组织逐渐向海上发展，与盘踞在各海上要道的海盗分子相互勾结，走上了集团化、组织化、国际化的道路。这些海盗活动猖獗地区与恐怖活动地区几乎完全重叠。早在 2002 年 2 月国际海事组织就提出警告，

---

① 北极问题研究编写组：《北极问题研究》，海洋出版社，2011，第 206 ~229 页。

恐怖分子可能成为海盗继续恐怖活动，并伺机向各海上通道蔓延。海上各类船舶，特别是大型运输船、军舰将作为他们进行自杀性恐怖袭击的目标。并且有迹象表明海上恐怖分子将海运船作为工具，进行“脏弹”、“油弹（原油或精炼油）”、“气弹（液化天然气）”或“化学弹”袭击。随着北极航道的通行，海盗、恐怖活动将乘机渗入，北极自然环境相对脆弱，一旦发生恐怖、海盗行为，由此产生的人员船只损失、灾难性环境污染、放射性污染、生物恐怖威胁和巨大的经济难题都是难以想象的，需要北极执行护航、紧急救援的军用船只高度警惕和应对。

（五）北极军事活动缺乏支撑点

除2004年7月28日我国在北极建立的黄河站科学考察站以外，我国在北极没有其他立足点。黄河站以科考观察为主，规模较小，即使未来我国科考规模会扩大，活动区域仍会非常有限，难以作为军事活动的依托。

虽然我国公民可以依据《斯约》自主进入北极陆地斯瓦尔巴群岛，但是《斯约》明确规定该地区永远不得为战争的目的所利用。由此排除了一切国家在该区域进行包括战争或其他军事目的明显行动等行动的可能性。

参照美国和俄罗斯等国的做法，我国可以在冰雪覆盖的北冰洋实现我国军事目的。但是，北冰洋冰层在加速融化，随着气候的变化，海冰会经常断裂并随洋流漂移，基地和设施不得不经常搬家，在浮冰岛上建设军事基地和各类设施的难度越来越大；建设浮冰岛基地还面临着巨额资金需求、高难技术需求以及可能被浮冰冲撞等众多问题。[①]

除此之外，北极复杂的地缘政治关系，也影响我国与北冰洋沿岸国家进行军事合作，通过租用其地理位置较好的陆地或岛屿建立军事基地或军事设施来开展军事活动。

二 现行国际法和北极域内国家国内法对军事活动的限制

（一）《斯匹次卑尔根群岛条约》的限制

作为《斯约》的缔约国，我国在享有权利的同时，应受其约束。根据

① 北极问题研究编写组：《北极问题研究》，海洋出版社，2011，第298页。

条约第9条，各国在所承认的挪威对斯匹次卑尔根群岛和熊岛拥有充分和完全的主权范围内，包括位于东经10°至35°、北纬74°至81°的所有岛屿，特别是西斯匹次卑尔根群岛、东北地岛、巴伦支岛、埃季岛、希望岛、查理王岛以及所有附属的大小岛屿和暗礁等区域，“在不损害挪威加入国际联盟所产生的权利和义务的情况下，挪威保证在第一条所指的地域不建立也不允许建立任何海军基地，并保证不在该地域建立任何防御工事。该地域决不能用于军事目的”。《斯约》使斯瓦尔巴群岛成为北极第一个也是唯一的非军事区。为此，我国军事活动在此范围内受限制。

（二）北极域内国家国内法的限制

北极域内国家在北极地区拥有以先占优势而占据的重要地理位置，长期以来，借助国际法赋予北冰洋沿岸国的特殊权利，北极域内国家通过国内立法和国际法规则对非北极国家在北极的活动设置障碍，进而影响到我国在北极军事活动的开展。

《公约》第234条“冰封区域”条款是唯一专门适用于北极的海洋环境保护条款，根据该条规定，“沿海国有权制定和执行非歧视性的法律和规章，以防止、减少和控制船只在专属经济区范围内冰封区域对海洋的污染，这种区域内的特别严寒气候和一年中大部分时候冰封的情形对航行造成障碍或特别危险，而且海洋环境污染可能对生态平衡造成重大的损害或无可挽救的扰乱。这种法律和规章应适当顾及航行和以现有最可靠的科学证据为基础对海洋环境保护和保全”。该条款为北极环境，特别是北极船源污染治理提供了法律依据，同时，它也授权沿岸国可以在环境保护方面立法，给沿岸国利用国内法限制他国通行创造了条件。

加拿大和俄罗斯均视北极航道为内水，并分别制定了航道管理制度，两国还依据《公约》第234条对航道水域采取单方面控制措施、对过往船舶采取先申请后通行制度，并规定对过往船只收取费用，甚至规定了禁止或停止船舶通行的情况。加拿大1970年实施了《北极水域污染防治法》（AWPPA）。苏联政府为了规制各国船舶在北冰洋航线的航行，于1990年制定了《航行北部海航道规则》，并于1991年正式实施。它规定了苏联在北极地区领海、专属经济区以内以及这些水域以外公海上各国船舶（当然也包括其本国船舶）的航行规则。根据《航行北部海航道规则》，苏联由航运管制所对航行于北部海航道上的本国和外国船舶进行管制。航运管制所是航运服务机关，是北冰洋航路局的下属机构。《航行北部海航道规则》对航行于北极地区“北方航道”上的船舶有诸多的管制措施，包括对船舶航行程序性方面的规制、对船舶本身的规制、对船舶航行收费方面的规制、对船舶在航道上航行所产生的责任方面的规制等。俄罗斯和加拿大分别对北极航道做出了极为严格的规定，要求所有舰船通过北极航道都要经过批准，缴纳费用，对于军舰要求更为严格。俄罗斯国内法甚至强制要求潜艇需上浮到冰封的领海，包括海峡水面航行。另外，军舰通过北方航道的权利也可能受到阻碍，因为虽然根据《公约》规定，用于国际通行的海峡不应关闭，而俄罗斯目前国内法中却有允许暂停、拒绝舰船通过海峡的规定。

（三）法律适用存在矛盾

美国等一些国家认为北极航道应属于国际海峡，反对俄罗斯和加拿大所规定的舰船通过需要通报批准的要求。这些国家不仅在理论上反对俄罗斯和加拿大两国的观点，在实践中，美国潜艇也有过无任何通告通过北极通道的事实。从我国在北极的利益出发，我国也应对俄罗斯和加拿大要求舰船通过北极航道要经过通告、批准甚至收费的要求持反对意见。但是，我国在签署《公约》时，与其他几十个国家一样，也声明要求军用船舶通过我国领海，事先要通报批准。这一规定无疑会给我国反对上述两个国家要求带来法律适用上的难题。

加拿大、俄罗斯两国利用自然环境的险恶和《公约》关于“冰封区域”的特别规定，借环境保护扩大了对北极航道的控制，给他国船舶在适用法律方面带来困难。上述两国所制定的通航制度与《公约》关于国际海峡部分规定相互矛盾，但就目前情况，过往船舶由于受自然条件限制，往往会接受沿岸国的规定，我国也不例外。但随着全球气候变暖，冰川消融，原来冰封区域边界范围会不断缩小，适用“冰封区域”条款的自然基础将会减损甚至丧失。届时沿岸国航道法律制度中的那些与《公约》相悖的条款也会更加引起其他各国的质疑和反对。因此，就我国通行北极的船舶而言，如接受沿岸国法律限制，便会形成先例，为沿岸国限制我国以后航行行动带来借口，如不接受沿岸国国内法规定，我国目前没有相应设施，也缺少像美国那样的相应实力，航行权的实现将受到阻碍。

三 国内政策法规建设相对滞后

1. 法律研究滞后于实践

人的实践不同于动物的本能，实践需要以正确的认识作为先导，没有理论指导的实践是盲目的实践。在科学技术高速发展的现时代，认识对实践的导向、预测、促进作用变得越来越重要。北极军事活动实际离不开相关理论研究的支撑。我国北极理论研究总体上起步较晚，无论从科研技术还是人文社会科学研究层次上来看，都相对落后于其他发达国家。我国目前的相关研究也存在重大缺陷，首先，重政治而轻法律，从人文社会科学总体来看，主要研究力量投入在国际政治和国际关系领域，忽视了法律规则在解决北极争端中的重要作用。从法律作用上来看，法律既是界定权益、定分止争的出发点，也是以服务政治为目的。忽视法律规则的研究，必将使国家在北极事务战略决策中缺少法律支撑。其次，重宏观而轻举措。虽然近几年来我国的北极人文社科问题研究已经有很多成果，但是其中宏观层面的较多，如何具体落实很少论及，对军事活动方面的研究更加缺乏。最后，对于我国拓展北极利益相关法律问题，诸如如何解决我国在适用《斯约》和《公约》时的冲突问题、北冰洋沿岸国家提出的主权及外大陆架划界主张对我国北极活动的影响问题、国内多部门之间的协调统一问题等，均未得到较好的研究。

2. 国内立法存在缺失

在当今国际关系中，尤其是在敏感问题上，各国都十分重视行动的合法性，力求做到“师出有名”。应有完善的国际法、国内法体系，为行动提供权利依据、活动程序等方面的法律保障。然而，我国目前在关于北极事务的国内立法方面几乎处于空白状态。由于我国北极法律方面的理论研究起步较晚，而且相关研究还存在着重法理轻应用的缺陷，许多研究局限于基础性的法理研究，缺乏法律实务的研究。研究方面的欠缺，直接导致了我国北极立法工作的延迟。关于我国的考察事业、北极航道通行、国内多部门管理之间的协调统一等问题尚无成熟研究结果。我国关于北极立法工作尚在起步中，仅有的一部《北极考察活动管理条例》一直在拟定讨论过程中，现在仍未出台。由于国家还没有专门进行北极军事活动方面的研究，关于这方面的立法就更无从谈起了。立法方面的空白，将使我国北极军事活动决策及权益维护方面缺少法律保障。

3. 国际立法参与受限

虽然我国的政治、经济、军事实力在改革开放后有了显著提高，但由于我国在北极地缘政治中所处的位置和在北极事务的影响力所限，我国在北极立法方面尚无法发挥重大作用。在国际法层面，目前我国在北极理事会依然只拥有观察员地位，缺乏对相关议题的话语权；同时，现有的国际机制及理论都是在西方发达国家主导下形成的，其形成的理论根基是自由、平等、民主等西方理念，导致现行国际机制及其理论本质上都带有浓重自由主义色彩。依据西方理念形成的国际机制理论和中国的社会基本制度、主流意识形态之间有着明显差别，因而制约了中国对国际机制的参与，造成中国现在也没有形成一套具有严密逻辑和很强解释力的国际机制理论体系，从而影响我国在北极事务立法活动中的参与权。

4. 北极军事活动的法律保障机制亟待完善

北极事务纷繁复杂，涵盖外交、安全、军事、环境、贸易、能源、运输等各方面的内容，涉及多个部门、多个领域，需要从国家层面进行统一筹划、协调和管理。当前，北极国家纷纷制定北极战略或政策，打造长效机制拓展北极利益。由于北极特殊的法律地位和地缘环境，开展北极军事活动，必须在国家战略指导下才能顺利进行，而我国目前还没有成型的北极战略。开展北极军事活动所牵涉的不仅是军方，还需要外交、安全、环境、能源、运输等各方面密切配合，这就需要在国家层面有一个强有力的议事协调机构进行统一筹划、协调和管理。但我国目前主管北极事务的机关是国家海洋局下属的极地考察办公室，该机构级别较低，职能仅限于科考，在统一协调、管理上很难发挥作用。同时，在现有条件下筹划开展北极军事活动，除了国际合作外，主要通过军民融合等途径进行，需要及时了解军队的需求，及时反馈到职能部门。我国目前关于军民融合的法律保障机制还不够完善，在沟通协调、动员管理、责任划分等方面都还不够完善，军队的需求反馈还不够及时准确。

参考文献

［1］北极问题研究编写组：《北极问题研究》，海洋出版社，2011。

［2］陆俊元：《北极地缘政治与中国应对》，时事出版社，2010。

［3］《俄罗斯插旗引爆“北极争夺战”》，《参考消息》2007年8月4日。

［4］李志文：《北极通航中的航行法律问题探析》，《法学杂志》2010年第11期。

［5］刘惠荣、刘秀：《西北航道的法律地位研究》，《中国海洋大学学报》（社会科学版）2009年第5期。

［6］周洪均、钱月娇：《俄罗斯对“东北航道”水域的权利主张及争议》，《国际展望》2012年第1期。

［7］孙凯、郭培清：《北极治理机制变迁及中国的参与战略研究》，《世界经济与政治论坛》2012年第2期。

大陆国家远洋群岛的直线基线问题研究

张 华*

【内容摘要】 本文梳理和还原了第三次联合国海洋法会议关于群岛基线问题讨论的真实背景，剖析了《联合国海洋法公约》第7条和第47条中适用直线基线（包括普通直线基线和群岛直线基线）的具体条件，考察了北极地区国家将直线基线适用于远洋群岛的实践，分析了大陆国家的远洋群岛适用直线基线的合法性和可行性。

在文章开始时，有必要对“群岛”（archipelagos）、“沿岸群岛”（coastal archipelagos）和“远洋群岛”（outlying archipelagos）做出界定。根据《联合国海洋法公约》（以下简称《公约》）第46条，“群岛”是指：“一群岛屿，包括若干岛屿的若干部分、相连的水域或其他自然地形，彼此密切相关，以致这种岛屿、水域和其他自然地形在本质上构成一个地理、经济和政治的实体，或在历史上已被视为这种实体。”

不过，“一群岛屿”的数量标准理解不一。有学者将之理解为“两个或两个以上的岛屿”。① 另外一个相关的问题是对“岛屿”的理解。“岛屿”自然不包括人工岛屿和低潮高地，但是否包括岩礁（rock）？学者的观点是，群岛中可以包含岩礁，但不能完全由岩礁组成。②

根据群岛与大陆海岸之间的距离，群岛可以划分为“沿岸群岛”和“远洋群岛”。挪威法学家 Jens Evensen 在第一次联合国海洋法会议上应联合

---

* 张华，法学博士，南京大学法学院副教授。

① Jens Evensen, "Certain Legal Aspects Concerning the Delimitation of the Territorial Waters of Archipelagos", *UNCLOS I Off. Rec.*, Vol. I, Doc. A/CONF. 13/18, p. 290.

② Sophia Kopela, *The Status of Dependent Outlying Archipelagos in International Law*, Doctoral Thesis of Bristol University, April 2008, p. 6.

国秘书处的请求提交了第 15 号筹备文件，其中指出："沿岸群岛"是指"那些位于大陆附近，可以被视为海岸的一部分，构成测量领海出发点之海岸线的岛屿"。"远洋群岛"或曰"洋中群岛"（mid-ocean archipelagos）是指"位于大洋中的一组岛屿，距离海岸甚远，以至于被视为一独立的整体，而非海岸线的一部分"。① 至于群岛与大陆海岸之间的距离远近标准，又存在不同的理解。根据国际法学会（Institute of International Law）1928 年的建议，当一组岛屿与大陆海岸之间的距离超过领海宽度的 2 倍时，这组岛屿构成远洋群岛，反之则为沿岸群岛。② 普遍观点认为，在领海宽度为 12 海里的情况下，构成沿岸群岛的距离标准应为 24 海里。③ 不过，美国国务院认为，沿岸群岛距离大陆海岸的最大距离为 48 海里。④ 由于构成群岛国的那部分远洋群岛的领海基线问题在第三次联合国海洋法会议上得到了解决，所以如无特别说明，本文探讨的远洋群岛主要为大陆国家的远洋群岛。

一　第三次联合国海洋法会议关于直线基线的讨论

在 1973 年至 1982 年召开的第三次联合国海洋法会议上，群岛问题成为单独的议题。群岛问题之所以引起重视，主要是由于随着非殖民化运动的发展，群岛国在获得独立之后迫切需要为群岛建立特殊的制度，以谋求经济发展。同时，国际会议中发展中国家成员的增多，使得海洋大国在谈判时不得不认真考虑群岛国的立场。在第三次海洋法会议上，由斐济、印尼、毛里求斯、菲律宾组成的"群岛国集团"发挥了极为重要的作用。在相关议题谈判过程中，这些国家不仅在纽约、日内瓦和马尼拉一道召开会议，共同提交工作文件，而且还与其他区域的国家举办相关会议，典型的如 1971 年和 1972 年举行的"亚非法律磋商委员会"（Afro-Asian Legal Consult-

① Jens Evensen, "Certain Legal Aspects Concerning the Delimitation of the Territorial Waters of Archipelagos", *UNCLOS I Off. Rec.*, Vol. I, Doc. A/CONF. 13/18, p. 290.

② Annuaire de L'Institut de Droit International, Vol. 34, 1928, p. 673, Cited from Sophia Kopela, *The Status of Dependent Outlying Archipelagos in International Law*, Doctoral Thesis of Bristol University, April 2008, pp. 26 – 27, footnote 59.

③ UN Office for Ocean Affairs and the Law of the Sea, *Baselines: An Examination of the Relevant Provisions of the United Nations Convention on the Law of the Sea*, UN Publication, 1989, p. 22.

④ US Department of State, "Developing Standard Guidelines for Evaluating Straight Baseline", *Limits in the Seas*, No. 106, p. 20.

ative Committee）会议。“群岛国集团”的目标是将群岛作为整体划定直线基线，群岛国对直线基线以内的水域享有主权。

海底委员会在起草《公约》草案时，将群岛问题列为第16项议题。这是首次在国际法编撰会议上将群岛问题作为单独的议题，而且与之前广泛讨论的领海划界问题和直线基线问题分离开来。

在海底委员会最初讨论群岛问题时，几乎所有的提案都是一般性地提及群岛而没有指出政治地位的差别。只有“群岛国集团”和英国的提案中刻意强调未来为群岛建立的特殊制度只适用于群岛国。中国代表团提出的《关于国家管辖范围内海域的工作文件》则主张：“岛屿相互距离较近的群岛或列岛，可视为一个整体，划定领海范围。”[①] 这两种主张成为第三次海洋法会议讨论的焦点。

在谈判初期，群岛国和部分拥有远洋群岛的大陆国家从地理、历史、经济、社会、安全和环境等角度提出建立独立群岛制度的主张。值得注意的是，英国的提案在强调有关群岛的特殊制度只适用于群岛国的同时，还包含一涉及大陆国家远洋群岛的条款（第10段）。该条款规定：“本条款之规定不影响那些适用于不构成群岛国之群岛的国际法规则。”[②] 这意味着，英国并不决然排斥大陆国家之远洋群岛适用《公约》规定以外的海洋法规则。在谈判过程中，拥有远洋群岛的大陆国家——诸如厄瓜多尔、希腊、西班牙、印度、中国、阿根廷、葡萄牙、法国、加拿大、澳大利亚、洪都拉斯——提议应将群岛国之制度拓展适用于远洋群岛。[③] 虽然这些国家在这一问题上具有共同利益，但和“群岛国集团”不同，它们并没有形成稳定统一的联盟，甚至未能提出一份共同的草案，自然无法使远洋群岛问题引起谈判国的重视。

加拿大、智利、冰岛、印度、印尼、毛里求斯、墨西哥、新西兰和挪威曾联合提交一份工作文件，其中第9条规定：大陆国家的远洋群岛有权按

---

① 参见《关于国家管辖范围内海域的工作文件》，载北京大学法律系国际法教研室编《海洋法资料汇编》，人民出版社，1974，第74页。该文件在联合国文件中的编号为：UN Document A/AC. 138/SC. II/L. 27。

② *GA Off. Rec.*, Vol. III, Annex II, Appendix V, Chapter 33, pp. 99 - 100.

③ *UNCLOS III Off. Rec.*, Vol. II, 36th &37th Meetings, pp. 260 - 273.

照群岛国的制度适用直线基线。[①] 可见，该提议起初得到了“群岛国集团”中印尼和毛里求斯的支持。不过，在第三次联合国海洋法会议第二委员会召开的第一次讨论中，印尼和毛里求斯意识到群岛国制度已经得到与会国的广泛接受，而远洋群岛问题存在较大的争议。相应地，为确保群岛国制度的顺利接受，这两个国家转而支持仅适用于群岛国的提案。[②]

希腊在提交的草案中曾经将群岛问题置于基线条款，并且强调直线基线应适用于群岛。[③] 厄瓜多尔曾提交草案，表明群岛国测量领海基线的直线基线法应同时适用于大陆国家的远洋群岛。[④] 尤其值得一提的是，厄瓜多尔在不同的场合均明确主张应为其加拉帕戈斯群岛（又称“科隆群岛”）设立特殊的基线制度，理由是联合国教科文组织将该群岛列为“世界文化和自然遗产保护区”，为维护这一独特的自然和生态财富，有必要将群岛国制度适用于加拉帕戈斯群岛。[⑤]

第二委员会准备的工作文件总结了谈判国在群岛问题上的不同立场。文件第 202 条公式 A 规定：“这些条款仅适用于群岛国”，公式 B 和公式 C 则明确规定这些条款应同时适用于构成大陆国家一部分的远洋群岛。公式 B 规定：“拥有一个或一个以上远洋群岛的沿海国……在做出声明的情况下，有权将上述条款的规定（指群岛国制度）适用于这些群岛。”公式 C 规定：“群岛国划定领海基线时适用的方法应同样适用于构成大陆国家组成部分的远洋群岛，而无须改变这些群岛水域或领海的自然制度。”这一工作文件成为由群岛国和海洋大国组成的非正式“群岛问题工作组”（Working Group on Archipelagos）讨论的基础。非正式工作组召开的会议不仅没有记录，也不向公众开放，拥有远洋群岛的大陆国家被排除在工作组之外，厄瓜多尔甚至因此提出了抗议。

第三次联合国海洋法会议第三届会议的第三委员会在之前讨论的基础上准备了一份《非正式的单一协商案文》（Informal Single Negotiating Text,

---

① *UNCLOS III Off. Rec.*, Vol. III, Doc. A/CONF. 62/L. 4, pp. 82 – 83.

② *UNCLOS III Off. Rec.*, Vol. III, Doc. A/CONF. 62/C. 2/L. 49.

③ *UNCLOS III Off. Rec.*, Vol. III, Doc. A/CONF. 62/C. 2/L. 22, pp. 200 – 201.

④ *UNCLOS III Off. Rec.*, Vol. II, 37th Meeting, p. 267, para. 18.

⑤ *UNCLOS III Off. Rec.*, Vol. XIII, 126th Meeting, p. 115; also *UNCLOS III Off. Rec.*, Vol. XVII, 190th Meeting, p. 196.

简称 ISNT），其中有两节内容涉及群岛问题。第一节关于群岛国，第二节关于大陆国家的远洋群岛。第二节仅有一个条款，即第 131 条。该条只是非常简单地规定："第一节中的条款不影响大陆国家之远洋群岛的地位。"第 131 条的规定含糊不清，有点类似于英国之前在海底委员会提交的草案。从这一条款本身来看，显然群岛国制度不适用于远洋群岛，但同时又隐含着远洋群岛在国际法上具有特殊的地位，只是这一地位在公约中没有明确规定。正因为第 131 条规定模糊，在《修订后的单一协商案文》（简称 RSTN）中，这一条款被删去。自此，有关群岛的谈判内容限于群岛国。

在第三次联合国海洋法会议最后几届会议上，仍然有个别国家不遗余力地主张为远洋群岛建立类似于群岛国制度那样的特殊制度。例如，在第三次联合国海洋法会议第七届会议上，希腊和西班牙对于《非正式的综合协商案文》（Informal Composite Negotiating Text，简称 ICNT）表示了不满，指出文本应包含一涉及大陆国家远洋群岛的条款。[①] 在第十一届会议上，厄瓜多尔、印度和葡萄牙代表在全体会议上发表声明，表明大陆国家的远洋群岛应享有同群岛国一样的权利。[②] 此外，厄瓜多尔曾提出一份非正式的书面建议，要求《公约》中纳入一条款，规定群岛国基线制度适用于远洋群岛。这一建议得到了法国和希腊的支持。在意识到谈判国不愿意接受这一建议后，厄瓜多尔又强调为加拉帕戈斯群岛建立保护制度的必要性，以同其他远洋群岛区分开来。[③] 希腊也曾就此提出一份修正案，其中规定："作为国家领土组成部分的一组岛屿，如果构成第 46 条中之群岛，则其领海、专属经济区和大陆架应当按照第 47 条中的基线制度划定。"[④] 但在 1982 年 4 月举行全体会议前夕，希腊又撤回提案。在 1982 年 12 月召开第三次联合国海洋法会议第十一届会议的最后阶段，印度、西班牙和厄瓜多尔表示：将远洋群岛排除在群岛国制度之外对于拥有群岛的大陆国家而言是不公平的（unfairness）。[⑤]

---

① *UNCLOS III Off. Rec.*, Vol. IX, 103rd Meeting, p. 65, para. 48; also *UNCLOS III Off. Rec.*, Vol. II, 104th Meeting, p. 72, para. 40.

② *UNCLOS III Off. Rec.*, Vol. XVI, 161st Meeting, p. 40, para. 120; also *UNCLOS III Off. Rec.*, Vol. XVI, 162nd Meeting, p. 45, para. 27; also *UNCLOS III Off. Rec.*, Vol. XVI, 165th Meeting, p. 73, para. 37.

③ *UNCLOS III Off. Rec.*, Vol. XIII, 126th Meeting, p. 19, para. 115.

④ *UNCLOS III Off. Rec.*, Vol. XIII, Doc. A/CONF. 62/L. 123, p. 232.

⑤ *UNCLOS III Off. Rec.*, Vol. XVII, 187th Meeting, para. 8; also 190th Meeting, para. 100, 196.

《公约》最终未规定远洋群岛相关制度的原因可以归纳为以下几个方面：第一，《公约》大多数议题都是由利益团体在非正式磋商中解决，由于拥有远洋群岛的大陆国家没有形成强有力的利益团体，同时也没有参加“群岛国集团”，所以这些国家被排除在非正式磋商之外。第二，群岛相邻的国家反对强烈。例如，毗邻希腊爱琴海群岛的土耳其、毗邻印度安达曼群岛和尼科巴群岛的泰国和缅甸极力主张将远洋群岛排除在群岛国制度之外。保加利亚和巴基斯坦也极力反对将群岛国制度适用于远洋群岛。第三，海洋大国的阻挠。在第三次联合国海洋法会议上，美国、苏联、英国、日本和法国等海洋大国影响力巨大。其中，除了法国因为拥有远洋群岛外，其他大国都反对远洋群岛适用直线基线，以免影响航行自由。同时，《公约》是“一揽子交易”（a package deal）的产物，为了换取海洋大国的让步，群岛国不可能支持富有争议的远洋群岛问题。此外，第三次联合国海洋法会议协商一致（consensus）的决策方式也迫使拥有远洋群岛的大陆国家不得不撤销那些容易阻碍协议达成的提案，以确保会议成功。本质上，群岛国制度是群岛国和海洋大国利益妥协的产物，大陆国家的远洋群岛最终被排除在外并不奇怪。

二 直线基线与群岛直线基线的适用条件

在第三次联合国海洋法会议上，大陆国家的远洋群岛被排除在群岛国制度之外，这并没有阻挡拥有远洋群岛的大陆国家使用直线基线划定领海基线的脚步。但凡远洋群岛适用直线基线，都会遭到海洋大国——主要是美国——的质疑。要判断这些实践是否具有合法性，就应当对普通直线基线和群岛直线基线的适用条件进行深入剖析。暂且撇开远洋群岛的直线基线问题不谈，单从《公约》的文本来看，领海划界中确定可以适用的直线基线无非两种类型：第一，《公约》第 7 条中的普通直线基线；第二，《公约》第 47 条中的群岛直线基线。因此，这两个条款就成为判断直线基线实践是否合法的出发点。不过，《公约》中相关规定较为原则抽象，主张适用直线基线的国家往往采取宽松自由的解释，而反对直线基线的国家则主张严格解释。因此，试图精确界定直线基线的适用条件几乎是不可能的，以下解读也只是尽可能反映国际社会的主要共识与分歧。

（一）直线基线的适用条件

《公约》第7条第1款规定："在海岸线极为曲折的地方，或者如果紧接海岸有一系列岛屿，测算领海宽度的基线的划定可采用连接各适当点的直线基线法。"因此，国家适用直线的前提是"海岸极为曲折"，或者是"紧邻海岸有一系列岛屿"。

1. 海岸极为曲折（deeply indented and cut into）

从字面上来看，"deeply indented"是指深度凹入，"cut into"是指切入。虽然《公约》第7条并没有详细界定这两个词的含义，但是从其起源于"英挪渔业案"来看，海岸的"深度凹入"和"切入"应当是一系列的，呈锯齿状。联合国海洋事务与海洋法办公室出版的《基线》一书（以下简称"联合国《基线》一书"）指出："到目前为止，尚没有公认的测试标准可用来识别深度凹入的海岸。不过，目前可接受的一点是，必须存在若干凹入，这些凹入应符合'海湾'的条件，同时伴随着其他不太明显的凹入。"[①] 另外，该书还指出，"深度凹入"可以是绝对的，也可以是相对的。例如，就绝对意义而言，在较大的陆地上，一个4海里的弯曲恐怕不能构成"深度凹入"，但在一个8海里宽的岛屿上，4海里的弯曲将岛屿切掉了一半。[②]

2. 紧邻海岸有一系列岛屿（a fringe of islands along the coast in its immediate vicinity）

"一系列岛屿"（a fringe of islands）是指大量不同面积的岛屿散布在海岸附近，以至于沿海岸形成了系列（fringe）。[③] 联合国《基线》一书将此种岛屿分为两种类别：第一，岛屿与大陆构成一整体；第二，岛屿构成一屏障，使得很大一部分海岸同海洋被遮挡（mask）开来。[④] Reisman和Wester-

---

① UN Office for Ocean Affairs and the Law of the Sea, *Baselines: An Examination of the Relevant Provisions of the United Nations Convention on the Law of the Sea*, UN Publication, 1989, p. 18.

② Ibid., p. 21.

③ Satya N. Nandan and Shabtai Rosenne (eds.), *United Nations Convention on the Law of the Sea 1982: A Commentary*, Volume II, Martinus Nijhoff Publishers, 2002, p. 100.

④ UN Office for Ocean Affairs and the Law of the Sea, *Baselines: An Examination of the Relevant Provisions of the United Nations Convention on the Law of the Sea*, UN Publication, 1989, p. 21.

man 则提出，“一系列”包含三个方面的要求：第一，岛屿数量和空间方面的要求，亦即必须存在大量的岛屿，并且岛屿之间在空间上相近以至于产生了“系列”；第二，岛屿与海岸之间在空间方面的要求，亦即岛屿必须沿海岸分布，且与海岸的关系是接近平行而非垂直；第三，岛屿与海岸在关联度方面的要求，亦即这一系列岛屿必须紧邻海岸。[①]

在“卡塔尔诉巴林案”中，国际法院认为巴林提出的群岛不符合“一系列”这一标准，而只是“一组”（a cluster of）岛屿，因而否认这一群岛适用直线基线的可能性。[②] 问题是，究竟多少数量的岛屿才构成“一系列”？Prescott 认为，两个岛屿即可构成。[③] Beazley 主张，岛屿的具体数量部分取决于岛屿的大小，三个较大的岛屿可以构成“一系列”标准，而三个小岛则不然。[④] Reisman 和 Westerman 则力主对此从严解释，他们认为直线基线制度起源于“英挪渔业案”，挪威沿岸岛屿的情况应作为参照标准，因此岛屿的数量标准应当非常高才是。[⑤]

此外，《公约》第 121 条第 3 款中“不能维持人类居住或经济生活”的岩礁（rock）是否可以构成紧邻海岸的岛屿？Reisman 和 Westerman 主张岩礁尽管可以被用作领海划界的基点，但不能成为判断海岸附近存在“一系列岛屿”的决定性因素。[⑥] 但是，国际法院在“英挪渔业案”中判断直线基线的合法性问题时认为，岛屿、小岛和岩礁构成一个整体，亦即围绕挪威海岸的“石垒”。[⑦] 由此可见，虽然《公约》第 121 条第 3 款规定“不能维持人类居住或经济生活”的岩礁无法产生专属经济区和大陆架，但并不妨

---

① W. Michael Reisman and Gayl S. Westerman, *Straight Baselines in Maritime Boundaries*, St. Martin's Press, 1992, pp. 82 - 83.

② See Maritime Delimitation and Territorial Questions between Qatar and Bahrain (Merits), Judgment, *I. C. J. Reports* 2001, paras. 210 - 215.

③ J. R. V. Prescott, "Straight Baselines: Theory and Practice", in E. D. Brown & R. R. Churchill (eds.), *The UN Convention on the Law of the Sea: Impact and Implementation*, Proceeding of the 19th Annual meeting of The Law of the Sea Institute, 1987, p, 294.

④ P. B. Beazley, *Maritime Limits and Baselines: A Guide to Their Delineation*, 3rd Edition, Special Publication No. 2, London: The Hydrographic Society, 1987, p. 13.

⑤ W. Michael Reisman and Gayl S. Westerman, *Straight Baselines in Maritime Boundaries*, St. Martin's Press, 1992, p. 86.

⑥ Ibid., p. 85.

⑦ Fisheries, *I. C. J. Report* 1951, p. 127.

碍其构成紧邻海岸的一系列岛屿。当然，从学者们的争论来看，如果这“一系列岛屿”完全由岩礁组成，似乎也无法令人信服地主张适用直线基线。

至于岛屿之间的空间距离标准，《公约》并没有明确规定。有学者主张岛屿之间的最大距离应为24海里，亦即岛屿的领海之间存在重叠。[①] 不过，国家在实际运用直线基线时采取了较为宽松的态度，甚至有的岛屿之间的距离超过了50海里。例如，越南在南部沿海适用直线基线时选择了土珠岛（Dao Tho Chu，A1），薯岛（Hon Khoai，A2），昆岛（Con Dao，A3，A4和A5）和富贵岛（Phu Qui，A6）岛上的若干基点。其中，A1到A2之间的距离是99.94海里，A2到A3之间的距离是103.9海里，A5到A6之间的距离是162.3海里，远远超过了学者建议的24海里。

岛屿与海岸之间的空间标准——“沿着海岸”（along the coast）。根据Reisman和Westerman的观点，所谓“沿着海岸”，是指这“一系列岛屿”应与海岸保持平行，而非形成一个锐角。[②] 美国国务院的标准是，“一系列岛屿”与海岸的一般走向之间形成的夹角最多不能超过20°。[③] 联合国《基线》一书的观点是，那些与海岸垂直，类似于“踏脚石”（stepping-stones）形状的岛屿不能适用直线基线。[④]

岛屿与海岸之间的关联度要求——“紧邻海岸”。适用直线基线的“一系列岛屿”与海岸之间的最大距离在《公约》中也没有规定。学者们的建议从12海里，24海里到48海里不等。[⑤] 国家实践中也不乏超过24海里的例子。

《公约》第7条第1条规定了适用直线基线的前提条件，此外该条第3款和第6款规定了适用直线基线时须遵守的一些限制条件。

---

① P. B. Beazley, *Maritime Limits and Baselines: A Guide to Their Delineation*, 3rd Edition, Special Publication No. 2, London: The Hydrographic Society, 1987, p. 14.

② W. Michael Reisman and Gayl S. Westerman, *Straight Baselines in Maritime Boundaries*, St. Martin's Press, 1992, p. 88.

③ US Department of State, "Developing Standard Guidelines for Evaluating Straight Baseline", *Limits in the Seas*, No. 106, pp. 18 – 19.

④ UN Office for Ocean Affairs and the Law of the Sea, *Baselines: An Examination of the Relevant Provisions of the United Nations Convention on the Law of the Sea*, UN Publication, 1989, p. 21.

⑤ US Department of State, "Developing Standard Guidelines for Evaluating Straight Baseline", *Limits in the Seas*, No. 106, pp. 20 – 23.

3. “不应在任何明显程度上偏离海岸的一般方向”

这一条件来自国际法院在“英挪渔业案”中的裁决。不过，国际法院同时十分清醒地指出，有关海洋一般方向（general direction）的界定缺乏数学意义上的精确性（devoid of mathematical precision）。[①] Jayewardene 曾指出，确定海岸一般方向的主要困难之一在于地图的比例尺问题。从地理角度来看，可以采取不同的方法。既可以用一条直线来反映海岸整体的一般方向，也可以连接若干条反映海岸局部方向的直线。确定海岸的一般方向应考虑多大部分的海岸，而这又取决于地图的比例尺。[②]

相关的问题是，何为“明显程度”（appreciable extent）的偏离呢？在审视挪威的直线基线时，学者们发现，除 Vest 峡湾（Vest Fjord）外，挪威的直线基线偏离海岸一般走向的幅度都没有超过 15°。据此，有学者主张，偏离海岸一般走向的幅度在 20°之内的，都不属于“明显程度”的偏离。

4. “基线内海域充分接近陆地领土”

这一条件同样来自“英挪渔业案”的裁决，亦即要求直线基线内的海域与陆地领土之间须存在紧密联系。国际法院指出：“在选择基线时产生的真正问题是，基线内的海域与陆地领土之间是否存在充分紧密的联系，以使其受内水制度的支配。”[③] 这一要求使得基线内水域具有一定的封闭性，同样也意味着基线不能与海岸之间距离过大。

5. 经济利益的例外

第 7 条第 5 款的规定也来自“英挪渔业案”的裁决，实际上赋予那些适用直线基线的国家以一定程度的灵活性。国际法院在裁决挪威洛普湾（Lopphavet basin）直线基线合法性时特别强调了“经济利益”的重要性，诸如捕鱼、开发海洋自然资源、旅游、交通需要等地方经济利益，允许国家在划定直线基线时适当偏离海岸的一般方向。当然，有一点需要指出，正如第 5 款的第一句话所强调的那样（“在依据第 1 款可以采用直线基线法之处，确定特定基线时……”），经济利益并不是适用直线基线的理由，而

---

① Fisheries, *I. C. J. Report* 1951, p. 142.

② H. W. Jayewardene, *The Regime of Islands in International Law*, Martinus Nijhoff Publishers, 1990, pp. 56 – 57.

③ Fisheries Case, *I. C. J. Report* 1951, p. 133.

是在满足适用直线前提条件的情况下，允许国家在划定直线基线时适当考虑当地的经济利益。

一个需要澄清的问题是，何为“有关地区所特有的并经长期惯例清楚地证明其为实在而重要的经济利益”？首先，从字面上来看，这一经济利益应当是确实存在的，而非可能存在的重要利益。换言之，潜在的利益不能作为考虑的因素。其次，国家应当有历史上的经济数据来证明这一利益的存在，而不是没有事实根据的主张。问题是，“长期”应达到什么标准呢。在“英挪渔业案”中，国际法院认为挪威渔民的捕鱼活动持续了几个世纪。不过，联合国《基线》一书主张，没有必要坚持这样一段长久的时间。[①]

6. 不隔断另一国领海与公海或专属经济区的连接

这一条件主要是为了降低一国适用直线基线可能对邻国的海洋延伸权利造成的隔断影响。这种情形往往出现在一国岛屿位于另一国大陆附近，或者一国岛屿与另一国岛屿相近的情形。

7. 直线基线是否存在长度的限制

虽然《公约》中没有明确规定直线基线的最大长度限制，但学者们一直主张直线基线应当有一定的长度限制，从而成为批评国家划定直线基线实践的理由之一。在“英挪渔业案”中，挪威主张的一系列直线基线中最长一段达到43.6海里。学者们主张的最大直线基线长度有40海里、45海里和60海里不等。不过，从国家实践的多样性来看，似乎直线基线的长度没有法律上的限制。例如，韩国和莫桑比克在适用直线基线时曾经达到了60海里，厄瓜多尔、圭亚那、缅甸甚至分别达到了136海里、120海里和222.3海里。[②]

（二）群岛直线基线的适用条件

群岛基线本质上也是一种直线基线，只是因为适用于群岛国而自成一类，同时在适用时也具有和普通直线基线不同的条件限制。《公约》第46

---

① UN Office for Ocean Affairs and the Law of the Sea, Baselines: *An Examination of the Relevant Provisions of the United Nations Convention on the Law of the Sea*, UN Publication, 1989, p. 26.

② Sophia Kopela, *The Status of Dependent Outlying Archipelagos in International Law*, Doctoral Thesis of Bristol University, April 2008, p. 97, footnote 155.

条规定了群岛和群岛国的定义。其中强调群岛应为“一群岛屿，包括若干岛屿的若干部分、相连的水域或其他自然地形，彼此密切相关，以致这种岛屿、水域和其他自然地形在本质上构成一个地理、经济和政治的实体，或在历史上已被视为这种实体”。而群岛国则是指“全部由一个或多个群岛构成的国家”。需要注意的是，《公约》第 46 条对于群岛和群岛国的定义并没有阐明构成群岛的岛屿的数量、大小或距离，因此仍然较为宽泛和不够精确。不过，第 47 条对群岛国适用群岛直线基线规定了较为清晰和严格的条件，一定程度上弥补了第 46 条的不足。

1. 划界基点的选择

根据第 47 条第 1 款，“群岛国可划定连接群岛最外缘各岛和各干礁的最外缘各点的直线群岛基线”。这一规定实际上反映了群岛国的诉求，即将整个群岛包含在单一的基线内，以确保构成群岛的岛屿、水域和其他自然地形被囊括其中。从第 47 条第 1 款的规定来看，群岛直线基线应当连接岛屿和干礁的最外缘各点。这既便于群岛国管辖，也有利于实现群岛国利益的最大化。

2. 包含主要岛屿

第 47 条第 1 款要求，群岛基线应包含主要的岛屿。联合国《基线》一书认为，“主要岛屿”可以是：“最大的岛屿，人口最多的岛屿，经济产量最大的岛屿，在历史或文化意义上占主导地位的岛屿。”①

3. 水域和陆地面积的比例

根据第 47 条第 1 款，群岛直线基线内部水域和陆地面积的比例应当在 1:1 至 9:1 之间。在第三次联合国海洋法会议期间，英国曾提出 5:1 的比例要求。经过反复谈判，最终《公约》中的比例要求符合了参加海洋法会议的群岛国的实际情况，但同时也排除了一些群岛国家适用群岛基线的可能。具体而言，古巴、冰岛、爱尔兰和马达加斯加等群岛国主要由一个大岛屿构成，其水域面积和陆地面积之比显然无法达到 1:1 的最低比例要求，从而无法适用群岛直线基线；诸如毛里求斯、塞舌尔、汤加等群岛国由于岛屿较为分散，从而超过了 9:1 的最高比例要求。

---

① US Department of State, “Developing Standard Guidelines for Evaluating Straight Baseline”, *Limits in the Sea*, No. 106, pp. 36 – 37.

4. 群岛直线基线的长度

《公约》第 47 条第 2 款规定，群岛基线的长度“不应超过 100 海里，但围绕任何群岛的基线总数中至多 3% 可超过该长度，最长以 125 海里为限”。在第三次联合国海洋法会议初期，英国曾提议群岛直线基线的最大长度为 48 海里。ISNT 规定了 80 海里的一般上限，但同时允许一定比例的基线达到 125 海里。在非正式综合谈判文本中，这一比例被确定为 3%。有学者因此指出，这些数据在谈判过程中变化如此之大，说明缺乏地理、生态和海洋学之类的客观依据。[①] 本质上，《公约》规定的群岛直线基线长度基本符合了印尼和菲律宾等主要群岛国的诉求。具体而言，印尼的群岛基线由 196 段直线组成，其中有 5 段基线处于 100 至 125 海里之间。菲律宾的群岛基线由 80 段直线组成，其中有 3 段超过了 100 海里，甚至有 1 段达到了 140 海里。佛得角的 14 段基线中，有 2 条超过了 100 海里，其中最长 1 条达到了 137 海里。此外，毛里求斯和密克罗尼西亚的群岛基线有一部分也超出了《公约》第 47 条第 2 款的限制。

需要指出的是，虽然《公约》规定仅有 3% 的基线可以超过 100 海里，但由于对基线总数没有限制，所以群岛国完全可以通过增加基线的数量来划出更多超过 100 海里的基线。[②]

5. 群岛的一般轮廓

《公约》第 47 条第 3 款规定，群岛基线的划定“不应在任何明显的程度上偏离群岛的一般轮廓”。这一规定类似于《公约》第 7 条第 3 款：“直线基线的划定不应在任何明显的程度上偏离海岸的一般方向。”群岛国在谈判中提出这一条以便安抚国际社会对于群岛国权益扩展的担忧。不过，如何识别“群岛国的一般轮廓”同样存在疑问。

6. 不隔断效果

《公约》第 47 条第 5 款规定：“群岛国不应采用一种基线制度，致使另一国的领海同公海或专属经济区隔断。”这一规定类似于《公约》第 7 条第 6

---

① Mohamed Munavvar, *Ocean States: Archipelagic Regimes in the Law of the Sea*, Martinus Nijhoff Publishers, 1995, p. 132.

② UN Office for Ocean Affairs and the Law of the Sea, *Baselines: An Examination of the Relevant Provisions of the United Nations Convention on the Law of the Sea*, UN Publication, 1989, p. 37.

款。例如，位于马来西亚马来半岛的东海岸和沙捞越州（Sarawak）海岸之间的两个群岛：印尼阿兰巴斯群岛（Kepulauan Anambas）和朋古兰群岛（即纳土纳群岛，Kepulauan Bunguran）之间的群岛基线就有可能产生此类隔断效果。

三　南北极国家远洋群岛适用直线基线的实践

《公约》虽然没有明文规定大陆国家远洋群岛的领海划界问题，但无论是在第三次联合国海洋法会议之前，还是在《公约》出台之后，大陆国家都没有停止将直线基线适用于远洋群岛的实践。对此，有学者指出："大陆国家远洋群岛的基线问题虽然没有在第三次联合国海洋法会议上得到解决，但这类国家的丰富实践为国际法上群岛概念的进一步发展提供了新的维度（new dimensions）。"[①] 当然，也有国家坚持适用低潮线划界，如美国。以下将就这些实践的典型进行简单列举，并适当指出其中存在的争议。

（一）法罗群岛

法罗群岛（Faroe Islands）是丹麦的海外自治领地，地理位置介于挪威海和北大西洋中间。法罗群岛陆地面积 1399 平方千米，由 17 个有人岛和若干个无人岛组成，居民共 46662 人。

1903 年丹麦首次对法罗群岛提出群岛主张，宣告法罗群岛周边 3 海里为丹麦的专属渔区。[②] 1963 年丹麦政府发布法令，将直线基线适用于法罗群岛。1976 年 12 月 21 日，丹麦颁布第 599 号法令，明确了法罗群岛直线基线的具体坐标。[③] 根据这一法令，法罗群岛的领海基线由 10 条直线基线组成，其中连接点 10 和点 11 之间的直线基线最长，达到 61 海里，连接点 2 和点 3 之间的直线基线达到 41 海里。根据第 599 号法令第 1 条第 3 款，基线内水域为内水。法罗群岛直线基线见图 1。

---

① Mohamed Munavvar, *Ocean States: Archipelagic Regimes in the Law of the Sea*, Martinus Nijhoff Publishers, 1995, p. 97.

② Denmark Order No. 29 of 27 February 1903 respecting the supervision of Fisheries in the Sea surrounding the Faroe Islands and Iceland outside the Danish Territorial Sea, UN DOC. ST/LEG/SER. B/6.

③ Ordinance No. 599 of 21 December 1976 on the Delimitation of the Territorial Sea around the Faroe Islands.

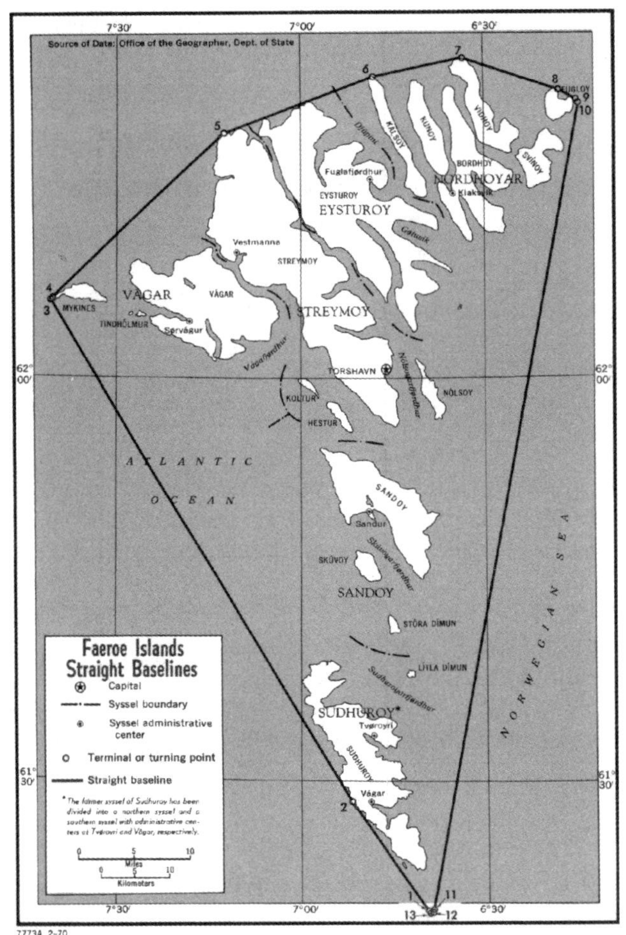

图 1　法罗群岛直线基线

图片来源：*Limits in the Seas*, No. 13。

（二）斯瓦尔巴群岛

斯瓦尔巴（Svalbard）群岛位于北极地区，为挪威最北方的国土，由 11 个岛屿组成。群岛横跨北纬 74°到 81°、东经 10°到 35°。斯匹次卑尔根岛（Spitsbergen）是群岛中最大的岛屿，其次是东北地岛（North East Land/Nordaustlandet）与埃季岛（Edge Island/Edgeoya）。

1970 年 9 月 25 日挪威颁布法令，在斯瓦尔巴群岛的南部和西部地区适用直线基线，而较远的熊岛（Bjørnøya）和希望岛（Hopen）则单独适用直线基线。美国认为，斯瓦尔巴群岛主岛的西部海岸附近存在一系列岛屿，因此在这一区域适用直线基线符合《领海及毗连区公约》第 4 条。[①]

2001 年 6 月 1 日挪威颁布新法令，[②] 废除了 1970 年的法令，将直线基线适用于整个斯瓦尔巴群岛。斯瓦尔巴直线基线见图 2。不过，距离稍远的熊岛、希望岛、白岛（Kvitøya，距主岛 36 公里）和卡尔王岛（Kong Karls，距主岛 37.3 公里）并未通过直线基线和主岛连接，而是单独适用直线基线。虽然 2001 年的法令并没有明确基线内水域的法律地位，但从实践来看，挪威将这一水域视为内水。

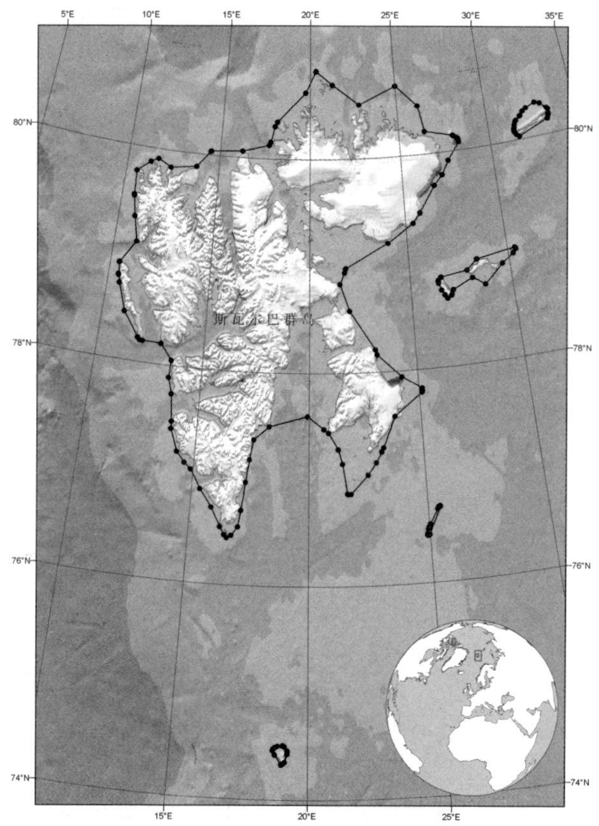

图 2　斯瓦尔巴群岛直线基线

图片来源：http：//www. un. org/depts/los/legislationandtreaties/statefiles/NOR. htm。

① *Limits in the Seas*, No. 39, p. 5.

② Regulations relating to the limits of the Norwegian territorial sea around Svalbard, Royal Decree of 1 June 2001.

（三）福克兰群岛/马尔维纳斯群岛

福克兰群岛（Falkland Islands）位于南大西洋，包含两个主岛——东福克兰岛和西福克兰岛，以及周围778个小岛，总面积12173平方公里，人口约为3060人。福克兰群岛中长年有人居住的有15个岛屿。首府为斯坦利港（阿根廷称其为“阿根廷港”）。

阿根廷对该群岛亦有领土要求，称其为马尔维纳斯群岛（Islas Malvinas）。英阿两国曾爆发战争。

英国根据1989年的领海法令，[①] 将直线基线制度适用于福克兰群岛。福克兰群岛领海基线由21条直线基线组成，总长362海里。其中最长两段直线基线达到41海里和35海里。英国所绘福克兰群岛直线基线见图3。

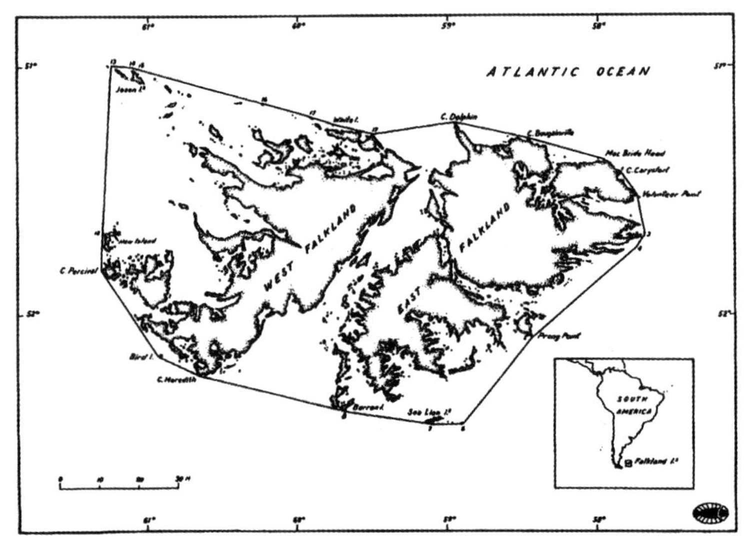

图3　福克兰群岛直线基线（英国）

图片来源：*Lines in the Sea*, G. Francalance & T. Scovazzi（eds）。

1991年8月14日，阿根廷通过第23.968号法案，[②] 将直线基线制度适用于马尔维纳斯群岛。阿根廷为大马尔维纳斯岛（即英国主张的西福克兰岛）和马尔维纳斯群岛（即英国主张的东福克兰岛）分别划定了直线基线。

---

① The Falkland Islands (Territorial Sea) Order 1989, UK Statutory Instruments, No. 1993.

② Argentina Act No. 23.968 of 14 August 1991.

阿根廷主张的马尔维纳斯群岛直线基线见图 4。

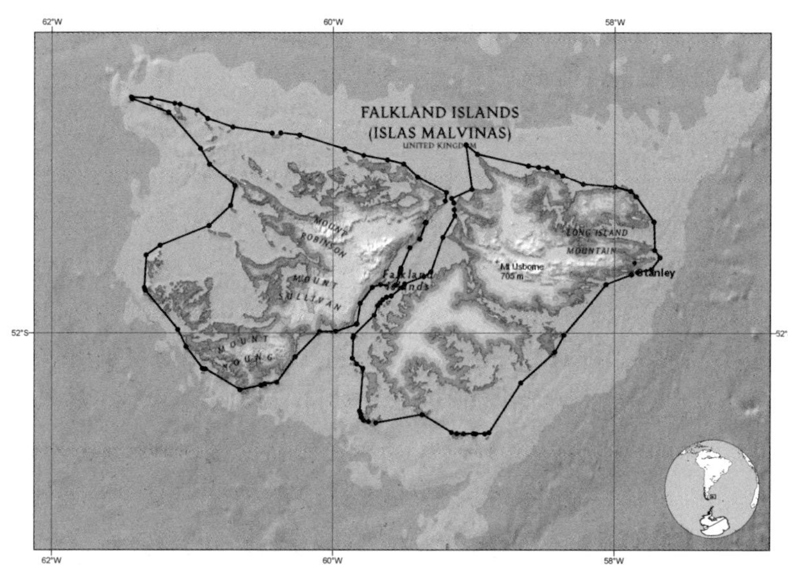

图 4　马尔维纳斯群岛直线基线（阿根廷）

图片来源：P. Armstrong &V. Forbes, "The Falkland Islands and Their Adjacent Maritime Area", Vol. 2, No. 3, *Maritime Briefing* (1997), p. 17。

四　大陆国家远洋群岛适用直线基线的合法性及可行性问题

从各国远洋群岛适用直线基线的实践来看，地理因素的特殊性决定了不可能使用单一的方法来划定远洋群岛的领海基线，但如果岛屿之间联系紧密而有必要将之作为一个整体划界的话，那么直线基线的确是最佳选择。当然，正如下文将要分析的那样，经济、政治、安全、环境、生态和历史等因素也会对基线的确定产生不同程度的影响。借用 Barry Dubner 的分类标准，[①] 同时参考如上所述的实践，我们大致可以将适用直线基线的大陆国家远洋群岛归纳为三种类别：第一类，由若干面积较大的岛屿及其一系列附属岛屿组成的远洋群岛；第二类，由若干面积相当、距离相近、联系紧密

① Dubner 按照地理特征将群岛分为三种类型：第一类，岛屿分散，周围半径超过了领海宽度的两倍，岛屿之间包含了广阔的公海海域；第二类，岛屿之间分布距离不远，包含公海海域较小；第三类，有一个大陆型的岛屿，附近有一系列岛屿。See Barry Hart Dubner, *The Law of Territorial Waters of Midocean Archipelagos and Archipelagic States*, Martinus Nijhoff Publishers, 1976, pp. 67 - 68。

的岛屿组成的远洋群岛；第三类，由较为分散的岛屿构成的远洋群岛。问题在于这些类型化的实践是否符合现行国际法，可行性程度如何。以下将进一步就此问题展开论证。

（一）由若干大岛及附属一系列岛屿组成的远洋群岛

岛屿和大陆一样，都是产生海洋权利的基础。对于存在一个主要岛屿的远洋群岛而言，其他小岛如果距离主岛较近，且密集程度足以构成“一系列岛屿”，则不妨将主要岛屿视同大陆，在符合《公约》第7条规定的前提下适用直线基线。当然，这需要对《公约》第7条中的规定做较为灵活的解释。如果按照美国坚持的严格标准，[①] 则基本上世界上没有哪一个国家划定的直线基线能符合它所理解的“国际法”。然而，美国本身并不是《公约》的缔约国，所以其有关《公约》的解释并不具有约束力和权威性。

在对《公约》第7条进行解释时，有必要强调其目的和宗旨。对此，联合国海洋事务与海洋法办公室发布的《基线》一书指出：“适用直线基线的精神并非不正当地扩大领海面积，而是为了避免低潮线带来的飞地和包围效应。正常基线带来的复杂效应不利于海洋制度的遵守和监管。”[②] 本着这一精神，出于维护远洋群岛权益的考虑，《公约》第7条中“紧邻海岸存在一系列岛屿”这一条件似乎应当做较为宽松的解释为宜。实际上，早在第一次联合国海洋法会议期间，联合国秘书处请求挪威最高法院的法律顾问 Jens Evensen 就群岛的领海基线问题发表法律意见时，Evensen 在结论部分明确指出：“如果对‘岛屿’解释过于严格，将会使直线基线在许多情况下无法发挥其应有的效用。”[③] 他同时建议，一系列的小岛（islets）、岩礁（skerries）、礁石（rocks）也可以构成所谓的“一系列岛屿”。

另外，根据《维也纳条约法公约》第31条第3款规定，在解释条约时，应与上下文一并考虑的还包括：“……（b）嗣后在条约适用方面确定各当事国对条约解释之协定之任何惯例……。”在条约解释中，嗣后惯例

① See US Department of State, “Developing Standard Guidelines for Evaluating Straight Baseline”, *Limits in the Seas*, No. 106.

② UN Office for Ocean Affairs and the Law of the Sea, paras. 35, 39.

③ Jens Evensen, “Certain Legal Aspects Concerning the Delimitation of the Territorial Waters of Archipelagos”, *UNCLOS I Off. Rec.*, Vol. I, Doc. A/CONF. 13/18, p. 301.

(subsequent practice) 具有重要意义。缔约国在缔结条约后的持续、一致和统一的实践实际上等同于“默示协定”，很大程度上阐明了条约中过于原则抽象之条款的真实含义。[①] 美国坚持严格解释《公约》第7条，恰恰从侧面反映了采取直线基线的国家都采取了较为灵活宽松的态度。

挪威斯瓦尔巴群岛、英国福克兰群岛（阿根廷马尔维纳斯群岛）、澳大利亚弗诺群岛、法国凯尔盖朗群岛和瓜德罗普群岛作为特定类型的远洋群岛，即若干大岛加一系列附属岛屿，其实践已经满足了持续、一致和统一的特征，而且这些国家在遭到美国质疑后，往往会援引《领海和毗连区公约》第4条或者是《公约》第7条作为依据，也反映了这些国家是从灵活解释《公约》第7条的角度主张远洋群岛适用直线基线的合法性。客观上，这些国家的实践也构成了嗣后惯例的一部分，因此可以将《公约》第7条理解为适用于“若干大岛加一系列附属岛屿”的情形。

（二）岛屿面积相当、距离相近、联系紧密的远洋群岛

联系上文对直线基线适用前提条件的解析，在岛屿面积相当、缺乏主次关系的情况下，的确很难直接援引《公约》第7条来论证其合法性。不过，国际法的渊源并不限于条约，我们不妨从国际习惯法角度寻求合法性。

国际习惯法由客观要素和主观要素组成。客观要素或物质因素，即国际惯例；主观要素或心理因素，即法律信念。根据著名国际法学者伊恩·布朗利（Ian Brownlie）教授的观点，构成国际惯例的国家实践应具有统一性（uniformity）、持续性（consistency）和普遍性（generality），同时需要经历一定的期间（duration）。[②] 当然，这并不要求所有国家在所有时期都采取完全一致的实践。在国际社会存在200多个国家的现时代，要求所有国家协调一致的行动基本上是不可能的。因此，这里的普遍性应理解为国际社会的主要成员，尤其是利益受到影响的成员。就时间而言，国际习惯法规则的形成并不意味着一定要经历一段非常漫长的时间，事实上有些习惯法规则在短时间内就形成了，如有关外层空间和大陆架的习惯法规则。此外，

---

① Richard Gardiner, *Treaty Interpretation*, Oxford University Press, 2008, pp. 225 - 228.

② Ian Brownlie, *Principles of Public International Law*, 7th edn., Oxford University Press, 2008, pp. 7 - 8.

那些在国际习惯法形成过程中一直持反对态度的国家有可能构成“持续反对者”（persistent objector），亦即这些持续反对的国家可以不受日后成型的国际习惯法规则的拘束。实践中比较难以判断的是，可能还有部分国际社会的成员在国际习惯法规则形成的过程中保持沉默。当然，沉默既可以理解为毫不关心，也可以理解为一种默许行为（acquiescence），后者往往是利益相关且对正在形成中的国际习惯法规则有所了解。关于“法律信念”，通俗而言，是指国家将国际惯例作为法律来遵守。换言之，国家遵守国际惯例的动机并非出于国际礼让或国际道德，而是将其作为具有法律约束力的规则。

布朗利指出，证明国际习惯法存在的证据来源多样，包括外交函件，政策声明，媒体报道，官方法律顾问的意见，相关法律问题的官方手册，国家对国际法委员会条款草案的评论，国家立法，国际和国内司法判决，条约和其他国际文件的序言，国际机构的实践，联合国大会的决议，等等。当然，这些证据的价值取决于个案的具体情形。①

具体到远洋群岛的直线基线问题上，通过上文对国家实践的梳理，可以发现，对于那些面积相当、距离相近、联系紧密的岛屿适用直线基线制度俨然已成为国际习惯法，或至少是演进中的国际习惯法规则。

第一，国家实践的统一性、持续性和普遍性。

丹麦、厄瓜多尔、挪威、西班牙、葡萄牙、澳大利亚、英国、法国等国自 20 世纪 60 年代以来纷纷颁布国内法令，将直线基线适用于远洋群岛的实践一定程度地符合了统一性、持续性和普遍性的要求。

就统一性和持续性而言，上述国家都对其符合条件的远洋群岛适用了直线基线制度。这里需要指出的是，各国适用直线基线的实践很大程度上取决于群岛的地理特征。因此，对于那些组成岛屿过度分散的远洋群岛，英国和法国等国并没有将群岛作为一个整体适用直线基线，而是对于个别岛屿单独适用直接基线，或者只是在个别岛屿上部分地适用直线基线。这并不影响国家实践的统一性和持续性。毕竟对于那些岛屿面积相当、位置相近、联系紧密的群岛，上述国家仍然是坚持了直线基线制度，尽管表现

① Ian Brownlie, *Principles of Public International Law*, 7th edn., Oxford University Press, 2008, p. 6.

形式不一。

就普遍性而言，虽然国际社会有200多个国家，但拥有远洋群岛的大陆国家毕竟只是其中的一小部分。当然，由于官方公布的海图和立法往往难以寻觅，上文梳理的国家实践看似数量有限，却均是在海洋实践方面具有代表性的海洋大国，往往成为他国实践的参考，因此并不排除国家实践的普遍性。

从时间方面来看，大陆国家的远洋群岛适用直线基线的时间不等。丹麦和厄瓜多尔最早分别在1903年和1934年颁布立法，将法罗群岛和加拉帕戈斯群岛作为整体来管理，以保护其渔业和自然资源。严格意义上来讲，大陆国家主要是从20世纪60年代开始明确以国内立法的形式规定远洋群岛适用直接基线制度。到目前为止，已经历了60年左右的时间。虽然国际法没有为国际习惯法规则的形成规定明确的期限，但60年左右的时间也足够证明国际习惯法规则的存在了。

第二，国家的法律信念。

国家的法律信念可以从三个方面得到证明：第一，各国有关远洋群岛领海划界的国内法规；第二，参加第三次联合国海洋法会议时的国家提案；第三，面对美国抗议的官方回应。

各国都是通过颁布专门的国内法规，明确了远洋群岛划界应适用直线基线，同时注明了直线基线的地理坐标，并且公布了海图。丹麦和厄瓜多尔等国还先后就同一群岛制定了一系列的法规，以明确其直线基线。这些足以证明这部分国家坚持远洋群岛适用直线基线应该是一种国际法规则。

在第三次联合国海洋法会议期间，有多个国家提出远洋群岛应适用直线基线，在《公约》生效后，这些国家也始终坚持这一实践。

尤其值得注意的是，在美国对直线基线问题提出抗议后，相关国家的官方回应意见直接显示了国家的法律信念。例如，1986年美国抗议葡萄牙在亚速尔群岛和马德拉群岛适用直线基线，葡萄牙回复称：“该法令附件中的地理坐标显示，为确定亚速尔群岛和马德拉群岛领海基线而采用的程序不是以《公约》第四部分为法律依据，而是以第121条为依据。”① 葡萄牙

① J. A. Roach and R. W. Smith, *US Responses to Excessive Maritime Claims*, Martinus Nijhoof Publishers, 1996, pp. 112 - 113.

援引《公约》第121条虽然并不一定准确，但至少表明它坚信适用直线基线存在法律依据。

1991年10月3日，针对美国对法罗群岛适用直线基线的抗议，丹麦外交部以外交照会的形式回复美国："考虑到岛屿之间联系的紧密性，法罗群岛适用直线基线应当为国际法所允许。如果不使用直线基线，而是分别为每个岛屿划定3海里的领海，将会在群岛周围产生一系列的外部界限。因此，丹麦政府在没有遭到任何抗议的情况下，从1927年开始就宣布岛屿之间的海峡（sounds）为内水。第598和599号法令中规定的基线是依据1958年的《领海和毗连区公约》而确定的。公约第4条第4款规定，在确定特定基线时，可以考虑有关地区所特有的并经长期惯例清楚地证明其为实在而重要的经济利益。这与法罗群岛关联密切，因为这些岛屿极为依赖基线内水域的渔业。1958年4月26日曾经通过了一项与《捕鱼及养护公海生物资源公约》相关的特别决议，其目的是保护那些极为依赖公海渔业资源的国家或地区，这一决议特别提及了法罗群岛。"① 丹麦的这一官方回应反映了其坚信法罗群岛适用直线基线存在国际法基础。

第三，美国作为"持续反对者"的影响。

美国对直线基线持本能的排斥态度，但凡有国家适用直线基线划定领海基线，美国国务院都会进行抗议。据美国国务院法律顾问的统计，截至2000年，美国已经发布了32份针对直线基线的外交抗议，并且针对其中的22个国家发布了军事行动声明（operational assertions）。② 当大陆国家将直线基线法适用于远洋群岛时，美国的反应尤其强烈。美国国务院网站从20世纪70年代初以来就一直针对特定国家的直线基线发布评论文件，即"*Limits in the Sea*"系列。③ 不仅如此，美国对其远洋群岛一律适用低潮线。即便像夏威夷群岛在历史上曾经提出过类似于直线基线的权利主张，但在成为美国的第50个州后，也不得不与联邦政府的外交立场保持一致。美国构成了

---

① J. A. Roach and R. W. Smith, *US Responses to Excessive Maritime Claims*, Martinus Nijhoof Publishers, 1996, p. 114.

② See J. Ashley Roach and Robert W. Smith, "Straight Baselines: The Need for a Universally Applied Norm", *Ocean Development and International Law*, Vol. 31, p. 48.

③ See US Department of State, "*Limits in the Seas* (No. 1 – 127)", http://www.state.gov/e/oes/ocns/opa/c16065.htm.

国际习惯法形成过程中的“持续反对者”，其抗议并不妨碍“岛屿面积相当、距离相近、联系紧密的远洋群岛可以适用直线基线”这一国际习惯法规则的形成。

除美国外，国际社会对远洋群岛适用直线基线基本上采取了沉默的态度。这种沉默态度可以理解为国际法意义上的默许（acquiescence）。因为大陆国家将直线基线适用于远洋群岛时，势必会将一大片水域转化内水，相应地会缩小其他国家在海洋上自由通行的空间，因此国际社会的其他成员当然存在利益关系。同时，在适用直线基线时，大陆国家往往颁布国内法规和命令，显然国际社会的其他成员也是知情的。在这种特殊的情境下不提出抗议，可以理解为国际社会默许了拥有远洋群岛的大陆国家的做法。

（三）岛屿分散的远洋群岛

在法律缺乏明文规定的情况下，通过类推（analogy）的方式可以一定程度地填补法律空白。国际社会缺乏一个类似于国内社会那样的中央立法机关，因此极容易出现“无法可依”的状态。类推对于维护国际法律秩序的统一性和一致性尤其重要。“类推”，即以类似的方式使用法律规则，是指将一特定情况涉及的规则适用于缺乏规则的类似情况。简言之，就是对类似的情况进行类似处理。在国际法上，要适用类推的方法，必须满足两方面的条件：第一，存在法律上的空白（lacuna）；第二，存在法律规则的情况与缺乏法律规则的情况存在类似性（similarity）。当然，类推存在一定的限制条件，即不得违反国际强行法，同时，在国际刑法领域，类推不得违反“罪刑法定”的原则。①

1. 法律空白

国际法上的空白应当理解为某一特定情况不存在任何一般国际法规则或国际法律原则。需要说明的是，如果只是缺乏条约规则，但另外存在国际习惯法规则，或者是一般法律原则，则不能认定是法律空白。另外，如果某一特定的情况表面上不存在直接的条约或习惯法规则，但通过对这些规则的扩大解释可以涵盖这一情况的话，那也不能认为是法律空白。因此，

---

① Silja Voeneky, “Analogy in International Law”, *Max Planck Encyclopedia of Public International Law*, paras. 4 – 5.

相对于国际法上的解释规则而言，类推适用只能是补充性的方法。此外，如果国际法主体在国际法的某一领域确认有行动自由，也不能认为存在法律空白。

就大陆国家远洋群岛的领海基线问题而言，通过上文的分析，可以认为，由主岛和附属一系列岛屿构成的远洋群岛可以按照《公约》第7条的规定划定直线基线——尽管需要对条约规定进行灵活解释；国际习惯法规则可以为那些岛屿面积相当、距离较近、联系密切的远洋群岛适用直线基线提供依据。唯有那些岛屿分散的远洋群岛，既没有《公约》的明确规定可以援引，也不存在国际习惯法规则。此外，也无法将群岛国制度宽泛解释为涵盖大陆国家的远洋群岛。所以，唯有类推适用《公约》第四部分方能使岛屿分散的远洋群岛划定领海基线时避免出现法律空白。

2. 群岛国与大陆国家远洋群岛的类似性

类推适用的另一个前提是相关情况之间存在类似性。具体而言，应当将有规则适用的情况与无规则的情况进行比较，识别两者的类似性，判断这种类似性与法律评价相关，同时判断两者之间的差异与法律评价无关。①

从群岛国的定义来看，群岛国和大陆国家的远洋群岛在地理、经济、政治、安全、环境和生态等方面存在着共同的利益诉求。换言之，除去国家资格的不同外，建立群岛国制度的初衷与大陆国家远洋群岛的利益诉求之间并无实质性差异。②

从地理方面来看，正是由于群岛地理位置的特殊性，在联合国海洋法会议上，有国家建议为群岛建立特殊的制度。尤其是在会议初期，并未严格区分群岛国和大陆国家的远洋群岛。

从经济方面来看，无论是群岛国，还是大陆国家的远洋群岛都需要开发利用群岛内的自然资源。虽然专属经济区制度的引进一定程度地满足了远洋群岛的经济诉求。但毕竟远洋群岛作为一个整体的利益无法得到类似

---

① Silja Voeneky, "Analogy in International Law", *Max Planck Encyclopedia of Public International Law*, para. 17.

② See C. F. Amerasinghe, "The Problem of Archipelagoes in the International Law of the Sea", *International and Comparative Law Quarterly*, Vol. 23, 1974, pp. 557 - 559; also Shekhar Ghosh, "Changing Law in a Changing World: Case of Mid-Ocean Archipelagos", *Economic and Political Weekly*, Vol. 22, No. 23, 1987, pp. 904 - 905.

于群岛国那样的充分保障。

从政治与安全方面来看，远洋群岛的政治利益只有通过建立特殊的制度方能体现其整体性。尤其是在安全方面，考虑到群岛的特殊地理环境，如果没有特殊的法律制度，群岛无法防范外国军用船只的非法入侵，也不利于打击群岛水域内的走私、贩毒、非法移民等犯罪行为。

从环境和生态方面来看，群岛的环境和生态系统极易受到海洋环境污染的影响。在油轮泄露或核动力船只发生核泄漏之类的事故面前，群岛的特殊地理使得这些事故的影响很难在短时间之内消除，从而极易对群岛的居民和经济造成负面影响。将群岛作为一个整体来实施管辖，增加了群岛抵御外来环境污染的能力。

群岛国和远洋群岛之间唯一的差异只是在于国家资格，但这一差异并不妨碍法律评价。易言之，国家资格并不是阻碍群岛国制度类推适用于大陆国家远洋群岛的理由。相反，从国家主权平等的角度来看，如果认为群岛国可以适用特殊制度，而大陆国家的远洋群岛被排除在外的话，则在群岛国和大陆国家之间造成了不平等的待遇。更严重的是，这甚至会助长大陆国家远洋群岛的分离趋势。因为只要宣告独立为群岛国，就可以享受《公约》第四部分中特殊制度所带来的便利。这一诱惑自然会刺激那些自治程度较高，经济欠发达的大陆国家远洋群岛。在第三次联合国海洋法会议上，法国代表曾经指出："某些与现存国际法相悖的提案意图在国家的岛屿主权和大陆主权之间建立一种区别，这将会是一种法律上的怪胎（legal monstrosity），因为会导致国家主权的分裂。"在反对刻意区分群岛国和大陆国家远洋群岛时，法国代表强调："这会威胁一些国家的主权，而同时扩大其他一些国家在一大片海域的主权。这种区分的任意性非常明显，这完全缺乏法律依据，且只会增加地理上的不公平性。"[1] 法国代表非常鲜明地指出了大陆国家远洋群岛被排除在群岛国制度之外的原因是政治性的和人为的，实际上两者之间的相似性极强。

基于上述分析，我们可以认为，对于那些岛屿较为分散的远洋群岛，类推适用《公约》第四部分中的"群岛国制度"并无不可。当然，在类推

① See *UNCLOS III Off. Rec.*, Vol. II, 36th Meeting, p. 263, para. 45.

适用群岛直线基线时，应遵守水域和陆地面积比例（1:1 至 9:1 之间），以及基线长度的要求（100 海里，至多 3% 可达到 125 海里）。如果群岛整体不符合上述要求，不妨将远洋群岛分为若干个群岛组，再分别按照群岛国直线基线要求划定基线。实践中，群岛国使用多条群岛基线的情况并不罕见。例如，汤加、基里巴斯、图瓦卢这三个群岛国的水域和陆地面积之比超过了 9:1，为了和《公约》第 47 条的规定保持一致，这三个群岛国选择了为其群岛分别划定群岛基线。①

五　若干规律性认识

通过上文的分析，我们现阶段可以就远洋群岛的直线基线问题得出以下几点规律性认识。

其一，将群岛视为整体划定领海基线的提议起源较早，历次海洋法编纂会议都只是部分解决了群岛的领海基线问题。作为群岛国制度的牺牲品，大陆国家远洋群岛的领海基线问题在第三次联合国海洋法会议上被“束之高阁”并非偶然。从群岛领海基线问题“渐进式”的发展路径来看，远洋群岛的直线基线问题并不会因为《公约》的规定阙如而停滞不前。

其二，《公约》第 7 条和第 47 条为远洋群岛适用直线基线提供了参考标准。但是，这两个条款本身的规定较为原则抽象，虽然美国力主严格解释，但从适用直线基线的国家实践来看，似乎大部分国家都对这两个条款采取了较为宽松的理解。事实上，只有主张灵活解释《公约》第 7 条和第 47 条，大陆国家才能更加确定地将直线基线适用于远洋群岛。

其三，由于地理特征各异，很难完全统一大陆国家远洋群岛适用直线基线的模式。不过，在缺乏《公约》明文规定的情况下，各国的划界实践一定程度地为今后的划界工作提供了可资借鉴的先例。从目前可获得的资料来看，挪威、丹麦、厄瓜多尔、法国、澳大利亚、英国、葡萄牙、西班牙等国已经纷纷将直线基线适用于远洋群岛。这些群岛按照地理特征大致可以归纳为三种类型：一是由大岛和附属一系列岛屿组成的远洋群岛；二是由面积相当、距离相近、联系紧密的岛屿组成的远洋群岛；三是由较为

① See Mohamed Munavvar, *Ocean States: Archipelagic Regimes in the Law of the Sea*, Martinus Nijhoff Publishers, 1995, pp. 135 - 136.

分散的岛屿组成的远洋群岛。其中大部分国家在适用直线基线时是将远洋群岛作为整体划定直线基线，但也有国家将远洋群岛分为若干组岛屿群分别划定直线基线。后一种实践使得单独一段直线基线的距离较短，较少引起其他国家的反对。值得注意的是，美国无视夏威夷王国时期的历史，坚持将低潮线扩大适用于夏威夷群岛的领海划界，显示了其坚决抵制直线基线的一贯立场。

其四，从国际法角度来看，大陆国家欲将直线基线适用于远洋群岛可以从三个方面主张其合法性：对于由大岛和附属一系列岛屿组成的远洋群岛，可以将之视为一单独的领土单位，如此就使得主岛附近的岛屿近似于大陆海岸附近的“一系列岛屿”，从而通过灵活解释《公约》第 7 条获得合法性；对于由面积相当、距离相近、联系紧密的岛屿组成的远洋群岛，从拥有远洋群岛的大陆国家的实践来看，适用直线基线已经构成国际习惯法规则，或至少是“正在演进中的国际习惯法规则”，大陆国家以此为由并无不可；对于由较为分散的岛屿组成的群岛，考虑到与群岛国在经济、政治、安全、环境、生态等利益诉求方面存在着极大相似性，为避免“法律空白”可能造成的无序化状态，不妨类推适用群岛国制度，使用群岛直线基线划界。

值得一提的是，Evensen 在 1958 年的第一次联合国海洋法会议上曾经撰写报告指出：“在群岛的领海划界问题上，并不存在明确而严格的规则。鉴于地理、历史和经济因素的多样性，试图在国际公约中制定一个明确而严格的规则几乎是不可能的，也是不太理想的。这种规则可能很容易显示出缺乏弹性，从而无法考虑每一个单独情况的差异和特殊性。但这并不意味着不存在规则和原则，或者不应该建立这样的规则，只是这样的规则应具有一定的灵活性。”① Evensen 的观点无论是在当时，还是在今天看来都具有一定的前瞻性。他在报告中还详细阐述了远洋群岛适用直线基线时应当遵守的国际法规则，他认为：“唯一自然和现实的解决方案是将远洋群岛作为整体，使用直线基线来划定领海……远洋群岛是否应按照这一方式进行领

① Jens Evensen, “Certain Legal Aspects Concerning the Delimitation of the Territorial Waters of Archipelagos”, *UNCLOS I Off. Rec.*, Vol. I, Doc. A/CONF. 13/18, pp. 301 - 302.

海划界，很大程度上取决于群岛自身的地理特征。”①

他同时提出了适用直线基线时应该遵守的若干原则，概括起来有以下六点：第一，国家为远洋群岛划定领海基线时存在一定的自由，但同时应当遵守国际法；第二，领海基线不能偏离群岛整体海岸的一般方向；第三，在任何情况下，远洋群岛的领海应当与陆地之间存在或多或少的依赖关系；第四，尽管直线基线并不存在固定的最大长度限制，但如果基线过长使得原本用于自由航行和捕鱼的海域被封闭起来的话，则会违反国际法；第五，基线内水域是否构成内水取决于该水域与陆地的紧密程度，每一种情况都需要进行个案分析，群岛的地理特征是首要的决定因素，但也不排除其他因素——如历史和经济因素——的作用；第六，即便基线内水域构成内水，但如果群岛之间存在海峡，则应遵守与海峡相关的通行制度。基于这些原则，他建议应为远洋群岛的直线基线问题引进如下条款：

（1）当属于一个国家的远洋群岛可以被视为一个整体时，领海应当从群岛最外缘岛屿的最外点开始测量，此类划界应适用直线基线；

（2）除第 3 款的例外规定外，群岛岛屿之间和内部的水域应被视为内水；

（3）当群岛岛屿之间和内部的水域构成海峡时，这一水域不能排除外国船只的无害通过权。②

对比本文研究所得结论，Evensen 的建议现在看来仍不失为真知灼见，历久弥新。岛屿地理特征的不同固然增加了统一远洋群岛领海划界规则的难度，但法律规则的确定性和可预期性特质必然要求为远洋群岛的领海基线问题设置明确的制度。从国家实践来看，无论是灵活解释《公约》第 7 条，主张国际习惯法规则的存在或演进状态，还是类推适用群岛国制度，直线基线都应该是远洋群岛领海划界的趋势。当然，国家在适用直线基线时应尽量避免过多地影响第三国的海洋权益。在现阶段，无论基于何种理由适用直线基线，都应尽量尊重《公约》第 7 条和第 47 条分别为普通直线基线和群岛直线基线规定的条件，以免引起不必要的争议。

---

① Jens Evensen, “Certain Legal Aspects Concerning the Delimitation of the Territorial Waters of Archipelagos”, *UNCLOS I Off. Rec.*, Vol. I, Doc. A/CONF. 13/18, pp. 301 – 302.

② Jens Evensen, “Certain Legal Aspects Concerning the Delimitation of the Territorial Waters of Archipelagos”, *UNCLOS I Off. Rec.*, Vol. I, Doc. A/CONF. 13/18, pp. 301 – 302.

极地事务管理

极地事务管理内涵之界定

王　芳[*]　李福来[**]

【内容摘要】 本文从对极地事务的概念研究入手首先确定极地事务及极地事务管理的概念，在此基础上研究美国、英国及中国极地事务具体的管理事项，并抽象出共同的管理事项，以此来确定极地事务管理的内涵。

我国的极地活动始于20世纪80年代，截至目前，我国的极地事业取得了举世瞩目的成就，逐渐地从依附于其他国家从事极地考察活动成为拥有五个考察站的极地大国。极地活动从无到有，从有到强，这其中离不开极地事务组织机构对极地活动的管理和投入，极地管理组织发展轨迹经历了一系列的变更。1981年5月11日，我国成立国家南极考察委员会作为南极考察活动的组织领导机构，1981年至1994年，我国的极地考察活动均由国家南极考察委员会组织管理，当时的考察活动也仅限于在南极的考察。1994年1月10日，国务院撤销国家南极考察委员会，国家南极考察委员会办公室更名为国家海洋局南极考察办公室，由其承担南极考察的具体工作。1996年8月17日，根据中央编制委员会办公室的批复文件，国家海洋局南极考察办公室更名为国家海洋局极地考察办公室。目前，我国的极地考察事务由国家海洋局极地考察办公室负责组织管理，考察活动不仅涉及南极，从1999年起也开启了对北极的考察。在我国除了国家海洋局极地考察办公室作为极地事务的组织管理机构之外，还有成立于1994年10月14日的中国极地考察工作咨询委员会及成立于1989年10月10日的中国极地研究中心，分别作为我国极地考察事业的工作咨询机构和研究机构。进入21世纪之后，

---

* 王芳，国家海洋局海洋发展战略研究所研究员。

** 李福来，中国政法大学博士研究生。

各国对极地关切越来越浓厚，各大国的极地争端也越来越激烈，各国极地事业的发展也是综合国力的显示。我国虽然已经跻身极地大国之列，但由于极地事务起步较晚并属于远离极地的国家等先天性不足，我国的极地活动受到了很大的限制。为了维护我国的极地利益，推动极地事业的发展，加强对极地事务的管理势在必行。本文旨在厘清极地事务管理中事务之范围，期待能够为管理者完善极地管理组织架构提供参考。

一　极地事务概述

（一）极地

极地是指在地球的南北两端，纬度在66.5°以上，常年被冰雪覆盖的地方，包括南极和北极。

1. 北极地区

北极地区是指北极圈（北纬66°33′）以北的广大区域，包括北冰洋的绝大部分水域，格陵兰岛、冰岛等岛屿，以及欧亚大陆、北美大陆的北部地区，总面积约为2200万平方公里，其中陆地面积约为800万平方公里，海洋面积约为1470万平方公里。①

2. 南极地区

南极地区是指地球南纬60°以南的地区，包括南极洲及其周围的海洋，总面积约6500万平方公里，其中南极洲面积约为1400万平方公里，濒临太平洋、印度洋和大西洋。②

（二）事务

事务在现代汉语中有四种含义，第一是指要做的或所做的事情，如事务繁忙；第二是指世事，社会情况，如不知事务、世间事务；第三是指总务，机关单位中的行政杂务，如事务员；第四是指单纯的琐碎的具体工作，如整天陷在事务堆里不能自拔。我们在社会生活中会经常听到一些有关事务的短语，如学生事务、律师事务、行政事务、外交事务等。这些短语有

---

① 颜其德：《北极地区与全球变化》，《科学》（双月刊）2005年第3期。

② 周忠海主编《国际法》，中国政法大学出版社，2008，第198页。

一个共同特点，即都属于修饰中心词“事务”的偏正结构，其中学生事务是指学生非学术性活动或课外活动①；外交事务是指国家以和平手段对外行使主权的活动，主要指国家元首、政府首脑、外交部部长和外交代表机关代表国家对外进行的活动。可见这些短语中的事务指的是某一方面工作或活动所要做的事情，因此这些短语中事务的具体概念所采取的是其第一种含义。在这样一个偏正结构的短语中，事务是中心词，事务之前的短语是修饰词，修饰词加上中心词就形成了关于具体某一领域事务的新短语。

（三）极地事务

我国从20世纪80年代开展极地活动，根据上文分析，极地事务应当是从事极地活动时所要做的事情，目前极地活动的主要工作就是极地科学考察，因此极地事务也可以说是从事极地科学考察所要做的事情，这里的极地包括了上文提到的北极地区和南极地区。

1. 极地事务概念及特点

极地事务是指为进行极地科学考察等目的而在极地开展的活动的总称，这里的极地包括南极地区和北极地区。根据这一概念我们可以确定极地事务有如下特点。

（1）目的特殊。极地事务的目的是为进行极地科学考察、极地气候及资源勘探，以及极地生态研究等。各国在极地的活动除了个人层面的极地探险和旅游活动之外，都是从国家利益出发的，是带有国家目的性质的，以我国为例，每一次极地科学考察都要遵循国家极地战略安排，每一项极地科学考察任务都要获得国家的批准、符合国家利益。

（2）地域特殊。极地事务的活动范围仅限极地地区即南极地区和北极地区，而南极和北极地区都有地理上的独特性。其中，南极地区是迄今为止唯一没有常住居民居住的大陆，其并不隶属于某一特定国家，国际社会已经通过《南极条约》对南极的主权要求给予冻结，国际社会也已经达成共识“南极是人类社会的共同财产”，其只能用于和平和非军事目的；北极地区也有其独特性，该地区三分之二以上的面积被海洋覆盖，其余陆地或

① 方巍：《美国高校学生事务工作与启示》，《高教与经济》1994年第4期。

岛屿（除一些尚未确定主权的岛屿之外）分属俄罗斯、加拿大、美国、挪威、芬兰、丹麦、冰岛、瑞典八个环北极国家，这使其他远北极国家在北极地区的活动受到了很大的限制，包括中国在内的远北极国家只能在公海或斯匹次卑尔根群岛上开展科学考察等活动。

（3）活动特殊。到目前为止各个国家在极地的活动仅限于科学考察、气候及资源勘探和极地生物多样性研究等非商业性及军事性活动。各种极地活动要注重环境保护性和维持极地生态平衡，尽量减少人类活动可能会对极地造成的破坏。

2. 极地事务管理

管理本质上是一种社会活动，是一种组织行为，而不是个体行为。[①] 极地事务管理是国家行政管理的一个重要组成部分，它需要有相对稳定的组织系统，明确的指导思想和组织目标，一定数量的专职人员，以及一定条件的物资条件和资源保证。笔者认为，极地事务管理是国家极地事务主管部门，为推动本国极地事业良性发展，而对极地相关活动进行约束和指导的组织行为。极地事务管理具有以下几个方面的特征。

（1）组织行为。极地事务管理是一种组织行为，需要由国家作为支持，提供财政和人力上的保证。极地事务管理行为不是个人或部门意志的体现，其代表国家行使国家权力，实现国家意志的体现，是国家集体行为。

（2）主体特定。极地事务管理是国家极地行政管理部门代表国家行使国家权力的体现，在我国代表国家行使行政管理权的主体是国家海洋局极地考察办公室，其前身是国家南极考察委员会。根据国家相关规定，国家海洋局极地考察办公室的性质是国家海洋局直属的参照国家公务员法管理的财政补助事业单位，主要职能是代表国家海洋局履行南北极科学考察、管理相关极地事务。[②]

（3）客体特定。极地事务管理的客体不仅包括极地科学考察人员，还包括与极地活动相关的其他活动及事项，如科学考察人员的选拔及培训、

① 蔡国春：《高校学生事务管理概念的界定》，《扬州大学学报》（高教研究版）2000 年第 2 期。

② 国家海洋局极地考察办公室网站，http://www.chinare.gov.cn/caa/gb_article.php?modid=02001。

极地考察站的建设及维护、科研项目的立项及基金管理等方面。极地事务管理客体的确定将有助于界定极地事务管理中管理之范畴，本文之后将参照其他国家极地事务管理模式及我国目前极地事务管理现状来确定极地事务管理中的管理范畴。

二 美国、英国及中国极地事务管理之范围

为界定极地事务管理中所管理事务范畴，可研究借鉴其他发达国家管理极地事务的实践及成功经验。这些国家较早地参与了极地考察研究，目前已经形成了一套相对稳定和高效的管理运行机制，积累了丰富的经验。本文将选取美国、英国作为研究对象，其中美国拥有迄今为止世界上最强的极地考察实力和考察装备，极地考察管理的市场化程度较高；英国是进行极地考察最早的国家之一，管理体系比较完备；此外还会结合我国极地事务管理的现状，研究分析美、英、中三个国家各自在极地事务管理中的主要事项，并总结极地事务管理共同点，以此来确定极地事务管理的主要事务之范畴。

（一）美国极地事务管理

1. 美国极地事务管理组织架构

美国极地事务管理由隶属于国家自然科学基金会地球科学部的极地项目部（Division of Polar Programs）负责，极地项目部主要管理和推进国家自然科学基金会支持的在北极地区及南极地区开展的基础科学研究及其运营支撑。国家自然科学基金会是美国政府机构之一，支持除医学领域外的科学和工程学基础研究和教育。地球科学部是国家自然科学基金会下的七个研究部门之一，其主要负责支持大气科学、地球科学和海洋科学方面的研究。[①] 极地项目部是地球科学部的四个部门之一，负责管理和运作国家自然科学基金会开展的南北极基础研究，极地项目部对个人研究者、研究小组和美国参与跨国项目给予支持。[②]

在组织结构上，极地项目部共有五个部门，其中有两个科学研究部门，

---

① 美国国家自然科学基金会地球科学部网站，http：//www. nsf. gov/geo/about. jsp。

② 北极门户网，http：//library. arcticportal. org/113/。

即北极科学研究部和南极科学研究部，这两个部门负责在北极和南极开展极地科学考察活动；一个运营支持部门，负责运输及基地站、营地、实验室、考察船和考察飞机的运营支撑；一个环境、健康及安全部门，负责保护极地环境、维护极地科学考察人员的身体健康及生命财产安全；一个项目管理部门，负责制定项目规划，协调内部及外部各部门。[①]

2. 美国极地事务管理范畴

通过对美国极地事务管理组织架构的研究，我们可以发现美国极地事务管理呈现南北极分别管理的特点，在美国极地项目部下设有南极科学研究部和北极科学研究部，而美国极地管理事项主要有以下几个方面。

（1）科学研究活动。美国极地项目部南极科学研究部和北极科学研究部分别对在南极和在北极的科学活动进行管理，主要负责在南、北极进行的各种基金资助项目，研究事项主要包括综合系统科学、地球科学、生物科学及生态科学等。

（2）后勤保障。美国极地项目部极地研究运营支持部门管理美国极地研究的后勤保障活动，主要包括极地考察站及其基础设施的建设与维护，科考人员的运输，考察船及飞机的管理与维护。

（3）环境安全保护。美国极地项目部下设极地环境健康安全部，该部门主要工作就是负责做好极地考察活动中的环境保护工作，避免给极地环境和生态系统造成危害，负责保护好极地考察人员的身体健康和生命财产安全，为他们在极地开展考察活动提供良好的安全环境。

（4）项目管理。美国极地项目部管理办公室管理整体极地科研项目，做出极地战略规划，并组织各个领域的专业人士对美国极地项目的整体运行包括基金运作、环境保护、信息分享、人员管理等进行控制和协调。

（二）英国极地事务管理

英国的极地事务主要是指南极事务，其专门管理南极事务的机构是英国南极考察局（British Antarctic Survey），该机构隶属于英国国家环境研究委员会（National Environment Research Council），其主要职能包括：（1）为

① 美国国家自然科学基金会地球科学部极地项目部网站，http：//www. nsf. gov/geo/plr/about. jsp。

南极科学研究和后勤保障提供国家支持；（2）执行难以由个人完成的科学研究、长期观测和勘察；（3）处理国际合作与协调事务；（4）完成国家环境研究委员会交付的重要任务，保护南极环境。英国在北极的国家活动起步比较晚，北极事务由2009年5月成立的国家环境研究委员会北极办公室负责，该机构设在英国南极考察局，主要职能包括：（1）为英国北极研究人员与其他国家研究人员建立联系提供支持，提供设施和后勤保障；（2）代表英国参加国际北极论坛，推动英国北极科学考察；（3）支持英国与加拿大在极地地区有关科学研究和后勤保障的合作协议；（4）管理英国在斯瓦尔巴群岛上的北极考察站，负责北极的科学研究。①

1. 英国极地事务管理组织构架

英国极地事务管理主要由英国南极考察局和国家环境研究委员会北极办公室负责，而这两个机构同时隶属于国家环境研究委员会，其中南极考察局主要负责南极地区相关事务，北极办公室主要负责北极地区相关事务。虽然北极办公室设在南极考察局内部，但两者是同级机构，不存在隶属关系，共同对国家环境研究委员会负责。

2. 英国极地事务管理范畴

对英国南极考察局及国家环境研究委员会北极办公室的内设机构及其管理范围的研究可以帮助确定英国极地事务管理部门管理的极地事务范畴。

（1）科学研究。英国南极考察局内部设有专门的科学研究中心，中心由化学、物理学、生物学（包括生态及生物进化学）、地球科学（包括气候科学、地理学、地球物理学、冰川学、海洋学）等方面的专家组成。科学研究中心分为科学研究规划部门和科学研究执行部门，其中科学研究规划部门负责指导高级别科学规划、评估英国南极考察局科学研究表现；科学研究执行部门负责维护和开发科研设备，管理科研人员，管理科研项目，管理科研资金，监督科研项目进展情况。

（2）科学研究咨询。英国南极考察局内设专门的科学委员会，该科学委员会由各部门主任组成，科学委员会会议和英国南极考察局委员会会议一起每月召开一次。科学委员会主要负责就科学研究规划和投资，以及设

---

① 英国南极考察局网站，http：//www. antarctica. ac. uk；英国国家环境研究委员会北极办公室网站，http：//www. arctic. ac. uk。

定科研项目的优先级向南极考察局委员会提出建议；研究和更新能够使南极考察局处于极地科学研究前沿的、符合国家环境研究委员会科研战略要求的并且可以实现南极考察局规划的科学研究战略；在总体预算范围内平衡各项目之间的资金。

（3）行政服务。英国南极考察局内部设立行政服务部门负责管理南极考察局人力资源、财政及商务规划；管理极地档案，通过图书馆和档案服务为科学研究提供资料；维护南极考察局网站；为南极考察局提供设备和服务。

（4）运营及工程支持。英国南极考察局内部设立运营及工程部负责运营及后勤支持，技术和工程支持，测绘和提供地理信息。该部门的活动范围主要涉及设计和建造英国南极科学考察站及基础设施；维护和操作南极考察局科考航空器、科考船及极地科学考察站；设计、建造及维护南极考察站海上及空中运输平台；维护考察航空器、考察船及南极考察站与南极考察局的信息交流；提供后勤支持，来回运送科考人员及设备；提供测绘及地理信息；为英属南极领地及英国南极考察局活动的其他地区开发地理信息基础设施。另外，该部门还要负责保障极地考察人员的身体健康及安全，负责保护南极自然生态环境。

（5）项目管理。英国南极考察局内有专门的项目管理办公室，作为连接科研项目部与运营、财务及人事部门的窗口，另外还与其他组织和机构联系以促进英国南极考察局研究的国际化。项目办公室主要负责寻找国内和国际研究基金；审议科研计划；维护英国南极考察局与其他部门的关系。

3. 英国极地事务管理事项

从英国南极考察局的管理范畴来看，英国极地事务管理中主要管理事项有：（1）科学研究项目；（2）行政事项；（3）基站及后勤；（4）项目基金及对外协作。而这些项目可以细化为一些具体事项，这些事项就是极地事务管理中所要管理的事务。

科学研究项目中首先要组织和管理各个专业的科研人员，包括化学、生物学、物理学、地球科学等专业科研人员，将这些科研人员分配到不同的项目中去；其次要对科研项目规划进行管理，监督和指导科研项目执行，并对科研执行情况进行评估，科学研究咨询机构可以在设定科研规划时提出指导和建议。

南极考察局自身发展、人力资源、财务及办公室服务等事项应该属于行政管理范畴，虽然南极考察局自身的发展对推动极地事业发展十分有利，但由于极地事务有其固有的属性，因此以上事项不应属于极地事务管理范畴。不过，行政事项管理中极地考察档案及资料管理、保护和提供，由于是极地活动的重要资料，与极地事务密切相关，因此对极地考察档案的管理应当认为属于极地事务管理范畴。

基站及后勤是极地考察重要保障，对其管理事项应当包括考察站与配套基础设施的建设及维护、考察船与考察航空器的维护、考察人员及物质的运输、考察人员健康及安全的保障、考察场所环境的保护。

项目基金是科学研究顺利进行的保障，运用和管理项目基金应该是极地事务管理的重要事项之一。对外协作，包括英国南极考察局与其他组织和部门就极地事项的协作，还包括英国南极考察局与其他国家极地考察组织的协作，只要是就极地事项展开的就应该属于极地事务管理的事项。

（三）中国极地事务管理

上文提到我国极地事务主要管理机构为国家海洋局极地考察办公室和中国极地研究中心，中国极地考察工作咨询委员会为咨询机构，不履行实际的管理职能。

1. 国家海洋局极地考察办公室管理范畴

国家海洋局极地考察办公室，是国家海洋局直属参照国家公务员法管理的财政补助事业单位，主要职能是代表国家海洋局履行南北极科学考察、管理相关极地事务。[①] 通过对国家海洋局极地考察办公室职能介绍及其各内设机构职能的研究，可以发现国家海洋局极地考察办公室主要管理事项有以下几个方面。

（1）极地科学考察活动。国家海洋局极地考察办公室内部设有考察业务处，该部门主要负责管理极地考察相关业务。这里所说的极地考察相关业务主要是指选拔、培训极地考察人员，组织、协调极地考察人员组成极

---

① 国家海洋局极地考察办公室网站，http：//www. chinare. gov. cn/caa/gb_ article. php？ modid = 02001。

地考察队，拟订并组织实施极地考察年度计划，保障极地考察人员的身体健康及安全，管理极地能力建设项目立项、申报并对实施进行监督，保护极地环境，管理极地综合统计。

（2）档案管理及科普活动。国家海洋局极地考察办公室内部设有综合处负责极地考察办公室内部行政事务，这些行政事务由于是对极地考察办公室自身事务的管理，应属于综合行政管理范畴，而该部门管理的极地考察档案及由该部门负责的极地考察的科学普及和大众宣传，由于与极地活动密切相关，应属于极地事务范畴。

（3）科研项目管理活动。国家海洋局极地考察办公室内部设有科技发展处负责对科研项目进行监督和管理。其主要管理事项包括监督极地科技发展规划、极地科技项目年度计划实施情况；拟定极地考察的相关标准和规范；参与申报并组织实施极地领域相关科研项目；指导、协调极地科考工作。

（4）法规研究与制定。国家海洋局极地考察办公室内部设有政策与规划处负责研究政策、法规，其所管理的极地相关活动主要是研究并拟定极地事业发展中长期规划、拟定极地活动管理相关规章，编制国家极地考察年度报告。

（5）国际交流与合作。国家海洋局极地考察办公室内部设有国际处负责极地领域的国际交流与合作，除此之外，该部门还负责国际公约、政策的研究与宣传。

2. 中国极地研究中心管理范畴

中国极地研究中心成立于 1989 年，是我国唯一专门从事极地考察的科学研究和保障业务中心。① 2004 年 4 月国家海洋局下文明确了中国极地研究中心是国家海洋局直属公益性事业单位，从事极地科学研究，负责极地考察业务支撑系统的运行与管理，为极地科学考察提供服务和保障，其管理的主要事项有以下几项。

（1）科学研究活动。中国极地研究中心组织冰川学、海洋学、大气与空间物理学、生物与生态学及天文学等领域专家开展极地相关科学研究，

---

① 中国极地研究中心网站，http：//www. pric. gov. cn/detail/sub. aspx？ c = 29。

并组织相关人员研究极地战略，对外提供极地信息。

（2）基础设施建设与维护。中国极地研究中心内设基建与资产管理处负责南极内陆站及其基础设施的建设与维护，并管理极地活动中的国有资产。内设极地站务处负责管理中国南极长城站、中山站、昆仑站和泰山站。中国极地研究中心内设船舶飞机管理处负责管理考察船、考察飞机及航空保障体系。

（3）后勤服务。中国极地研究中心内设后勤服务中心负责中国极地考察事业的后勤保障业务，其主要负责管理运输考察人员及考察物资、保护考察人员身体健康及安全、保护极地环境、负责考察人员在极地的衣食住行。

3. 中国极地事务管理事项

通过对国家海洋局极地考察办公室和中国极地研究中心管理范畴的分析，我们可以发现中国极地事务管理中所管理事务主要集中在：（1）科学研究；（2）极地科学考察；（3）基础设施建设与维护；（4）后勤服务；（5）档案管理；（6）国际交流与合作。

科学研究管理主要是指组织和管理相关专业科研人员、科研项目管理及科研基金管理；极地科学考察管理主要是指选择、培训并组织相关人员赴极地进行实地考察、勘测；基础设施建设与维护管理主要是指对考察站、考察船、飞机及其他基础设施的管理；后勤服务主要是指对科学考察人员在极地进行考察时提供的保障性支持；档案管理主要是指对极地考察及管理活动中收集和记录的资料的管理；国际交流与合作主要是指就极地事务与国际社会开展的交流。

三　极地管理事务内涵

（一）美、英、中三国极地事务管理中的共性分析

美国极地事务管理由国家自然科学基金会下的极地项目部进行管理；英国极地事务管理由国家环境研究委员会下的英国南极考察局及北极办公室负责管理；中国极地事务管理由国家海洋局下属的国家海洋局极地考察办公室和中国极地研究中心负责管理。可见极地事务关系国家重要利益，受到了各个国家的重视，美、英、中对极地事务的管理都由国家级的机构总负责，并有对极地专项事务进行专项管理的部门，美国和英国由专门的

基金会为极地事务管理部门提供资金，保证了国家极地活动的运行；在中国，国家海洋局极地考察办公室和中国极地研究中心为国家财政拨款的事业单位，其资金来源也有充分的保障，保证极地活动的有效运行。极地事务作为各国普遍关注和重视的事务，虽然各国在对极地事务的管理上有各自的特色，在组织部门上的架构也各有不同，但由于极地事务具有国际性和极地事务的专有性，各国在极地事务管理上也存在着一些共同的特性，而对这些共性的研究将会有利于我们确定极地管理事务之范畴。

1. 对极地科学研究的管理

通过对美、英、中三国极地管理事务的分析，我们可以看到这三个国家的极地活动大部分的资金和人力都安排在了极地科学研究部门，这也体现了目前国际极地活动的一个时代特征，以科学研究为主线。在对科学研究的管理上，主要包括项目的申报及管理、科研基金的管理、极地科研人员的组织及管理、科学研究成果的评估及考核等。美、英、中三国分别在北极和南极开展不同的研究活动，美国由于是近北极国家，其北极研究及管理更加健全和发达，在其极地项目管理办公室内设有专门的北极科学部；英国和中国的南极方面的研究比较丰富而北极的研究及管理相对比较落后，但也有专门的人员对北极事务进行管理，英国在国家环境研究委员会下就设有北极办公室。

2. 对极地科学考察的管理

极地科学考察是极地科学研究的重要组成部分，其最大的特点是赴南北极进行实地科学考察，零距离接触科学现场，可以获取最原始和真实的资料。美、英、中三国都十分重视对极地科学考察的管理工作，分别在南北极设有专门的极地科学考察站，其中美国有四个南极考察站（阿蒙森－斯科特站、帕尔默站、塞普尔站、麦克默多站）、多个北极考察站；英国有三个南极考察站（罗瑟拉站、锡格兰尼岛站、哈雷研究站）、一个北极考察站；中国有四个南极考察站（长城站、中山站、昆仑站、泰山站）、一个北极考察站（黄河站）。对极地科学考察的管理主要是指制定极地科学考察规划，选拔、培训、组织科学考察人员赴极地进行极地科学考察等。

3. 对后勤保障的管理

后勤保障是保证极地科学考察能够顺利进行的活动，各个国家也都十分重视对极地后勤保障的管理。通过对美、英、中三国极地后勤保障事项管理的研究，发现极地后勤保障管理事项主要包括人员及物资的运输，极地考察人员的生活保障、健康保障，极地自然和生态环境的保护等。

4. 对极地考察档案资料的管理

通过对美、英、中三国极地事务管理的分析，我们发现这三个国家都十分重视对极地考察档案资料的保存工作，英国还有专门的图书馆可以向公众和研究人员提供相关资料，中国搜集和保护相关资料并制成宣传片对外开展极地科普活动。

5. 对基础设施的管理

由于美、英、中都在南北极建立了自己国家的考察站，所以管理和维护本国的极地考察站成了三国极地事务管理的一项重要内容，而除了对考察站的管理之外，此处的基础设施管理还包括了对极地考察站配套设施的管理，对考察船及考察飞机的管理。

6. 对国际极地事务管理

当今世界是一个密切联系的世界，一个国家的发展离不开与其他国家的交流与合作，各个国家极地事业的发展也同样如此，需要各国之间充分合作。就极地的国际合作而言，各国已经达成《南极条约》，由南极条约理事会负责监督条约的实施，而且各国在南极的活动必须在南极条约体系的框架内开展；在北极，虽然不像南极有国际认可的条约进行规制，但也有像北极国家理事会这样的组织在不断地探索一个能够为国际社会普遍接受的治理模式；另外，国际极地年会每年在不同国家召开以交流各个国家极地科学研究情况，推动国际极地科学研究的发展。

（二）极地事务管理

通过厘清极地事务管理概念，并对美国、英国、中国三国各自极地事务管理内容进行分析，以及对三国极地事务管理之共性进行研究，我们对极地事务管理及其内涵有了清晰的认识。此外，我们有必要再明确一下极地事务管理的概念，即国家极地事务主管部门，为推动本国极地事业良性发展，而对极地相关活动进行约束和指导的组织行为。通过上文的分析，我们可以发现极地相关活动就是我们所要确定的极地事务管理中所管理的事务，这些事务包括：（1）科学研究；（2）科学考察；（3）极地后勤保障；（4）极地考察档案资料维护与管理；（5）基础设施维护与管理；（6）国际极地事务交流。

1. 极地事务内涵

根据上文的分析，我们可以看到极地活动主要包括了科学研究、科学考察、极地后勤保障、极地考察档案资料维护与管理、基础设施维护与管理、国际极地事务交流。而在这些具体的极地事务中，每一项事务还有具体事务的细化子事务。例如，科学研究包括科研项目的申报及管理、科研基金的管理、极地科研人员的组织及管理、科学研究成果的评估及考核等；科学考察包括制定极地科学考察规划，选拔、培训、组织科学考察人员赴极地进行极地科学考察等；极地后勤保障包括人员及物资的运输，极地考察人员的生活保障、健康保障，极地自然和生态环境的保护等；极地考察档案资料维护与管理包括极地考察资料的搜集、记录、保存与提供等事项；基础设施维护与管理包括对极地考察站及其配套设施、考察船及考察飞机的管理；国际极地事务交流包括国与国之间的交流与合作、国际社会的共同合作等。

2. 中国极地事务管理发展方向

美国作为世界上极地研究最先进的国家，其对极地事务管理主要集中在科学研究管理、后勤保障管理、环境保护及安全管理、项目管理等几个方面；而英国是最早开展极地活动的国家之一，其对极地事务的管理也主要集中在科研、后勤、项目管理等几个方面；我国作为极地科学研究的后起国家，在极地事务管理上充分借鉴了英美等发达国家的先进经验，对极地事务内涵的界定与其他发达国家基本相似，都设有专门的科学研究部门、后勤保障部门、项目规划和管理部门，设立专门的极地事务管理部门也是保障我国极地事业快速发展的重要条件。就目前来讲，我国极地管理部门还存在着一些机构重叠、职能划分不清等问题，这需要在未来进一步深化极地事务管理组织改革，协调好国家海洋局极地考察办公室与中国极地研究中心的关系，按照极地事务的具体内容来架构极地事务管理组织，努力使每个部门都能做到各司其职，互相配合，互相监督，更好地推动我国极地事业的发展。

中国极地考察人员管理制度研究

王　芳[*]　李福来[**]

【内容摘要】我国极地事务研究多集中在自然科学领域，人文社会科学领域研究仍处于初始阶段，本文以极地考察队员管理制度为着眼点，研究了我国现行极地考察队员选拔制度、培训制度、考察队管理制度及纪律管理制度，希望能引起广大学者的关注。

极地包括位于地球两端的南极和北极，20世纪以前，虽然有不少的探险队员曾试图穿越南极或北极，但很少有科学考察队员的足迹出现在地球上这两块神秘之地。20世纪以后，尤其是在第二次世界大战后，世界上许多国家开始了对南极的探索；而北极由于其独特的地理位置，在第二次世界大战及之后的冷战时期，就已经成为世界大国的争夺焦点，但同时也吸引了许多国家科考队员的目光。

1984年11月20日，我国开展了第一次南极科学考察，之后，南极科学考察逐步常规化，基本上每年开展一次，至今已经开展了29次南极科学考察活动；1999年7月1日，我国开展了第一次北极科学考察活动，北极科学考察虽然不像南极科学考察一样形成常态化，但也已经取得了丰硕的成果。截至2013年年初，我国共开展了34次极地科学考察，参与科学考察队员近5000人，平均每次科学考察的参加队员有150人左右。① 极地科学考察队员是我国极地活动的生命，而我国目前尚无专门的法律法规来规范极地科考队员的活动，限制极地考察管理机关的行为，维护极地科考队员及

---

* 王芳，国家海洋局海洋发展战略研究所研究员。

** 李福来，中国政法大学博士研究生。

① 中国政府网，http：//www.gov.cn/gzdt/2013－02/01/content_ 2325043.htm。

普通公民的参与权，因此，本文欲着重研究和分析我国极地考察实践中关于科考队员选拔、培训及科考队伍建设等方面的具体管理办法或相关制度。

一 选拔制度

极地科考队员的选拔与比较注重某一方面的素质和能力的其他类型的人才选拔不同，主要是在现有的正在从事极地相关科学研究的队员中选择符合条件的队员。

（一）现行选拔体制介绍

我国赴极地考察首先要选拔极地考察人员组成极地考察队，目前，我国尚未出台相关的极地考察队员选拔办法，只有一些原则性规定和其他规范性文件。

1. 现有考察人员选拔相关规定

关于极地考察人员选拔制度，仅在2013年1月份出台的《南极考察队管理规定》中做了原则性规定，该文件指出要另行制定极地考察人员选拔办法。除此之外，还有一些内部文件，对极地考察人员的基本职责和应当满足的条件做出了规定，这些文件主要有《中国极地考察队队员守则》《中国极地考察队队员基本条件与职责》《考察站岗位职责与选拔条件》。

2. 考察人员选拔基本原则

我国以往极地科学考察队员的选拔坚持“个人报名，单位推荐，家属同意”的原则。

个人是指欲参与极地科学考察的队员。目前，我国欲参与极地科学考察或探测人员非常多，其中包括科研院所工作人员、事业单位中从事极地研究的人员、国家机关从事极地事务管理的人员以及高校从事极地相关学科研究的教师及学生。极地科学考察队员报名，在互联网普及之后，国家海洋局极地考察办公室每年都会在极地考察活动开始前半年左右，发布招募新一批次的极地考察队员的通知，通知大多会以“中国第N次南极考察队”为标题进行公布[①]，个人欲参与极地考察的，要根据通知的规定到中国

① 中国极地科学考察队员报名信息系统网站，http：//polar. chinare. cn/time_ user. php。

极地科学考察信息系统进行报名，填写个人报名信息及欲参加的科考活动。中国极地科学考察信息系统会对报名者的个人信息进行审核，审核通过之后即完成个人报名，报名者需要打印报名表，加盖单位公章后连同需要提交的相关材料上交国家海洋局极地考察办公室存档。

单位推荐一般是指从事极地相关课题研究的单位为了研究课题的需要，推荐相关骨干队员参与极地考察队赴极地进行相关课题的研究或进行相关项目的观测。在以往的极地考察项目中，极地科考人员多是以单位推荐为主。

家属同意，这里的家属与法律上近亲属的范围不同，一般是指已婚人士的配偶，若相关考察队员尚未结婚应当征得父母的同意。

3. 需选拔考察人员的范围

极地考察队在极地的活动就相当于一个团体在一个新的环境里生活，需要组成一个有机整体，以充分保障极地考察活动顺利进行，这就需要充分考虑极地考察人员的构成。根据我国极地考察的具体实践，极地考察队主要由站长、副站长、管理员、厨师、医护人员、通讯人员、水暖管理人员、机械师、机电、环境官员、科考人员组成，每个人都有自己岗位职责，选拔以上人员时都要符合相应岗位的条件。

（二）选拔制度评述

我国极地事业经过多年的发展，取得了巨大的成就，这些都建立在经验的积累之上，根据具体的极地科学考察实践，我国极地考察管理部门也出台了相关的管理文件，这些文件的实施对我国极地考察事业的发展起到了积极的促进作用，但在极地考察人员选拔制度建设上仍有一些不足，主要体现在以下几个方面。

1. 制度分散、缺乏系统性

极地事业经过多年的发展，共计有5000多人参加过极地考察活动，出台了一些管理性文件，这些文件具有非常好的针对性，对解决某一方面的问题具有非常大的作用，但这些文件都散见于各种不同的文件之中，有的经过了专门的立法程序被制定为国家部门规章，有的是部门内部规范性文件，有的仅是倡导意见。这样来看选拔相关制度，存在层次不同，缺乏统一性、系统性的问题。

2. 选拔机制模糊、缺乏公平性

我国极地考察队员报名上体现出遵循个人意愿，尊重家属意见，照顾单位推荐的原则，具有比较高的灵活性和合理性。但在选拔机制上仍然存在着非常大的模糊性，许多条件符合而且个人意愿非常强烈的人难以进入极地考察队，实现去极地进行现场科考的愿望；这种模糊性也给一些权力寻租创造了条件，而这必然会影响极地考察的效率和成果。极地考察人员的选拔由有关部门负责是必不可少的，但这一过程必须要实现公开公正。由于极地科学考察所能够容纳的人员是相当有限的，因此一定要保证每一个赴极地进行科学考察的队员都能够为课题研究创造一定的价值，为极地考察队这个有机整体贡献一定的力量。

（三）考察人员选拔制度之完善

为了保证在选拔极地科考队员时能够做到公平公正，建立有效的选拔机制，制定切实可行的选拔制度是相当必要的。

1. 结合极地考察发展状况，研究制定人员选拔办法

我国极地事务管理机关已经出台《南极考察队管理规定》，在该规定中对极地考察队员的选拔做了原则上的规定，明确说明对极地科学考察队员的选拔和考核办法要另行制定专门的规定。极地事务管理机关在与《南极考察队管理规定》同时制定的《南极考察培训工作管理规定》中规定了参与培训工作的队员应当具备的条件。以上两部规定仅对极地考察队员选拔办法做了原则性规定，具体该如何选择考察队员，每名考察队员应当符合什么条件，现在仍然十分不确定。这种不确定就会给极地考察事业的发展造成非常大的不利，极地事务管理机关应当按照 2013 年颁布的《南极考察队管理规定》的要求加紧制定相关选拔办法。

2. 严格条件限制，选拔出合格考察人员

《南极考察队管理规定》中明确了参与南极考察培训队员应当具备的条件，其对参与南极考察培训人员的年龄、学历、健康程度、资质等方面做出了限制。由于极地考察人员会从接受过考察培训的人员中选拔，所以管理部门在制定极地考察人员选拔办法时，可以参考《南极考察队管理规定》

中关于培训人员的条件限制，来确定极地考察人员应当具备的条件，但关于极地考察人员的条件限制应当要比培训人员的要求更为严格。《中国极地考察队队员基本条件与职责》中规定，报名人员应当符合四项基本条件，第一，要思想过硬，拥护党的领导；第二，身体素质要过关，能够胜任在极地环境下工作，而且年龄原则上不要过大；第三，业务能力要高，能独立开展工作；第四，要完全自愿加单位推荐。未来制定相关选拔极地科学考察队员办法时可以参考以上这些规定，通过选拔的人员可以根据极地考察计划的安排参加极地科学考察培训。

二　考察人员培训制度

培训是一种有组织地传递知识、技能的活动，是有效管理的有机组成部分。极地科学考察队员通过选拔之后，并不代表他肯定能赴极地进行科学考察或观测，这是因为选拔过程是一个静态的观察，基本上是对书面文件的审核，而每一名通过选拔的科学考察队员，在通过选拔之后，要经历各种培训，包括法律法规、综合技能甚至模拟环境培训，这些培训需要对科学考察队员的表现进行动态实际观测。

（一）培训制度介绍

2013 年 1 月 24 日，国家海洋局第三次局长办公会议审议通过了《南极考察培训工作管理规定》。[①] 至此，南极考察队员培训工作有了相应的管理规定。根据官方公布的信息，该规定的出台将对提高南极考察培训管理工作，提升考察人员整体素质，强化考察人员南极现场工作能力具有重要的作用。

1. 培训制度的适用范围

根据《南极考察培训工作管理规定》的内容，南极考察培训有着专门的含义，是指“以提高南极考察人员素质和能力为目的而组织开展的教育和训练活动”。[②] 根据该定义我们可以看出培训的对象是经过选拔的南极考

① 《〈南极考察培训工作管理规定〉审议通过颁布实施》，中国政府网，http：//www.gov.cn/gzdt/2013 - 02/01/content_ 2325043.htm。

② 《南极考察培训工作管理规定》第二条。

察人员，其要满足南极考察人员的基本条件；培训的目的是提高南极考察人员的素质和能力，这里的素质包括了身体素质、心理素质、思想道德素质、国内法及国际法素质、语言素质等，这里的能力包括了工作和业务能力、极低温环境下的生存能力、人际交往能力等；培训通过教育和训练开展，由于互联网技术的发达，教育可以通过网络视频和面授相结合的方式开展，而训练则要进行实地现场训练，甚至需要模拟超低温环境下的生活。

《南极考察培训工作管理规定》主要调整考察人员的综合和专业培训，考核，发证，以及对培训工作的监督。一名极地科学考察人员欲赴极地进行科学考察或观测之前要完成培训工作，培训工作首先进行综合和专业能力训练，训练结束之后要对科学考察人员进行考核，考核合格者发给合格证书，等待参与赴南极考察的相关通知。可见，《南极考察培训工作管理规定》调整范围覆盖了整个培训过程：从训练到考核再到发证，都应当遵循该规定。

2. 培训事项

为了提高科学考察人员的整体素质，每一名通过选拔的科学考察人员都要通过综合和专业素质培训。根据培训内容、培训对象以及培训方式的不同将培训分为两类，一类是综合素质培训，另一类是专业素质培训。综合素质培训所培训的对象是全部参加极地科学考察人员，不论他们将来赴南极是从事科研工作、后勤保障工作还是管理工作，都要接受综合素质培训；综合素质培训所培训的主要内容包括国际公约（主要指与南北极相关的国际公约)、国内相关法律法规、南极考察相关规章制度、南极自然环境知识、应急知识、自救与互救等；综合素质培训主要通过网络授课与课堂教学相结合的方式开展。专业素质培训是根据科学考察人员将来在极地所从事工作的不同，进行专项培训，比如科学研究人员会进行极地科学研究相关事项培训，即培训科学研究人员在极地如何从事相关科学研究以及做何种科学研究，保证科学研究不对极地原始自然环境造成大的破坏；专业素质培训则是根据不同专业的需要进行科研及后勤保障等岗位专业技能和体能等方面的培训；专业素质培训主要通过实际操作和野外适应等方式来开展。综合素质培训与专业素质培训的区别如表 1 所示。

表 1　综合素质培训与专业素质培训的区别

培训事项分类	培训对象	培训内容	培训方式
综合素质培训	全体参与科学考察人员	国际公约（主要指与南北极相关的国际公约）、国内相关法律法规、南极考察相关规章制度、南极自然环境知识、应急知识、自救与互救等	网络授课与课堂教学相结合
专业素质培训	根据科学考察人员将来在极地所从事工作的不同，进行专项培训	根据不同专业的需要进行科研及后勤保障等岗位专业技能和体能等方面的培训	实际操作和野外适应

根据《南极考察培训工作管理规定》，对极地科学考察人员的培训需要相应的教材，教材由国家海洋局统一编订。教材的编订是一项复杂而庞大的工程，需要保证教材内容的实用性、可操作性，而且考察人员各个专业的都会有，其受教育程度也存在差异，教材应当保证易懂性。相关部门在组织教材编写的时候尽量邀请有丰富极地考察经验的科考人员进行编写，保证每个模块都有比较专业的人员进行编写，在教材编写完成之后，可以再聘请教材编写老师，根据教材及其自身的科学考察经验给参加培训的科学考察人员授课，通过授课积累经验、修订教材、完善授课方式及内容，来实现教材编写和授课的有机循环。教材编写完毕之后便可以按照极地考察计划的安排，通过网络或课堂对极地考察人员进行综合素质培训；通过实际操作或野外适应等方式对相关专业人员进行专业素质培训。在培训的过程中应当加强监督，保证每一名科学考察人员都能够完成相应的课时。课程培训结束后，对科学考察人员进行考核，考核应当采取书面考核、实际操作及面试相结合的方式，保证通过考核人员能够在综合素质上有所提升，在业务及工作能力上有所强化。

对于完成培训课时并通过考核的人员，国家海洋局发给相应的结业证书，按照国家年度极地科学考察规划，极地事务管理部门会在具有结业证书的科学考察人员中按照专业随机筛选一定数额的人员组成极地科学考察队赴极地进行科学考察。

（二）考察人员培训制度评述

1. 规定出台后须切实履行

相关规定的出台，确实保证了南极考察培训有法可依，使培训工作不至于盲目无序地进行，但如果认为仅以相关规定的出台就能对管理工作效率提高，考察人员素质提升，考察人员工作能力强化起到重要作用，还是太过于乐观了。不过，出台《南极考察培训工作管理规定》的积极意义还是值得肯定的。在未来极地考察人员培训的过程中需要严格依照规定办事，对一些规定中不明确的事项要通过实践做出相应的补充，真正做到有法必依。

2. 加强监督考核、保证培训质量

《南极考察培训工作管理规定》为开展培训工作提供了依据，规定中明确了培训内容、培训方式及培训考核，但规定中某些环节的培训工作是缺乏监督的，比如，为了能够保证每一名参加极地考察的人员都能够接受培训，可以采取网络授课的方式，但这种网络授课方式是否能够保证授课质量还是值得怀疑的，有人认为可以通过结业考核来保证授课质量，这当然是一种可以选择的思路，而且《南极考察培训工作管理规定》中也是这么规定的，但笔者认为可以在每堂课结束之后，根据本堂课的讲授内容布置完成一定量的课后作业，最终的考核成绩要参考课堂作业及结业考试成绩，这样就可以保证极地科学考察人员能够按时参加课堂教学。

三　考察队管理制度

2013 年 1 月 5 日国家海洋局第一次局长办公会议审议通过了《南极考察队管理规定》。[①] 该规定的出台将使我国对极地考察队的管理有法可依，将提高我国极地考察队管理水平，促进南极事业健康发展。

（一）考察队管理制度介绍

根据《南极考察队管理规定》的内容，南极考察队是指经国家海洋局批准，代表国家执行南极考察任务而成立的临时性组织，由涉及南极考察

---

① 《海洋局召开会议审议通过〈南极考察队管理规定〉》，中国政府网，http：//www. gov. cn/gzdt/2013 -01/16/content_ 2313568. htm。

活动的国家各部门、行业、单位相关人员组成。北极考察队的管理参照《南极考察队管理规定》执行，由此可见，极地考察队是由国家海洋局根据国家年度极地考察计划而成立的代表国家在极地执行考察任务的临时性组织，其具有国家代表性、临时性、组成人员多样性等特点。国家代表性要求极地考察队按照国家极地考察规划执行任务，并且在国际极地交流活动中代表中华人民共和国；临时性是指考察队是为了执行极地考察任务而临时成立的组织，一般是在赴极地考察前成立，返回国内母港时解散；考察队组成人员多样性是指根据极地考察年度计划的安排，极地考察队会吸纳不同专业、部门的人员加入。

1. 组织管理

根据《南极考察队管理规定》，极地考察管理机关对极地考察队实行临时党委领导下的领队负责制，坚持统一指挥、归口管理，分工协作、分级负责的工作原则。[①]

极地考察队成立之后听从国家统一指挥，按照考察计划赴极地进行考察，并按计划执行考察项目，考察结束之后按照统一安排返回。极地考察由国家海洋局主管，并由国家海洋局归口管理极地考察队。极地考察队设立两级领导岗位，下级受上级领导并对上级负责，一级领导岗位有领队及首席科学家，二级领导岗位有领队助理、站长、船长、队长，《南极考察队管理规定》授予各岗位人员不同的职责，使他们分工负责共同完成极地考察任务。

极地考察队是为了执行国家极地考察任务而成立的临时性组织，根据《中国共产党章程》第 29 条的规定："企业、农村、机关、学校、科研院所、街道社区、社会团体、社会中介组织、人民解放军连队和其他基层单位，凡是有正式党员三人以上的，都应当成立党的基层组织。"若极地考察队内有三名以上正式党员，则应当根据党的章程成立基层党组织。极地考察队责任制度实行临时党委领导下的领队负责制，国家海洋局根据考察计划安排在极地考察队中任命领队一名为极地考察活动负责。领队作为极地考察的第一责任人，主要负责考察队全面组织协调工作；组织实施年度南

① 《南极考察队管理规定》第 3 条。

极考察计划；南极现场考察方案的调整与实施；组织编制年度南极考察总结报告；管理考察队经费使用。考察队领导机构由两级组成。一级领导机构设置领队、首席科学家等管理岗位。二级领导机构设置领队助理、考察站站长、专业考察队队长、考察船船长等管理岗位。根据《南极考察队管理规定》，领队原则上在国家海洋局系统中推荐选拔；首席科学家可在全国范围内参与南极考察工作的相关部门、单位中推荐选拔。考察队二级管理岗位人员原则上在具有南极现场考察活动经验的人员中推荐选拔。考察队一、二级领导岗位最终由国家海洋局任命，国家海洋局应当发布相应的任命文件，相关人员在任命文件发布后开始履行职责。首席科学家、二级领导岗位人员，包括领队助理、考察站站长、专业考察队队长、考察船船长都要听从领队指挥，根据具体岗位的安排完成自己的职责，并对领队负责。首席科学家主要负责组织拟订南极科研考察计划和现场实施方案；组织、协调、监督现场科学考察活动；组织考察期间科学考察对外交流与合作；组织汇交科学考察数据、样品、资料；实施计划科考项目的调整。站长是考察站第一责任人，负责本站的行政、安全和环境管理，目前我国极地考察站共有五座，其中南极有长城站、中山站、昆仑站、泰山站，北极目前只有黄河站。考察站站长具体主要负责贯彻执行考察站涉及极地国际公约以及相关规章制度；制定考察站相关工作计划；负责考察站安全工作，并组织实施考察站应急预案；组织考察站区域国际友邻站的合作事务；负责考察站基础设施、设备等国有资产管理。极地考察队根据不同考察领域设置专业队，每个专业队设队长一名，专业队长主要负责组织实施已批准的考察计划；研究提出现场实施调整方案；组织管理专业队考察队员；组织专业考察队实施应急预案。我国目前仅有一艘极地考察船——雪龙号极地考察船，正在建造第二艘极地考察船,① 考察船设船长一名，是考察船的第一负责人，除执行国际、国内船舶管理法律法规以及其他相关国际公约外，在考察船赴极地考察时，船长主要负责组织实施已批准的考察航行计划；负责根据现场情况调整考察航行路线；协助领队组织南极现场物资装卸任务；制定考察队员住船安排、物资放置工作方案；组织住船考察队员实施

① 《中国新建极地科学考察破冰船力争在2013年投入使用》，新华网，http：//news. xinhuanet. com/society/2011 -06/21/c_ 121565545. htm。

应急预案；协助领队组织制订、实施非母港公众开放活动船舶接待方案。

2. 考察工作自主管理

极地考察任务复杂多样，极地考察人员在极地这样一个极度低温的环境下工作，承受着非常大的生活和工作压力，所以在对极地考察工作进行管理的过程中一定要考虑到极地工作人员的具体情况，尽量鼓励他们通过自主管理，自我约束，提高考察工作的质量。上文分析了《南极考察队管理规定》中关于组织管理的规定，它赋予了管理者不同的管理权，我们认为若是领队、首席科学家、站长、船长和专业考察队队长能够有效地履行自己的职责，而且考察队员能够给予他们配合和支持的话，考察队按时完成极地考察任务是没有困难的。由于考察队远赴极地，归口管理部门及极地事务管理部门难以在具体工作上进行管理和监督，只能通过远程监控对一些至关重要或需要归口管理部门决策的事项进行管理和监督，其他事项归口管理部门及极地事务管理组织应当尽量放权，使极地考察队实现自治管理、自主管理。

自治管理、自主管理是指极地考察队在归口管理部门的领导下及极地事务管理部门的指挥下，对考察队在极地考察时遇到的具体问题享有自主决定及自我管理的权利，这些问题主要包括极地考察时的行政管理问题、后勤管理问题、安全保障问题、环境保护问题、国际合作与交流问题等。这里的自治仅指相对自治而非完全自治，相对指的是极地考察组织享有的自治权仅是在极地考察组织存续期间的自治权，也就是说，仅在从国内母港出发到考察结束返回国内母港（即上海港）这段时间内享有自治的权利；极地考察组织所享有的自治权及自主管理权也不是充分的、完全的自治，其仅在赴极地考察这段时间内属于极地考察活动的日常事务管理的范围内享有自治权，而那些非日常事务管理权比如工资管理、领导人考核等还是应当由归口管理部门或极地事务管理部门来行使。对于极地考察的日常事务管理，根据《南极考察队管理规定》的规定，指的是为了完成极地考察任务，极地考察组织在极地进行极地考察活动时对日常的安全、环境、经费、资产、科普信息宣传、新闻信息、国际交流与合作进行的管理。其中，安全管理要求极地考察组织按照国家海洋局批准颁布的极地考察突发事件总体应急预案，实行责任人负责制，由考察队领队对整个极地考察组织负责，站长、专业考察队长、船长分别为考察站、专业考察队、考察船的安全生产负责，由他们负责处置南极考察活动中发生的各类突发事件；经费管理要求极地考察队严格遵守国家财政预算管理规定，而极地考察队航次运行经费主要用于考察队办公经费、业务运转费、停靠外港的公务接待、队员艰苦津贴预支等；资产管理要求极地考察队在实施年度考察计划期间，负责南极考察设施、装备和设备的使用、维护，按照资产归属方有关规定，管用结合、责任到人，而考察队解散后，按原建制管理；环境管理要求极地考察队在考察站站区设立南极或北极环境官员，根据南极环保有关要求，实施南极考察活动环境预评估、现场活动环境评价与管理制度，环境预评估工作按照《南极考察活动环境预评估管理规定》执行。

国家海洋局对极地考察组织的自主管理活动进行监督，并对其工作给予指导，根据《南极考察队管理规定》的规定，国家海洋局主要依据年度南极科学考察计划，监督考察队任务实施、人员管理、经费管理、资产管理、航渡安排、安全运转、国际合作、数据样品、总结汇总，以及新闻宣传等有关工作。此外，国家海洋局还要根据极地考察计划对极地考察组织完成任务情况及日常管理情况进行考核，对表现优异者给予表彰；对违反法律法规、影响极地考察任务顺利完成、给国家造成损失的人员依法进行处理。

（二）考察队管理制度评述

2013 年是极地考察制度建设上具有里程碑意义的一年，这一年国家海洋局颁布施行了两部极地考察管理办法《南极考察培训工作管理规定》《南极考察队管理规定》，使极地考察活动有法可依。然而法的作用是有限的，不可能指望法律对任何事物都做出规定，而且有些问题是法律不能调整和规范的，比如人的思想，法的局限性为纪律或政策调整的存在创造了条件，在极地考察活动中，更不能忽视纪律调整的作用。为了保障极地考察活动顺利开展，在进行考察队员选拔时，极地事务管理组织就会向欲报名参加极地考察活动的人员宣传《中国极地考察队队员基本条件与职责》，使其了解我国极地考察人员的职责，这些职责是极地考察人员在进行极地考察时应当履行的，相关的纪律性规定还有《中国南极考察守则》。

1. 双重管理体制

根据《南极考察队管理规定》，极地考察队实行国家海洋局统一管理与考察队自主管理的双重管理体制。国家海洋局归口管理极地考察队，监督极地考察活动并选派极地考察队队长和首席科学家，对极地考察活动实行总体上的领导和管理；极地考察队设置考察队队长，管理极地考察活动中的具体事宜，包括人事、环境、科考等，并向考察队临时党委及国家海洋局负责。极地考察由国家海洋局直接归口管理，体现出国家对极地科学考察的重视，在极地考察队队长之下设站长、船长及专业队队长，这些人员协助考察队队长开展考察工作并对考察队队长负责。

2. 纪律约束机制

《南极考察队管理规定》中规定了从队长到具体考察队员等各级别人员的具体职责，在《中国极地考察队队员基本条件与职责》中也对每一名队员的加入条件及职责做了明确的规定，这些规定都旨在明确极地考察人员的职责，提高极地考察人员在进行极地考察时的责任意识。除了这些规定之外，《南极考察队管理规定》还要求每一名考察队员要严格遵守考察队纪律，保证在极地考察的每个环节，从极地考察队抵达极地到考察队在极地工作生活，再到离开极地以及考察船上的生活，都能够符合规定，顺利完成极地考察任务。

图书在版编目(CIP)数据

极地法律问题/贾宇主编. —北京:社会科学文献出版社,2014.12
(极地法律制度研究丛书)
ISBN 978-7-5097-6765-8

I. ①极… II. ①贾… III. ①极地-国际法-文集 IV. ①D99-53

中国版本图书馆 CIP 数据核字(2014)第 267587 号

·极地法律制度研究丛书·

极地法律问题

主　　编/贾　宇

出 版 人/谢寿光
项目统筹/刘骁军
责任编辑/李娟娟　关晶焱

出　　版/社会科学文献出版社·社会政法分社(010)59367156
地址:北京市北三环中路甲 29 号院华龙大厦　邮编:100029
网址:www.ssap.com.cn
发　　行/市场营销中心(010)59367081　59367090
读者服务中心(010)59367028
印　　装/三河市东方印刷有限公司

规　　格/开　本:787mm×1092mm　1/16
印　张:17　字　数:259 千字
版　　次/2014 年 12 月第 1 版　2014 年 12 月第 1 次印刷
书　　号/ISBN 978-7-5097-6765-8
定　　价/68.00 元